证据法的理念

THE CONCEPT OF EVIDENCE LAW

张保生 著

法律出版社 LAW PRESS·CHINA

—— 北京 ——

图书在版编目(CIP)数据

证据法的理念 / 张保生著. -- 北京 : 法律出版社,
2021(2022.3重印)
ISBN 978-7-5197-6068-7

Ⅰ. ①证… Ⅱ. ①张… Ⅲ. ①证据-法学-研究-中国 Ⅳ. ①D925.013

中国版本图书馆CIP数据核字(2021)第209710号

证据法的理念
ZHENGJUFA DE LINIAN

张保生 著

策划编辑 沈小英
责任编辑 沈小英 毛镜澄
装帧设计 李 瞻

出版发行 法律出版社
编辑统筹 法治与经济出版分社
责任校对 王 丰 郭艳萍
责任印制 吕亚莉
经 销 新华书店

开本 710毫米×1000毫米 1/16
印张 18 **字数** 306千
版本 2021年12月第1版
印次 2022年3月第2次印刷
印刷 北京中科印刷有限公司

地址:北京市丰台区莲花池西里7号(100073)
网址:www.lawpress.com.cn
投稿邮箱:info@lawpress.com.cn
举报盗版邮箱:jbwq@lawpress.com.cn

销售电话:010-83938349
客服电话:010-83938350
咨询电话:010-63939796

书号:ISBN 978-7-5197-6068-7
定价:116.00元
凡购买本社图书,如有印装错误,我社负责退换。电话:010-83938349

作 者 简 介

张保生

1956年生，中国政法大学原副校长。中国政法大学证据科学研究院名誉院长、司法文明协同创新中心联席主任，教授、博士研究生导师。兼任中国审判理论研究会常务理事、中国法学会学术委员会委员、国际诉讼法协会会员、国际证据科学协会副主席。

发表《事实、证据与事实认定》等学术论文50余篇。著有《法律推理的理论与方法》、合著《中国证据法治发展的轨迹1978～2014》、主编《〈人民法院统一证据规定〉司法解释建议稿及论证》等著作。提出事实是证据法的逻辑起点、“证据之镜”原理、“一二三四”的证据法理论体系，主编《证据法学》教材；倡导证据法学与法庭科学跨学科研究、广义和狭义证据科学研究，合著《证据科学论纲》；组织开发中国司法文明指数，合著《中国司法文明指数报告》。

缩略语词表

全称	简称
《中华人民共和国宪法》	《宪法》
《中华人民共和国刑事诉讼法》	《刑事诉讼法》
《中华人民共和国民事诉讼法》	《民事诉讼法》
《中华人民共和国监察法》	《监察法》
《中华人民共和国刑法》	《刑法》
《中华人民共和国警察法》	《警察法》
《中华人民共和国律师法》	《律师法》
全国人大常委会《关于授权最高人民法院、最高人民检察院在部分地区开展刑事案件认罪认罚从宽制度试点工作的决定》	全国人大常委会《关于认罪认罚从宽制度试点工作的决定》
最高人民法院《关于民事诉讼证据的若干规定》	最高人民法院《民事诉讼证据规定》
最高人民法院《关于适用〈中华人民共和国民事诉讼法〉的解释》	最高人民法院《民诉法解释》
最高人民法院《关于适用〈中华人民共和国刑事诉讼法〉的解释》	最高人民法院《刑诉法解释》
最高人民法院、最高人民检察院、公安部、国家安全部、司法部《关于办理死刑案件审查判断证据若干问题的规定》	“两院三部”《死刑案件证据规定》

续表

全称	简称
最高人民法院、最高人民检察院、公安部、国家安全部、司法部《关于办理刑事案件排除非法证据若干问题的规定》	“两院三部”《排除非法证据规定》
最高人民法院、最高人民检察院、公安部、国家安全部、司法部《关于办理刑事案件严格排除非法证据若干问题的规定》	“两院三部”《严格排除非法证据规定》
最高人民法院《关于处理自首和立功具体应用法律若干问题的解释》	最高人民法院《关于处理自首和立功问题的解释》
最高人民法院《人民法院办理刑事案件第一审普通程序法庭调查规程(试行)》	最高人民法院《刑事一审法庭调查规程(试行)》
北京市高级人民法院《关于办理各类案件有关证据问题的规定(试行)》	北京市高级人民法院《各类案件证据规定(试行)》

前言:理念转变推动制度创新

证据法是法治的基石。艾伦教授说:“证据法在任何诉讼制度中都是最重要、最基础的方面;确切地说,它是法治的基石。”为什么这样说?因为,“证据法对于任何一个创设了权利或义务的制度都是基础性的。权利和义务取决于准确的事实认定;如果没有准确的裁判,权利和义务根本就没有意义”。① 这表明,事实先于权利义务而存在,由权利义务关系构建的法治大厦,需要从证据制度之“地基”建设开始。证据制度不健全,法治国家的根基便不牢固。证据法是法治基石的理念,可追溯到19世纪边沁“证据是正义之基”的思想。② 李学灯先生则进一步说:“惟在法治社会之定分止争,首以证据为正义之基础,既需寻求事实,又需顾及法律上其他政策。认定事实,每为适用法律之前提。因而产生各种证据法则,遂为认事用法之所本。”③可见,树立证据法治理念,掌握运用证据法解决权利义务争端的能力,是对现代法律人基本素质的要求。

证据法是实现司法公正的基石。由审判制度、检察制度、侦查制度和监察制度构成的司法制度上层建筑,均以证据制度为共同的基础。肖扬大法官说:“证据是实现司法公正的基石。加强证据科学研究,对有效维护广大人民群众的合法权益,保

---

① [美]罗纳德·J. 艾伦:《证据法的理论基础和意义》,张保生、张月波译,载《证据科学》2010年第4期。

② See Bentham, *Rationale of Judicial Evidence*(1827). 转引自[美]特伦斯·安德森、[美]戴维·舒姆、[英]威廉·特文宁:《证据分析》,张保生、朱婷、张月波等译,中国人民大学出版社2012年版,第1页。

③ 李学灯:《证据法比较研究》,台北,五南图书出版股份有限公司1992年版,“序”部分。

证国家司法机关公正行使自己的权力，实现社会主义民主和法治具有特别重要的意义。”[①]随着我国法治建设的重心从立法转向以司法为主要内容的法律实施，一方面，“打官司，就是打证据”的司法理念日益深入人心；另一方面，冤假错案等现象也反映出我国证据法方面有待健全。因此，司法实践呼唤我国证据法律制度有一个大的发展。

本书取名《证据法的理念》，就是考虑到随着社会不断进步，更高水平的司法文明建设需要以人们思想观念和证据意识的更新为先导，通过证据理念的转变来推动证据制度的创新。与人的行为相比，“理念是重要的，人的行为不仅受利益的支配，也受理念的支配。社会的变革和人类的进步基本上都是在新的理念推动下出现的，没有理念的变化就没有制度和政策的改变。中国过去 30 多年所取得的成就是理念变化的结果，中国的未来很大程度上取决于我们能否走出一些错误的理念陷阱”。[②]同样，中国证据法 40 多年取得的成就正是证据法理念变化带来的结果。

本书分上下两篇，从十个方面论述了证据法理念从传统向现代的转变：

上篇第一章至第五章，阐述了证据法逻辑理念的转变：

第一，事实认定从“实事求是”向“实证求是”的理念转变。本书第一章通过对事实、证据与事实认定等证据法基本概念及其关系的元理论考察，论述了事实的经验性和事实认定的归纳逻辑性质，同时对法庭认识论中事实认定者与事实客体的关系进行考察，提出了“证据之镜”原理。按照这个原理，证据的不完全性、非结论性、模糊性、可信性等，都决定了事实认定的盖然性或可错性。事实认定者通过“证据之镜”所获得的事实真相，是对事实发生之可能性的判断，达不到绝对的确定性，却具有盖然性或似真性。用这个原理分析我国司法实践中存在的问题可以发现，由于事实认定者看不到过去发生的历史事实，“有的放矢”意义上的实事求是在司法审判中是行不通的，因为后者之“矢”所射之“的”不是现在的事实，而是过去事实留下的证据，因而事实认定的基本模式是“实证求是”。

第二，证据属性从“客观性”向“相关性”的理念转变。本书第二章论述了证据

---

① 时任最高人民法院院长、首席大法官肖扬 2006 年 5 月 20 日给中国政法大学证据科学研究院成立大会的贺信。

② 张维迎：《理念的力量》，西北大学出版社 2014 年版，内容简介。

法的一系列基础理论问题:为什么客观性并非证据基本属性?为什么事实真相具有盖然性?为什么相关性才是证据根本属性?为什么司法具有可错性?对证据客观性进行批判,旨在阐述相关性才是证据根本属性,推动我国证据法理论体系从客观性哲学向相关性逻辑的理念转变,以相关性作为证据法的逻辑主线。

第三,法律推理研究从"法律适用"向"事实认定"的理念转变。本书第三章提出,应当认真看待事实和事实认定在法律推理中的重要作用。审判过程是一个完整的法律推理过程。然而,法律推理的三段论形式也给人造成一种错觉:似乎其小前提是从天上掉下来的。① 这使法律推理研究出现了忽视证据推理对法律适用的决定作用,无视大多数情况下疑难案件本质上是事实认定的疑难案件的偏向。例如,德沃金"埃尔默案"分析,就局限于法律适用中的法律解释。② 然而,厄尔和格雷法官争论的法律解释问题,实际上只在事实真相已确定的情况下才能开始。问题是:被害人是否为被告所杀?然后才有杀人者能否继承被害人遗产的问题。显然,把法律推理中的真相问题和法律问题截然分开,忽视法律与事实、正义与证据之间的关系,就不能描绘审判的全貌。实际上,法律适用是根据事实真相(小前提)对法律规则(大前提)进行检索和解释,并运用三段论推理得出法律结论的过程。法律推理旨在为司法结论提供法律理由和正当理由,法律理由直接源于规则,间接源于真相;正当理由直接源于正义、利益和人权等目的标准,间接源于事实认定"求真"和"求善"之双重目的;它们共同构成一项判决的正当理由。

第四,证据解释从"精确性"向"似真性"的理念转变。本书第四章通过法学与历史学的比较研究,发现二者运用大致相同的证据推理方法,遵循事实认定的一般规律,并面临同样的科技挑战。同时,在事实认定的目的、时限与结果等方面,法官和历史学家又存在明显差别。历史学家通过一定理论视角发现历史事实的过程,虽然与审判过程一样都需要证据解释,但证据法学在反对历史事实建构论的前提下,强调在事实前提和判决结论之间存在某种确证关系,并用"最佳解释推论"的整体性

① 这种关于"法律结论是随着相关规则适用于所认定的事实而得出的"观点,被何福来教授称为流行的但也过于简单化的法律推理模式。参见[新加坡]何福来:《事实认定》,张保生译,载《证据科学》2019 年第 1 期。

② 参见[美]德沃金:《法律帝国》,李常青译,中国大百科全书出版社 1996 年版,第 14~19、217 页。

解释方法取代对证据的精确概率解释,从而揭示似真性乃司法证明的本质。而且,司法裁判与历史学研究受到的时间限制不同,终局性对于保证司法的权威性和公信力具有重要意义,但历史学探索则永无止境。二者对传闻证据也持有宽容程度不同的态度,证据裁判原则要求对传闻证据采取严格的防范态度,坚持直接言词原则。历史学研究的待证事实一般更加久远,因而不得不依赖传闻证据,甚至是传闻之传闻。当然,为了避免以讹传讹,历史学研究发展出对传闻证据进行多重验证的证明方法。

第五,人工智能法律系统从"量刑模拟"向"证据推理模拟"的理念转变。人工智能要制造"人工的、模拟的、假的"智能来代替人类自然的、原型的、真的智能,而且这种制造愈是以假乱真,愈能显示出人的聪明智慧,愈能解放人的脑力劳动。人工智能法律系统研究的核心内容是解决证据推理和法律解释这两个难题。证据推理模拟难题,一是社会知识库的建构与概括的选择问题;二是证据推理逻辑建模方法。

下篇第六章至第十章,阐述了证据法价值理念的转变:

第六,刑事审判从"有罪推定"向"无罪推定"的理念转变。本书第六章辨析了推定与证明、推论的关系。在诉讼活动中,证明是事实认定的基本方式,推定只是一种辅助方法。推定不是证明,根据《世界人权宣言》第 10 条和《公民权利和政治权利国际公约》第 14 条的规定,法院只能通过公开、公正的审判证明被告人有罪,而不能推定其有罪。因此,运用推定认定事实,必然造成证明过程的中断,这决定了其主要适用于民事诉讼领域,而不能替代对刑事犯罪要件事实的证明,更不能成为确信无疑证明标准的例外。推定滥用会危害刑事司法的公正性。本书第九章进一步考察了英国立法及其适用的新动向。1971 年英国《毒品滥用法》对"持有型"犯罪被告人明知采用证明责任倒置的传统方法作出修正性规定,即"如果被告证明他对争议中的物质或产品不相信、不怀疑也无理由怀疑其为非法毒品……他就应该被宣判无罪"。在 2001 年"英国女王诉兰伯特案"中,被告人以其定罪违反上述规定为由提起上诉。上诉法院多数法官意见是驳回上诉、支持原判,但少数法官意见认为,该案判决与《欧洲人权公约》第 6 条无罪推定原则不一致。在上议院听审中,毒品持有犯罪的证明责任被确定为一种提供证据的证据责任,而不再是说服责任。该案对我国法律界思考持有型犯罪如何防止推定滥用具有参考作用。

第七,证据合法性调查从“警察特权”向“控辩平等”的理念转变。本书第七章高度评价了“两院三部”《严格排除非法证据规定》有关侦查办案人员出庭作证的规定,是对《刑事诉讼法》证据合法性调查程序的重大发展,促进了控辩平等。同时提出,随着审判中心的诉讼制度改革深入推进,侦查办案人员出庭作证应当超越证据合法性调查程序,使警察和办案人员出庭作证成为常态。为实现控辩平等,应当对侦查权和检察权的行使依法予以限制,大力加强辩方权利保障,确立以被告人为主体的辩护权利保障体系。

第八,司法文明从“口供裁判”向“证据裁判”的理念转变。本书第八章论述了证据裁判是司法文明的高级阶段。陈光中教授提出了“神明裁判—口供裁判—证据裁判”新三阶段划分理论,以是否依赖口供为标志,在人治与法治的证据制度之间划出一条清晰界限。其法治意义在于,凸显了口供裁判必然导致刑讯逼供之野蛮人治的本质;指明了我国证据制度建设必须以证据裁判取代口供裁判的未来发展方向。证据裁判原则的全面贯彻,应当以保障“不得自证其罪的权利”(right against self-incrimination)为重点,在继续发挥非法证据排除规则作用的同时,探索被告人口供转变为证人证言之路,建设更高水平的社会主义司法文明。

第九,证据制度从“义务本位”向“权利本位”的理念转变。本书第九章考察了证据法理性主义传统确立的基本权利保障取向。这种理性主义传统,既要求通过理性证明的方式去查明事实真相,而非诉诸神明和暴力;又不以追求真相为最高目的,而是将其视为实现正义的手段。这种传统决定了法治国家证据制度具有求真、求善的双重功能,并以公正为首要价值,从而奠定其基本权利保障的价值取向。在全面依法治国大背景下,我国证据法学理论和证据法律制度正在经历从义务本位向权利本位的现代转型,权利意识逐步觉醒,以保障诉讼当事人基本权利为取向的证据制度建设也在逐步完善。

第十,证据立法从“零打碎敲”向“体系化建设”的理念转变。由于我国证据法学研究比较薄弱,证据立法和司法解释常常采用简单增加条文的“零打碎敲”做法,这使现行证据规则像一盘散沙,彼此存在矛盾、冲突、重复、错误等问题。本书第十章分析了上述现象产生的原因,以及中国现代证据制度建构遇到的两大理论障碍:一是大陆法系传统问题;二是三大诉讼的特殊性问题。然而,大陆法系传统不能证明证据法不能单独立法,三大诉讼的特殊性也不能否定各种案件事实认定的共性和规律性。现行证据规则大量重复的现象,恰恰反证了制定统一证据规定的必要性和可行性。中国证据法理论体系,应当反映证据规则背后起支撑作用的正当理由、基本理念、法律原则或价值基础。其可以概括为:以相关性为一条逻辑主线,以证明责任和证明标准为两个证明端口,以举证、质证和认证为三个法定阶段,以准确、公正、和谐与效率为四个价值支柱。《人民法院诉讼证据规定适用指南》在贯彻上述原则的基础上,通过对三大诉讼法和最高人民法院司法解释中的证据规定进行系统梳理和重新编纂,用相关性逻辑主线,把现行证据规则358条像珍珠那般穿成一条美丽的"项链",实现三大诉讼证据规定的"三证合一",建构起统一的中国证据法理论体系。

本书十章内容源于一个起初比较朦胧,后来才逐渐清晰的长期写作计划,这是从2008~2021年这十几年间发表的13篇代表性论文组成的一个有机体系。这些论文先后分别发表在《中国社会科学》《法学研究》《政法论坛》《法制与社会发展》《法学评论》《清华法学》《浙江社会科学》《厦门大学学报(哲学社会科学版)》《上海师范大学学报》《中国刑事法律杂志》《法律适用》《证据科学》,在收入本书时对个别标题和内容作了一些文字修改。

在此书出版之际,我首先要衷心感谢刊发这些论文的期刊责任编辑对这13篇论文提出的宝贵修改意见!同时,感谢上述刊物的匿名评审专家和我的学生对这些论文写作提出的建议和修改意见!没有他们的智慧,那些单篇发表的论文和本书都难以达到目前的学术水平。

感谢吴洪淇教授提出此书出版的最初建议,并感谢他和樊传明副教授对本书内容编排提出的意见!感谢中国社会科学院法学所赵磊研究员、张生研究员对本书出版提出的意见和建议!感谢施鹏鹏教授以及我的博士研究生张嘉源、董帅帮助我核实了部分参考资料!最后,感谢法律出版社法治与经济分社分社长沈小英编审和毛镜澄编辑全力支持本书的顺利出版!

目　录

上篇　证据法的逻辑理念

图表目录

上篇　证据法的逻辑理念

第一章　事实、证据与事实认定*

内容提要

事实与证据的特性及其关系，是证据法元理论问题。事实作为证据法的逻辑起点，包含事实认定过程中各种问题的“胚芽”，其固有特性特别是其经验性之历史展开，则塑造了证据基本属性，也决定了事实认定必然是一个遵循归纳逻辑的经验推论过程。事实认定者通过“证据之镜”获得的事实真相，是对事实之可能性的判断，达不到绝对的确定性标准，却具有盖然性或似真性。司法证明理论从精确概率走向模糊概率或似真性理论之发展趋势，对证据法学研究和证据制度建设均具有借鉴意义。

现代司法奉行证据裁判原则，即“认定案件事实，必须以证据为根据”①。该原则旨在防止司法的任意性，确保在事实前提和判决结论之间具有某种确证关系。这样“有助于巩固社会组织制度所需的智力内部结构，在此制度内争论表现为论证和反论证，而不是使用暴力的威胁”。② 然而，人们在谈论证据裁判原则时往往就证据而论证据法，③却忽略了事实之于证据的本源性，即事实才是证据法的逻辑起点。事实和证据的特性及其关系是证据法的元理论问题，在证据法学研究和证据裁判实践中的许多问题皆因对该问题的回答不同而发端。例如，由于混淆了事实与存在概念，不理解事实的经验性，而用客观性代替相关性作为证据根本属性，在诉讼中把实

---

* 本章原载《中国社会科学》2017 年第 8 期。

① 2012 年最高人民法院《刑诉法解释》第 61 条。

② L. Jonathan Cohen, *The Diversity of Meaning*, London: Methuen Young Books, p. 68(1966).

③ 参见高家伟、邵明、王万华:《证据法原理》，中国人民大学出版社 2004 年版，第 3 页。

事求是或追求“客观真实”奉为司法工作的基本原则;由于不了解“证据之镜”的模糊性、证据推论的归纳性以及事实认定的盖然性,因而追求命案必破,反而造成冤假错案;由于不了解司法具有可错性规律,而用不枉不漏的“神能”标准考核司法人员,盲目提倡有错必纠、终身追究;上述种种违背司法规律的做法,都形成于对这个元理论问题的认识偏差。因此,理不清事实与证据的关系,就难以把握证据法的真谛,贯彻证据裁判原则便会成为一句空话。证据法学作为“一门研究证据和证据法的学问”,①应当认真对待事实,研究事实特性对证据属性的决定作用,进而掌握事实认定的逻辑规律性。

一、客观存在与经验事实

谈到事实特性,一个绕不开的问题是“客观事实与法律事实”之争。② 该争论由“客观真实与法律真实”的争论变种而来,但二者说的其实是一回事。“中国的刑事司法哲学,一直将‘客观事实’与‘案件事实’等同起来,以为每个案件都存在着一种可以认识的‘客观事实’。”③有学者明确指出了这种司法哲学的理论来源:在诉讼中把“客观真实”作为一项重要原则,是十月革命胜利后苏联的学者首先提出来的,是在批判资本主义国家民事诉讼中形式真实学说的基础上,作为形式真实的对立物和替代物提出的。④

“客观事实说”或“客观真实说”主张,“客观”是事实的本质特性,并将其放至“存在第一性、意识第二性”的本体论范围来讨论,混淆了事实与存在这两个不同层次的概念。存在是纯客观的,它是指不依赖人的主观意识而转移的客观世界。存在与意识是哲学本体论的一对范畴。然而,事实作为“某种实际存在的东西”,⑤则是人通过感官和思维所把握的真实存在,即存在的一小部分。事实与认识构成一对认识论范畴。作为认识论概念,事实是成为主体认识对象并被其感官和思维所把握的

---

① 陈光中主编:《证据法学》,法律出版社 2015 年版,第 9 页。

② 参见陈永生:《法律事实与客观事实的契合与背离——对证据制度史另一视觉的解读》,载《国家检察官学院学报》2003 年第 4 期。

③ 陈瑞华:《看得见的正义》,北京大学出版社 2013 年版,第 168 页。

④ 参见李浩:《论法律中的真实——以民事诉讼为例》,载《法制与社会发展》2004 年第 3 期。

⑤ Bryan A. Garner, *Black's Law Dictionary*, 8th Edition, Thomson West, p. 628(2004).

那一部分存在,因而具有真实性、经验性和可陈述性。

事实的真实性,首先是指任何事实都发生于一定时空之中。在空间维度上,任何事实都发生于一定地点;在时间维度上,任何事实都有过去时或现在时。就过去时而言,很多事实是已然之事即历史事实,如审判中的案件事实。就现在时而言,事实还包括正在发生的事情,比如,“我正在开会”,“我国正在推进以审判为中心的诉讼制度改革”。所以威格莫尔说:“事实是指(目前)发生或存在的任何行为或事态。”①只有发生过和正在发生的事情才是事实。将来之事,如明天会发生什么,不是事实,而只是一种可能性。因此,有学者在阐述“事件”与“事实”的6种区别时提出“事件有时态而事实却没有时态”,②有违“历史事实”的内涵。而且,否定事实的时间维度,等于否定事实的真实性。因为,只有发生于一定时空中的事实,才具有真实性。

事实的真实性还表现为一种既成性。我们常说某件事是一个“既成事实”,就是说,“生米做成熟饭”,不能更改了。“事实是我们拿了没有办法的。事实是没有法子更改的。所谓修改现实,只是使将来与现在或已往异趣而已。事实总是既成或正在的,正在或既成的事实,只是如此如彼的现实而已……对于事实之‘然’,我们只有承认与接受,除此之外,毫无别的办法。”③事实的既成性乃历史性,指其一旦发生,无论你喜欢与否,都成为不能更改的历史事实。在诉讼活动中,需要认定的案件事实都是既成事实。所谓“世上没有卖后悔药的”,就是对既成性的绝妙注解。不仅犯罪事实不可更改,无辜者被错判的事实也不可更改,人们不能穿越时空去修改已铸成的罪错。罪犯只能通过以后的行为来悔过,司法机关只能通过平反冤案来纠错。

事实的真实性与存在的客观性有本质差别。存在是纯客观的,例如,人类出现之前地球就存在,在人类甚至太阳系毁灭之后宇宙依然存在。相比之下,事实只是人通过感官和思维所把握的真实存在,因而具有经验性。存在和事实具有可知和真知的区别。关于存在的知识,人们仅通过思维便可把握,如宇宙无限,便是一个并不直接依赖人类感知的抽象知识。相比之下,事实却是真知的,一件事情是否实际存

---

① Bryan A. Garner, *Black's Law Dictionary*, 8th Edition, Thomson West, p. 628(2004).

② 张继成:《事实、命题与证据》,载《中国社会科学》2001年第5期。

③ 金岳霖:《知识论》(下册),商务印书馆2011年版,第817页。

在,需要人的感知和经验判断。正是在这个意义上,维特根斯坦说:“世界是事实的总和,而不是物的总和。”①这里的“物”,就是指存在。

关于事实的经验性与存在的客观性之间的区别,可用“马某贩毒案”来举例说明:2001 年 2 月 10 日,被告人马某在其云南省巍山县家中,以 5 万元的价格贩卖给梁某 523 克海洛因。在该案中,法院经审判查明了马某贩毒的时间、地点和犯罪行为,它就成为一个被人的感官和思维所把握的经验事实。

现在若问:“那一天,该县是否只有马某一人贩毒?”对此,我们既可用普遍知识来推论说:“不可能”;也可以按国际毒品犯罪 1 : 5“通用显性隐性比”②来测算:那一天(2001 年 2 月 10 日)除马某外,该县至少还有 5 个人贩毒。然而,那一天,那 5 个人在何时(上午、下午还是晚上?)、何地(宾馆、车站还是家里?)从事了何种贩毒行为(毒品种类、数量、交易对象和价格)?如果对这些情况一概不知,或者说对贩毒时间、地点和行为均无经验把握,那 5 个人贩毒就不是人们真知的事实,而是可知的客观存在。“实有其事不应该同存在混为一谈。”③认识主体只有对感知对象加以经验把握,才能证明“实有其事”。所谓抽象贩毒,只能称为(不以人的意志为转移的客观)存在,而不能称为事实。“一般地说,所谓事实就是经验事实。”④

二、事实可陈述性与证据可信性

所谓经验事实,是指人对事实之经验把握。这是相对于人对存在的理论把握而言的,例如,我们可以给无数河外星系一一命名,从而在理论上把握无限宇宙。然而,这依然改变不了人类对宇宙的无知。实际上,人类甚至对太阳系的火星、木星等地球兄弟都知之甚少。理论把握与经验把握得到的是不同的知识,前者是抽象的理

---

① [奥]维特根斯坦:《逻辑哲学论》,郭英译,商务印书馆 1985 年版,第 22 页。

② 2014 年中国全年登记吸毒 295.5 万人,按国际 1 : 5 的通用显性隐性比,实际吸毒超过 1400 万人。参见中国国家禁毒委员会:《2014 年中国毒品形势报告》,载国务院新闻办公室网 2015 年 6 月 24 日,http://www.scio.gov.cn/xwfbh/xwbfbh/wqfbh/2015/32959/xgbd32967/Document/1438524/1438524.htm。

③ [德]哈贝马斯:《在事实与规范之间》,童世骏译,生活·读书·新知三联书店 2003 年版,第 15 ~ 16 页。

④ 彭漪涟:《事实论》,广西师范大学出版社 2015 年版,第 6 页。

论知识，后者则是具体的经验知识。因此，经验事实，是指其具有可陈述性。这可从知识表达和理解两个方面来分析，并得出3个论点：

第一个论点，知者所知之事均可陈述。从知识表达或说者的角度看，由观察获得的感性知识，无论在头脑中加工，还是与他人分享，都需要语言媒介。事实总是以概念和判断的形式被人们把握，不能脱离语言而赤裸裸地存在。所以维特根斯坦说："我的语言的界限意味着我的世界的界限。……我们不能说我们不能思考的东西。"①也就是说，凡是你知道的事情，都能说出来；说不出来事情，是因为你不知道。例如，15分钟前，外面街上发生了一场车祸。两位路人目睹了该事故。现在若问室内的人：谁能描述一下那场车祸？人们会答：不能。显然，那场车祸对不在事故现场的人来说并非事实，而是客观存在。对于这种可知却并非真知的客观存在，是无法陈述的。因此，维特根斯坦说："一个人对于不能谈的事情就应当沉默。"②在现实生活中，人们相互传递自己所知道的事实，都是通过语言实现的。要想让别人与你分享一个事实，就要把自己所知之事以"叙事"的形式讲述给别人。在上例中，两位路人（目击证人）可以讲述那场车祸。从这个意义上说，"一切事实都是人们在直接感知的基础上、对事物实际情况（某事物具有某种性质或某些事物具有某种关系）所作的一种陈述"。③

第二个论点，听者通过陈述可知其所述事实。从知识理解或听者的角度说，人们能够学习知识，是因为命题与事实具有同构性。命题或句子是表达判断的语言形式。维特根斯坦说："命题是现实的形象，因为只要我们理解这个命题，则我就能够知道它所叙述的情况。"④由于事实总是披着命题的语言外衣，所以人们只要理解了一个命题，便可知其所述事实。在上例中，我们虽未直接感知到那场车祸，但如果一位路人（证人1）告诉我们那是："一辆灰色小轿车撞了一辆红色小轿车。"我们便通过该证言得到了关于那场事故的知识。法庭里的事实认定，从原理上来说与此并无二致，只是更强调事实认定者对证据进行的推论。

---

① ［奥］维特根斯坦：《逻辑哲学论》，郭英译，商务印书馆1985年版，第79页。
② ［奥］维特根斯坦：《逻辑哲学论》，郭英译，商务印书馆1985年版，第97页。
③ 彭漪涟：《事实论》，广西师范大学出版社2015年版，第75页。
④ ［奥］维特根斯坦：《逻辑哲学论》，郭英译，商务印书馆1985年版，第40页。

在审判过程中,为什么事实认定者不能直接把证人 1 的话当作事实,还需要经过推论才能得出结论?这就引出第三个论点:命题或陈述有真有假。事实通过命题或陈述才能表达出来,并不等于说,所有命题或陈述都表达事实。命题表达判断,而判断反映思想内容或信念时会出现两种情况:“如果这种思想是真的,表达这个思想的句子就报告一个事实。”①反之,如果一种思想是虚幻的,表达这个思想的句子就并非说明一个事实。也就是说,一个命题既可表达事实判断而构成真命题,也可表达虚假判断而构成假命题。假设,另一位路人(证人 2)说:“我看到的是,一辆红色小轿车撞了一辆灰色小轿车。”这就会出现所谓“一个事实,两个故事”的情况。一般而言,两个相反命题可以同假,但不能同真。命题真假取决于陈述与事实是否一致,或与其相符的程度,这涉及下文将讨论的事实真相的盖然性或似真性问题。从说者和听者的关系来看,则涉及证据可信性问题。

事实具有经验性和可陈述性,事实目击者陈述出来的知识,对听者来说便是证据,这对听者来说便产生了可信性的问题。事实的语言特性,使人们在陈述事实时都会出现某种程度的变形。例如,“夸大”事实(如言过其实、添枝加叶),“缩小”事实(如遮遮掩掩、避重就轻),甚至“歪曲”事实(如无中生有、颠倒黑白)。事实通过命题表达出来或者传达给他人,对听者来说,便是一个如何运用证据进行推断而在头脑中重建过去事实的过程。研究这个问题,需要考察证据的可信性。可信性同相关性、可采性一样,都是证据的基本属性。②

“客观事实说”必然要坚持证据客观性,在证据属性上仍坚持客观性第一的“两性说”③或“三性说”。④ 把客观性当作证据的根本属性,势必就要否定相关性是证据根本属性,并陷入如下 3 种困境:其一,证据“客观性”没有检验标准,法官无法判断一个证据是否具有客观性。因为,客观性仅指不以人的意识为转移。假设,手头的证据是一个杯子,法官如何判断它对证明待证事实具有客观性?显然无法判断。然

---

① [德]哈贝马斯:《在事实与规范之间》,童世骏译,生活·读书·新知三联书店 2003 年版,第 14 页。

② 参见[美]特伦斯·安德森、[美]戴维·舒姆、[英]威廉·特文宁:《证据分析》(第 2 版),张保生、朱婷、张月波等译,中国人民大学出版社 2012 年版,第 79、84 ~ 93、493 页。

③ 例如,张建伟:《证据法要义》,北京大学出版社 2014 年版;卞建林,谭世贵主编:《证据法学》,中国政法大学出版社 2014 年版;何家弘、张卫平主编:《简明证据法学》,中国人民大学出版社 2011 年版。

④ 参见叶青主编:《诉讼证据法学》,北京大学出版社 2013 年版。

而,相关性则有一个“检验标准”(如美国《联邦证据规则》401①),即有这个杯子与没提供、不知道该杯子相比,将使要件事实的存在更可能或更不可能。由于缺乏判断证据是否具有客观性的检验标准,证据“客观性”审查既无法实现,也没有认识论意义。其二,为了摆脱这种困境,证据“客观说”不得不求助于客观性的反面即主观性,认为证据既有客观性的一面也有主观性的一面,这又使其陷入了以偏概全的困境。其三,证据有真假之分,“客观说”无法回答诸如“真假证据哪一个具有客观性”这样棘手的问题。实际上,不依赖人的主观意识的客观性只具有本体论意义;在认识论领域,一切都是主、客体的相互作用。

证据是与案件事实相关的信息,用于证明所主张事实之存在的可能性。“相关性的核心问题是,一个证据性事实能否与事实认定者先前的知识和经验联系起来,从而允许该事实认定者理性地处理并理解该证据。”②然而,相关性只是证据采信的必要条件,可信性则是充要条件。例如,与待证要件事实之间没有相关性的物体、言语,当然不能成为证据;但有了相关证据若不知其是否可信,也未必能准确地认定事实。如上所述,事实具有可陈述性,但陈述(证言)有真假之分。在诉讼过程中,经常会出现“一个事实,两个故事”的情况,有时还会出现“罗生门”那样多个故事。如此一来,事实认定者如何通过证据推论得出裁判结论的问题,就演变为依据何种品质的证据进行推论才能得出正确结论的问题。

按照“证言三角形理论”,③证言可信性涉及证人的感知能力、记忆能力、诚实性、叙述能力这4种品质。事实认定者对这些证言品质进行推论,才能形成可信性判断。其中,第一个推论,从陈述人话语(证言)到其信念的推论,要求对其诚实性和

① 美国《联邦证据规则》共11条(章),每条(章)又有若干规定,例如,“Article I. General Provisions”[第1条(章)一般规定,规则101~106],“Article IV. Relevance and Its Limits”[第4条(章)相关性及其限度,《联邦证据规则》401~415)]。为避免将“Article”翻译为“章”还是“条”的争论,本书不采用美国《联邦证据规则》第×××条的表述,而采用《联邦证据规则》×××,如《联邦证据规则》401这样的表述。

② [美]罗纳德·J.艾伦:《证据的相关性和可采性》,张保生、强卉译,载《证据科学》2010年第3期。

③ 证言三角形概念,由劳伦斯·特赖布教授在《对传闻的三角形测量》(1974年)和理查德·O.伦珀特与斯蒂芬·A.萨尔茨伯格在《证据的一个现代进路》(1977年)等论述之后,开始在法学界流行。转引自[美]罗纳德·J.艾伦等:《证据法:文本、问题和案例》,张保生、王进喜、赵滢译,满运龙校,高等教育出版社2006年版,第459页,脚注1。

叙述能力作出判断。例如,前例证人 1 说“一辆灰色小轿车撞了一辆红色小轿车”。假设对方律师在交叉询问时问其所处的观察位置,又假设证人回答其为红车乘客,这就涉及诚实性问题,因为证人与当事人的利益关系可能影响诚实性。从叙述—歧义性变量来看,语言的模糊性也会给可信性带来影响。第二个推论,从陈述人信念到观察之事件的推论,要求对其感知和记忆能力作出判断:一是观察准确性,证人的感知能力如何,例如,是不是近视眼,是不是色盲?二是记忆准确性,证人作证会受记忆能力影响。“目击者们对他们看到的东西所作的叙述,经常与事件的本来面目非常不同。大多数目睹了美国肯尼迪总统遇刺事件的目击者,对事件发生过程所做的描述可谓大相径庭(Langman & Cockburn,1975 年)。在一项实验研究中,巴克霍特、菲格罗和霍夫(1974 年)在一间大教室里导演了一场袭击一位站在讲台上的教授的事件,并在几周后要求目击者们辨认袭击者。结果,大多数人——包括受害者挑错了袭击者。”①在该实验中,“几周后”,可能是导致记忆不准确的重要因素。审判中证人作证一般不会比几周的时间短,因此,大多会遇到记忆不准确的问题。因此,在审判中,事实认定者要作出准确裁判,关键是剔除不相关和不可信的证据。在可信性问题上,专家证言或鉴定意见与外行证言也有相似的地方。例如,在“念某投毒案”中,②作为重要证据的“铁锅”是 2006 年 8 月被送检的,但其检测结果却已在 2006 年 7 月 31 日得出,这个时间上的错误便使该证据的可信性荡然无存。一般而言,可信性检验是质证的主要任务。在对证人进行交叉询问时,“总是允许询问可以对证人可信性加以弹劾的问题”。③ 只有依据可信的证据,才可能作出准确的事实认定。

三、“证据之镜”与法庭认识论

事实与证据的关系,在某些方面类似本质和现象、内容和形式的关系:事实具有

---

① [澳]约瑟夫 · P. 福加斯:《社会交际心理学:人际行为研究》,张保生、李晖、樊传明译,中国人民大学出版社 2012 年版,第 25 页。

② 参见福建省高级人民法院刑事附带民事判决书,(2012)闽刑终字第 10 号。

③ [美]罗纳德 · J. 艾伦等:《证据法:文本、问题和案例》,张保生、王进喜、赵滢译,满运龙校,高等教育出版社 2006 年版,第 114 ~ 115 页。

不变性,证据具有变动性;事实是整体,证据是片段;事实具有本源性,证据具有表征性。然而,对事实与证据不能只作静态考察,因为只有在认识主体介入时,二者的关系才能产生认识论意义。认识主体介入这种关系有 3 种模式:

第一种模式,事实为现在时,认识主体直接作用于事实客体。在人类日常的实践和认识活动中,主体可以通过反复观察和实践,能动地认识事实客体。比如,在农业生产中,人们获得有关季节、水土和植物特性方面的证据,进而掌握农作物生长的规律;在科学探索中,科学家可向火星发射探测器甚至登陆观测,从而提出火星上是否有水的证据。

第二种模式,事实仍为现在时,即目击证人与事实的关系。这种关系类似刺激反映,某个事件可能是在观察者没有任何思想准备的情况下发生的,但这并不意味观察是"中性的"。因为,"观察渗透着理论",①观察者的眼睛不是照相机,其头脑中已有的知识(库)或观念都会对观察活动产生影响,因而具有一定能动性。观察者的身份、观察位置及感知、记忆,思维加工和叙述能力,都会对观察和陈述的准确性产生影响。所以,目击证人对同一事实的描述可能存在很大差异,事实认定者必须考虑证言的可信性问题。

第三种模式,对于过去发生的事实,事实认定者只能通过证据进行推论才能认识。在审判活动中,事实认定者对过去在法庭之外发生的事实,没有任何直接知识。在这种情况下,证据便成为联系主客体的唯一"桥梁",或"折射"事实的"镜子"。一方面,没有证据这面"镜子",就不可能认定案件事实;另一方面,"证据之镜"原理也揭示了证据推论的局限性,即事实认定者通过证据所查明的事实真相,在某种程度上像是"镜中花",乃是证据推论的"思想产品"。按照真理符合论,"真理"或"真相"与"符合事实"是同义语。② 在这个问题上,尽管法官的事实认定与科学家的事实发现有过去时和现在时之分,但在主、客观相符合的意义上却是一致的。舒炜光教授

---

① "Seeing is a 'theory-laden' undertaking. Observation of x is shaped by prior knowledge of x." See Norwood Russell Hanson, *Patterns of Discovery: An Inquiry into the Conceptual Foundations of Science*, The Syndics of Cambridge University Press, p. 19(1965).

② 参见[英]卡尔·波普尔:《猜想与反驳——科学知识的增长》,傅季重、纪树立等译,上海译文出版社 1986 年版,第 325 页。

说:“主体和客体发生作用的结果,达到主观和客观的符合度占百分之五十以上,这种认识就具有真理性质。”①证据法的优势证据标准,就体现了这种真理观。

“实事求是”作为我国政法机关的传统司法理念,②实际上是将第二种模式即现在时的主、客体关系误用于第三种模式过去时的主客体关系。毛泽东同志在《改造我们的学习》一文对其解释说:“‘实事’就是客观存在着的一切事物,‘是’就是客观事物的内部联系,即规律性,‘求’就是我们去研究。”他称实事求是的态度就是“有的放矢”。③ 然而,根据法庭认识论原理,事实认定者作为特殊的认识主体,对过去发生的案件事实没有任何直接知识。这与“有的放矢”意义上的实事求是不同,其“的”不是现在发生的事实,而是过去的事实发生时留下的证据。所以,真理符合论只能用来解释第一种和第二种模式中的事实发现,对于第三种模式即过去事实的认定,由于事实认定者根本看不到过去的事实,其手中之“矢”所对准的“靶子”只是证据而非案件事实,因而是“实证求是”。

“证据法是一个规制在法律程序中向事实裁判者提供信息的规则体系。一个更好的定义是‘法庭认识论’。”④法庭认识主体并不局限于事实裁判者(法官或陪审团),还包括检察官和律师。法庭认识活动是控辩审三方共同参与的证据信息加工过程,事实真相则产生于其相互作用的合力。

首先,法庭认识论的任务是求真。事实认定作为审判过程的第一阶段,旨在查明事实真相。戈德曼说,裁判是一种“求真认识论”社会实践;⑤“一场刑事审判首先且最重要的是一个认识引擎,一种从最初常常是(相互冲突证据的)混乱集合中寻求事实真相的工具”。⑥ 因此,证据法的关键问题是,寻求真相的证据制度能否“被很

---

① 舒炜光:《科学认识论的总体设计》,吉林人民出版社 1993 年版,第 206 页。

② 参见周玉华:《谈如何在司法领域坚持实事求是的思想路线》,载《山东审判》2005 年第 2 期。

③ 参见《毛泽东选集》(第一卷),人民出版社 1966 年版,第 801 页。

④ [美]戴维·伯格兰:《证据法的价值分析》,张保生、郑林涛译,载何家弘主编:《证据学论坛》第 13 卷,法律出版社 2007 年版,第 248 页。

⑤ See Alvin I. Goldman, *Knowledge in a Social World*, Oxford University Press, 1999, p. 5. 转引自 Ho Hock Lai, *A Philosophy of Evidence Law Justice in the Search for Truth*, Oxford University Press, p. 47 (2008)。

⑥ See Larry Laudan, *Truth, Error, and Criminal Law*, Cambridge University Press, 2006, p. 2. 转引自 Ho Hock Lai, *A Philosophy of Evidence Law Justice in the Search for Truth*, Oxford University Press, p. 47 (2008)。

好地设计,用以推导出关于世界的真实信念”。[①] 事实认定是对过去事实的观念重建,即“在主体的大脑中构建出一个与客体具有同构异质关系的观念物或观念系统的过程”。[②] 从证据的信息特性来看,证据法的主要作用是消除事实认定的不确定性。在这个问题上,最能体现证据法准确价值的相关性规则,“旨在向事实裁判者展现将有助于作出决定的全部信息。对不相关证据的排除也遵从于发现事实真相的价值,因为它使事实认定者的注意力集中于适当的信息,且仅仅集中于适当的信息”。[③]

其次,法庭认识论的动力是控辩审三方互动。这表现在:一方面,法庭举证、质证是“用证据证实或驳斥一项所主张的事实”。[④] 在审判中,诉讼双方都试图用证据来证明己方的事实主张,这既是一个说服事实认定者的作用过程,又是双方相互影响的过程,每一方都在努力影响对方的同时又自觉不自觉地受到对方证据推论的影响。在这个过程中,各方当事人提出支持己方事实主张的证据,对对方证人进行交叉询问。另一方面,法庭认证是一个证据评价过程,包括对实物证据可靠性和证人可信性、证明力等的评估,最终的事实真相产生于控辩审三方证明和认证中形成的合力。

最后,法庭认识论的形式是理由论证。事实认定作为审判的第一阶段,是一个受法律推理规制的经验推论过程。在这个过程中,控辩审三方的认识互动具有理由论证和平等对论的特点。“一般而言,论证(辩论)所描述的是形成理由、得出结论以及将它们应用于一种正在思考的情况的活动或过程。”[⑤]由于事实认定是一个发现法律推理小前提的操作,必然要受到法律推理目的标准、操作标准和评价标准的

---

① See Timothy Endicott, *Questions of Law*, Law Quarterly Review, Vol. 114, p. 292 – 321 (1998). 转引自 Ho Hock Lai, *A Philosophy of Evidence Law Justice in the Search for Truth*, Oxford University Press, p. 2 (2008)。

② 李秀林、王于、李淮春主编:《辩证唯物主义和历史唯物主义原理》(第 3 版),中国人民大学出版社 1990 年版,第 250 页。

③ [美]戴维·伯格兰:《证据法的价值分析》,张保生、郑林涛译,载何家弘主编:《证据学论坛》第 13 卷,法律出版社 2007 年版,第 248 页。

④ Bryan A. Garner, *Black's Law Dictionary*, 8th Edition, Thomson West, p. 1261 (2004).

⑤ Kent Sinclair, *Legal Reasoning: In Search of an Adequate Theory of Argument*, California Law Review, Vol. 59, p. 821 – 858 (1971).

制约。“在这种理性支配的场合，说明义务被高度地规范化，任何强词夺理或以各种借口逃避说明的行为都不能被允许，完全有可能在理想状态下展开自由而理性的对论。”①正是通过自由而理性的对论，使法庭成为一个“讲理”的场所，控辩双方平等对抗，法官居中裁判，这为公正审判提供了制度保障。

四、事实认定与经验推论

自20世纪威格莫尔等法学家倡导司法证明研究以来，证据法的研究重心开始从证据可采性转向事实认定。② 这一转向发生的原因在于，单纯的可采性研究难以回应经验推论的动态性，以及如何通过证据裁判实现正义的问题。与古代神明裁判和近代法定证据制度相比，现代证据制度建立在证据相关性基础之上；也就是说，“当且仅当对争议性事实之主张的盖然性真相的判断是以从提交给裁判者的相关证据所作出之推论为基础的时候，这种裁判性事实认定的方法方才是‘理性的’”。③ 现代法治国家司法制度奉行证据裁判原则，这为司法公信力提供了制度保障。

（一）事实认定是一个经验推论过程

对事实裁判者来说，案件事实最初是一种“自在之物”，不具有经验性和可陈述性，因而是一种无异于客观存在的抽象事实；之后通过听审，对证据信息进行加工，作出判断，使待证事实成为事实裁判者在思维中清晰把握的“为我之物”或具体事实，此乃事实认定的“认识成果”。

事实认定的特点是运用证据进行推论。因为，审判中所要认定的事实是过去发生的，它并不像一个人看到天在下雨，便告诉别人天在下雨那样。“对事实的认定是从法庭所举证据得出的结论，而不仅仅是对直接观察到的事实的报告……显然，事

① [日]棚濑孝雄：《纠纷的解决与审判制度》，王亚新译，中国政法大学出版社1994年版，第127～128页。

② 参见[英]威廉·特文宁：《证据理论：边沁与威格摩尔》，吴洪淇、杜国栋译，中国人民大学出版社2015年版，第179～252页。

③ [英]威廉·特文宁：《证据理论：边沁与威格摩尔》，吴洪淇、杜国栋译，中国人民大学出版社2015年版，第21页。

实认定者不能以同样的方式,自己亲眼看到案件中实际发生的事情。他不得不试图通过权衡证据并从中进行推论,来得出一个结论。"①这正是"证据之镜"原理所阐述的观点:事实认定者与事实客体没有任何直接联系,不能像证人那样亲眼看到案件中发生的事情,只能通过运用证据的经验推论来认知过去事实发生的可能性。所以,"裁判中的事实认定过程,是在重建那些过去发生的无法被直接观察到的事件。裁判者必须对后顾性的事实问题,简言之'发生了什么?'提供权威性答案"。②

从法庭认识论角度来研究事实认定,应当打破"心证"不可言传的神话,将其看作事实认定者在头脑中重建过去事实的信息加工过程,是通过"证据之镜"对实际发生了什么进行经验推论的探究过程。事实认定与经验推论有相同的内涵和外延,都是指"结论达成的过程;从证据到证明的思维过程",③并构成一个从证据到推断性事实和要件事实的推论链条。

在"人民诉詹森案"中,④被告詹森是美国加利福尼亚州监狱的一名狱犯。某天他在牢房用完早餐后扣留了餐盘,狱警要求他交回餐盘,詹森则说他想见一位领班警官谈一个私人包裹的领取问题,争端由此发生。控辩双方对该争端的解释完全不同。控方以殴打狱警罪指控詹森,并传唤几位证人(狱警)作证说:狱警打开了牢门上的送餐口小门,让詹森把盘子交出来,但他拒绝了。因此,该狱警叫来8名狱警帮忙。当牢门打开时,詹森发动了攻击,打伤了两名狱警。辩方证人(几个狱犯)的证言则是:狱警没把送餐口小门打开,所以詹森无法把盘子从那个小门交出去。辩方提出的一个重要证据是,"狱警们在牢门打开前就佩戴着防护手套"。关于这个证言对要件事实的证明作用,参见图1.1中的事实认定推论链条:

---

① Ho Hock Lai, *A Philosophy of Evidence Law Justice in the Search for Truth*, Oxford University Press, p. 27 (2008).

② Alex Stein, *Foundations of Evidence Law*, Oxford University Press, p. 34(2005).

③ Bryan A. Garner, *Black's Law Dictionary*, 8th Edition, Thomson West, p. 793(2004).

④ 参见[美]罗纳德·J. 艾伦等:《证据法:文本、问题和案例》,张保生、王进喜、赵滢译,满运龙校,高等教育出版社2006年版,第1~98页。

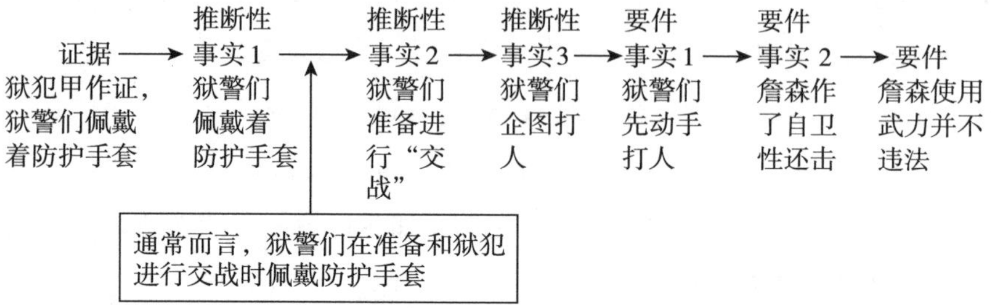

图 1.1　事实认定的推论链条

在该推论链条中，事实认定者对“狱警们佩戴着防护手套”的证据进行推断，经过推断性事实 1 ~ 3，与该案两个“要件事实”（1. 狱警们先动手打人；2. 詹森作了自卫性还击）联系起来，表明该证据与辩方正当防卫的要件事实具有相关性，即对该要件事实具有证明作用。在一般情况下，狱警们收餐盘时本不应佩戴防护手套，但却佩戴了，这表明他们想挑起争斗。当然，该证据对证明狱警先动手打架也许并不充分。然而，相关性证明并不在乎该证据能否证实狱警先动手打架，只要有助于证明狱警先动手就已足够。“相关性是证据在审判中被提供时加以判断的，而充分性是在所有证据被采纳后加以判断的……对一个可接受的裁决来说，相关性本身是必要但非充分的。”①二者的区别在于，相关性是指对要件事实有无证明作用，充分性则是指对要件事实有多大证明作用（证明力）。

一个证据对要件事实的证明有无相关性或有多大证明力，一般并不能由立法者预先设定一套规则来套用，而只能由事实认定者（法官或陪审团）依据塞耶所说的“逻辑和一般经验”②作出判断。这决定了事实认定是一个归纳推理过程。③ 归纳推理的称谓，揭示了事实认定的本质。需要强调的是，归纳推理或经验推论的称谓，主要源自“概括”（generalization）。西奇威克早在 1884 年就意识到这一点，他说：“既然我们从事实到事实的推论取决于我们关于事实和事实之间联系之一般规则的信

① ［美］罗纳德 · J. 艾伦：《证据的相关性和可采性》，张保生、强卉译，载《证据科学》2010 年第 3 期。

② 参见［美］罗纳德 · J. 艾伦等：《证据法：文本、问题和案例》，张保生、王进喜、赵滢译，满运龙校，高等教育出版社 2006 年版，第 151 ~ 152 页。

③ 参见［美］罗纳德 · J. 艾伦等：《证据法：文本、问题和案例》，张保生、王进喜、赵滢译，满运龙校，高等教育出版社 2006 年版，第 143 页。

念，取决于我们关于自然界事物发生方式的概括，那么，对推论的批判本身就演变为对概括的批判。”①

（二）概括在经验推论中的必要性和危险性

特文宁教授等“对概括的批判”，集中体现在其《证据分析》一书第十章“必要却危险：关于事实论证中的概括和案情”②的标题上。一曰必要，即经验推论离不开概括，或曰，不以概括为基础的推论并非经验推论；二曰危险，因为在社会“知识库”中，从科学定律到直觉、成见、印象、推测或偏见，不同的概括有不同的可靠性等级。事实认定者依据可靠性程度不同的概括进行推论，就决定了其结论的盖然性。

概括的必要性在经验推论中是显而易见的。什么东西对证明要件事实具有相关性，哪个证据对证明要件事实有较高的证明力，这些都是只能依据经验知识或常识才能回答的问题。经验知识或常识在推论链条中的逻辑形式是概括，它们反映了事物之间的一般联系规律，必须依据概括才能把特定证据与其证明因素联系起来。例如，在上述“詹森案”推论链条中，从推断性事实1“佩戴着防护手套”，到推断性事实2“准备进行‘交战’”，该推论有一个思维跳跃。法官可能会问：何以知道，狱警们佩戴防护手套就是要准备与狱犯交战？实际上，该推论依据的是一个潜在概括：“通常，狱警们在准备和狱犯进行交战时才佩戴防护手套，而在他们收餐盘时则不会这么做。”然而，法官对此并无经验知识，因而可要求辩方就狱警佩戴防护手套的惯例提供证言。因而，潜在概括就显露出来成为证据。

按照宾德教授和伯格曼教授的说法：“我们大家都……已经积累了关于人物和事物在我们社会中一般行为方式之普遍持有的观念的巨大知识库。从这个知识库中，人们对典型行为可以进行概括。反过来，这种概括又成为使我能够把特定证据

---

① Sidgwick, Alfred 1884, fallacies. A View of Logic from the Practical Side, New York: D. Appleton. 转引自［美］特伦斯·安德森、［美］戴维·舒姆、［英］威廉·特文宁：《证据分析》（第2版），张保生、朱婷、张月波等译，中国人民大学出版社2012年版，第346页。

② 参见［美］特伦斯·安德森、［美］戴维·舒姆、［英］威廉·特文宁：《证据分析》（第2版），张保生、朱婷、张月波等译，中国人民大学出版社2012年版，第346～379页。

与人们希望证明的一个因素联系起来的前提。"①在事实认定过程中,一个概括虽然不能"证明"一个推论是真实的,但它会对法官或事实认定者判断推论的合理性产生重要影响。因为,该概括可能成为其进行如下三段论推理的大前提:狱警们在准备和狱犯进行交战时通常佩戴防护手套(概括)。小前提:狱犯甲作证,狱警们在詹森的牢门打开前就佩戴着防护手套(证据)。结论:狱警们准备进行交战。

关于概括的危险性,在经验推论中同样是显而易见的。在上文"詹森案"推论链条中,从证据开始到要件事实2的每一个推论步骤,都必须踩着"概括之石"(在特文宁等人的推论链条中,用G1,G2,G3,G4,…,Gn表示②),才能从证据"此岸"到达事实认定的"彼岸"。如果事实认定者踩上一块不可靠的"概括之石",便有丧身波涛的危险。例如,在"戴维杀害胡克案"中,③"假设有争议的问题是:戴维是否为那个杀害了胡克的人,而证据是戴维写给温莎(胡克的妻子)的一封情书。该'推论链条'将是这样的:(1)一个给女人写情书的男人可能是爱她的('可能'在这个意义上是指他比一个未写情书的男人更可能爱她);(2)一个喜欢那女人的男人可能想独占她;(3)一个想要独占那个女人的男人可能想除掉她的丈夫;(4)一个爱着那女人并想除掉她丈夫的男人可能计划那样去做;(5)一个计划除掉某人的男人可能做的是,杀掉他"。这里,关于可能性的推断是基于图1.2证据推论链条中的概括:

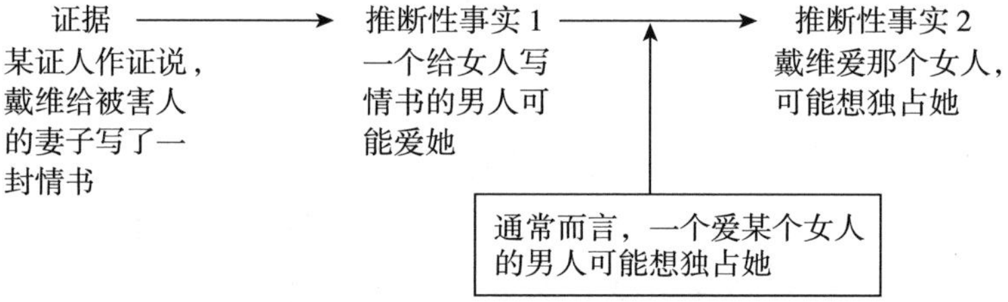

图1.2　证据推论链条中的概括

---

① David A. Binder & Paul Bergman, *Fact Investigation From Hypothesis to Proof*(*American Casebook Series*), West Publishing Company, p. 85(1984).

② 参见[美]特伦斯·安德森、[美]戴维·舒姆、[英]威廉·特文宁:《证据分析》(第2版),张保生、朱婷、张月波等译,中国人民大学出版社2012年版,第80页。

③ Steven Emanuel, *Emanuel Law Outlines*: *Evidence*, 4th Edition, Aspen Publishers, p. 13(2001). 转引自[美]史蒂文·L. 伊曼纽尔:《证据法》(第4版),中信出版社2003年版,第14页。

事实认定者从一封情书(证据)作出两个推断(推断性事实1、2)。它们所依据的并不是法律规则,而是一个"通常"云云的概括。这个潜藏相关性或"常态联系"的概括,虽不能证明一个推论是真实的,但它构成了以下三段论推理的大前提:爱某个女人的男人可能想独占她(概括);小前提:某证人作证说,戴维给被害人的妻子写了一封情书(证据);结论:戴维爱那个女人,可能想独占她。上述推理的概括对法官可能产生的影响是:如果法官认为这是一个合理的概括,便可从常人的观点将其视为相关证据而采纳;如果法官对这个概括的合理性表示怀疑,便可能问:何以知道戴维一定想独占她?想独占她,就一定要除掉她丈夫吗?在这些问题面前,检控方必须为其主张提供更多的证据来证明。法官则需要根据概括的合理性来检验这些证据的相关性。

在"念某投毒案"中,①我们可以发现错误概括对事实认定产生的危害性。该案一审判决书引用公诉机关指控称:"2006年7月26日晚,被告人念某看见快走到他的食杂店门口的顾客,转向进了丁某的食杂店,故对丁某怀恨在心。次日凌晨1时许,被告人念某……将半包鼠药倒进矿泉水瓶掺水后倒入丁某放置在与他人共同租用厨房烧水的铝壶中。"需要指出的是,这个指控并不是证据,因为这并非检察官亲身知识所及,而且"故对丁某怀恨在心"一句是应该排除的意见证据。这些姑且不论,更令人遗憾的是,该案的审判法官居然将公诉机关的指控直接采信为定案的证据,并称:"经审理查明……2006年7月26日晚,被告人念某看见快走到他的食杂店门口的顾客,转向进了丁某的食杂店,故对丁某怀恨在心。次日凌晨1时许,被告人念某从家中拿出一包老鼠药将其中的一半用矿泉水瓶中加水溶解后,倒入丁某放在与他人共用厨房的铝壶中。"这里关于可能性的推断(被害人抢走了念某的商机,念某故对被害人起了杀机),是基于一个危险的概括作出的,即人们会对抢走自己商机的人起杀机。如果法官认为"人们会对抢走自己商机的人起杀机"确实是一个基于常识的合理概括,便可从常人的观点将其视为相关证据而采纳;如果法官对这个概括的合理性表示怀疑,便可质疑:被人抢走商机就会想杀人吗?并要求其提供进一步的证据来加以证明。但遗憾的是,一审法官并未对这个概括的合理性产生任何怀

① 参见福建省福州市中级人民法院刑事附带民事判决书,(2007)榕刑初字第84号。

疑,而是直接作出这样的事实认定:“次日凌晨1时许,被告人念某从家中拿出一包老鼠药将其中的一半用矿泉水瓶中加水溶解后,倒入丁某放在与他人共用厨房的铝壶中。”显然,用危险的概括来支撑推论,推出错误的结论就在所难免。

(三)认证或采信过程中的证据评价

事实认定过程包括举证、质证和认证。举证和质证是诉讼双方的证明活动,认证则是事实认定者采信证据的评价活动。采纳或排除是对证据可采性(证据能力)的裁定,采信则是对证据证明力和可信性的评价。在陪审团审判中,采纳问题是一个“证据是否提交给陪审团”的问题,这由法官裁定;采信问题是一个“证据是否作为定案依据”的问题,这是由陪审团来决定的问题。在法官审判中,法官作为唯一的事实认定者,统揽了证据的采纳、排除和认证,对证据可采性与其能否作为定案依据的判断,是交织在一起的。为了防止滥用这种裁判权,法官排除证据或不予采信,需要在判决中阐明理由。

认证的思维形式是证据评价或评议,主要对两个问题作出决定:一是“相信什么”(what to believe);二是“认定什么”(what to find)争议性事实主张。① 一般而言,事实认定者对自己信以为真的东西,更可能作出肯定性认定。但是,认证并非完全取决于事实认定者的主观信念,在很大程度上,也是由证明主体履行说服责任的程度所决定的。因此,认证的任务是“对有关事实争议问题的论证进行建构、批评和评价”,②包括“对证人可信性的评估,对证据证明力的测量,对相互冲突的解释作出选择,从被信以为真的东西得出推论,判断证言的叙述一致性,对每一方事实版本的整体连贯性进行评估等”。③

从本质上说,认证是事实认定者的一个内心确信过程,或者,是对证据进行审查判断、能动解释的过程。艾伦认为:“审判中的证言和物证展示,在由人类观察

---

① See L. Jonathan Cohen, *An Essay on Belief and Acceptance*, Clarendon Press, p. 117 – 125 (1992). *Should a Jury Say What It Believes or What It Accepts*?, Cardozo Law Review, Vol. 13, p. 465 – 483 (1991).

② [美]特伦斯·安德森、[美]戴维·舒姆、[英]威廉·特文宁:《证据分析》(第2版),张保生、朱婷、张月波等译,中国人民大学出版社2012年版,“前言”,第1页。

③ Ho Hock Lai, *A Philosophy of Evidence Law Justice in the Search for Truth*, Oxford University Press, p. 65 (2008).

者——法官或陪审团成员——解释之前是没有意义的。而且,对任何证据片断的解释都不能预先决定,因为它是事实认定者的阅历和经验所发挥的功能。”①现代大陆法系国家确立了心证公开原则,要求“庭审法官应当在论述详尽的判决意见中,对其事实认定的合理理由作出具体的论证”。② 但是,心证公开原则与自由证明原则存在一定的紧张关系。对于错误采信而造成事实认定错误的情况,根据我国《刑事诉讼法》第 236 条,将会导致直接改判或者撤销原判、发回重审的结果。这与我国“有错必纠”的司法理念有一定的联系。

五、事实真相与似真性

(一)事实真相及其证明标准的盖然性

由于事实认定须经历一个从证据到待证要件事实的经验推论过程,其逻辑形式是归纳推理,所得到的结论即事实真相(truth),是对各方事实主张之可能性的判断,因而具有盖然性。特文宁说:“将归纳原则适用于提交证据使得对某一过去事件的当前主张赋予一种盖然性真相价值成为可能。”③

事实真相的盖然性是由“证据之镜”原理所决定的。事实认定者不能自己亲眼看到案件中实际发生的事情,只能通过证据推论间接地对事实发生的可能性作出裁断,这是其结论具有盖然性的根本原因。边沁对此说得更加明确:“要找到能确保公正裁判的完美证据规则,从事物本性来说,是绝对不可能的。”④这里所谓“事物本性”,是指“证据之镜”的模糊性。特文宁教授等则论述了基于证据的结论必然具有盖然性的 5 个基本理由:“第一,我们的证据总是不完全的,我们永远不会掌握所有

① [美]罗纳德·J. 艾伦等:《证据法:文本、问题和案例》,张保生、王进喜、赵滢译,满运龙校,高等教育出版社 2006 年版,第 143 页。

② [美]米尔吉安·R. 达马斯卡:《自由心证及其面临的挑战》,载[美]米尔吉安·R. 达马斯卡:《比较法视野中的证据制度》,吴宏耀、魏晓娜等译,中国人民公安大学出版社 2006 年版,第 214 页。

③ [英]威廉·特文宁:《证据理论:边沁与威格摩尔》,吴洪淇、杜国栋译,中国人民大学出版社 2015 年版,第 21 页。

④ Bentham, Jeremy 1825, A Treatise on Judicial Evidence (trs. Anon from E. Dumont, Traité des Preuves Judiciaires), p. 180. 转引自[美]特伦斯·安德森、[美]戴维·舒姆、[英]威廉·特文宁:《证据分析》(第 2 版),张保生、朱婷、张月波等译,中国人民大学出版社 2012 年版,第 301 页。

证据。第二,证据一般是非结论性的。这意味着,在某种程度上,证据也许对争议中某一方的主张更有利些,或者与争议中某一方主张的事实真相更相符一些。第三,我们拥有的证据常常是含糊的,我们不能确定,证据告诉了我们什么或传达了什么信息……第四,证据实体通常是不和谐的;某个证据也许支持一种主张,而另一个证据则支持另一个主张。第五,对我们来说,证据来源于其所具有的不尽完美的可信性等级。"①这里所揭示的证据的不完全性、非结论性、含糊性、不和谐性和不完美的可信性,皆是事实真相具有盖然性的原因,也是对"证据之镜"性质的完整刻画。

事实真相的盖然性集中体现在概率证明标准中。证明标准既是证明主体履行说服责任对案件要件事实所应达到的证明程度,也是事实认定者被证据所说服,从而对事实真相形成内心确信的程度。在民事诉讼中,事实认定者"必须通过优势证据认定原告的诉求是真实的。优势证据意味着可能性高于50%,或'可能的几率高于不可能的几率'。在刑事案件中,说服责任意味着在有罪问题上要'确信无疑'"。② 我国刑事诉讼"证据确实、充分"的证明标准,与确信无疑的要求是一致的。2018年《刑事诉讼法》第55条第2款规定:"证据确实、充分,应当符合以下条件:(一)定罪量刑的事实都有证据证明;(二)据以定案的证据均经法定程序查证属实;(三)综合全案证据,对所认定事实已排除合理怀疑。"实际上,"确信无疑"或"确实、充分",是指一种"道德上的确定性",而非数学上的绝对确定性,其95%左右的确信度在某种程度上是由刑事错案率推算出来的。例如,在美国有数据表明,"在强奸谋杀案审判的死刑定罪中,重罪审判的错误率大约在3.5%~5.0%之间"。③

概率证明标准向"不枉不纵"的司法理念提出了挑战。这种司法理念主张,公正司法必须做到不错不漏,或曰"既不冤枉一个好人,也不放过一个坏人"。④ 针对这种观念,沈德咏大法官从无罪推定和疑罪从无的原则出发,提出了"宁可错放,也不

① [美]特伦斯·安德森、[美]戴维·舒姆、[英]威廉·特文宁:《证据分析》(第2版),张保生、朱婷、张月波等译,中国人民大学出版社2012年版,第327~328页。

② [美]罗纳德·J.艾伦等:《证据法:文本、问题和案例》,张保生、王进喜、赵滢译,满运龙校,高等教育出版社2006年版,第253~254、807页。

③ [美]罗纳德·J.艾伦:《证据法、诉讼法和实体法的关系》,张保生、冯俊伟、汪诸豪译,载《证据科学》2010年第6期。

④ 参见朱孝清:《对"坚守防止冤假错案底线"的几点认识》,载《检察日报》2013年7月8日,第3版。

可错判”的新理念。他认为，不枉不纵“这种观念看似不偏不倚，但在司法实践中却极易滑向宁枉勿纵”。一项好的制度并不能保证百分之百地做到不放掉一个坏人，但应当百分之百地保证不冤枉一个好人。[①] 上述争论表明，司法界对事实真相和证明标准的盖然性还缺乏必要共识。按照“证据之镜”原理，事实认定的准确性不仅取决于控辩双方能够获得多少可用的证据，而且取决于事实认定者辨证据真伪的能力。证据的不完全性、非结论性、模糊性、可信性等，都决定了事实认定的结论具有盖然性或可错性。如果错误不可避免，那就要求两错相衡取其轻，因为错判无辜者的成本更高；“宁漏不枉”则最大限度地降低了错判无辜的风险，反映了道德成本最小化原则。

传统司法理念中的“有错必纠”，也是源于对司法证明盖然性的无知。其危害性，一是与无罪推定原则相抵触，但如果把证据不足、达不到证明标准的“错放”也视为一种应纠的错误，就会动摇刑事法治的基础；二是与效率原则抵触，从世界各国再审程序看，“其主要目的在于纠正具有既判力的司法裁判中的事实错误”，[②]主要是纠正无辜者被错判有罪的冤案，否则，就会分散错案救济的重点；三是使被告人更加疏远于“一事不再理”和“禁止双重危险”原则的保护。“有错必究 + 终身追究的‘办案质量终身负责制’”，是“不漏不枉”“有错必纠”的必然产物。对此，应深入研究两个问题：一是从证据法角度，将可错性作为应当尊重的司法规律；二是从比较法角度，深入研究法律职业化和职业保障的内涵，明确只有因法定事由、经法定程序，才可被追究责任。同时，应当确立司法豁免制度，明确法官和检察官的正当职务行为不受追究。因此，“有错必纠”的司法理念应被“有冤必纠”所取代；相应地，“终身追究”应当在法律职业保障的框架内修改为“依法追究”。

（二）从精确概率走向模糊概率或似真性

承认事实认定具有盖然性，与主张用概率论进行审判是不同的。在 1968 年的

---

① 参见沈德咏：《我们应当如何防范冤假错案》，载《人民法院报》2013 年 5 月 6 日，第 2 版；沈德咏：《论疑罪从无》，载《中国法学》2013 年第 5 期。

② 宋英辉主编：《刑事诉讼原理》，法律出版社 2003 年版，第 164 页。

"人民诉柯林斯案"中,[①]根据证人证言,一名白人女性袭击并试图抢劫一名老年妇女后,乘一辆非裔美国男子驾驶的轿车从现场逃离。随后,符合其描述的一名白人女性和一名非裔美国男性被捕并被送交审判。检控方聘请了一位概率学家计算具有证人所描述(并为被告所具有)特征的任意两个人的概率。检控方据此认为,这两名在押人肯定就是实施该犯罪的罪犯。针对这种用概率计算来指控被告人的做法,特赖布教授 1971 年在《数学审判:法律过程中的精确和礼制》一文中,明确表示反对将任何数字化概率运用于审判过程。其主要理由是:(1)从交流角度来说,只要法官和陪审团成员可被假定为不精通数学,他们就不应用自己无法理解的语言接收信息;(2)数学论证很可能具有诱导性或因而产生偏见,因为那些貌似"硬"的量化变数,很容易排挤那些"软"的非量化变数;(3)在诸如给无辜者定罪风险之可接受水平等问题上,量化分析在政治上是不适当的。[②]

在精确概率受到挑战的情况下,法学家们开始向模糊逻辑和科学哲学寻求理论和方法启迪。参照扎德的"模糊逻辑"理论,法庭裁决标准具有模糊性,人们要提供精确的单一概率值或概率区间均缺乏根据,这被称为"模糊概率"。模糊概率的用语在审判中经常出现,如证明标准中的"确信无疑""清楚且令人信服""优势证据""合理根据"等,都是模糊标准。证据证明力的"高""低","大""小",也都具有模糊性。在科学哲学领域,波普尔在前人研究基础上引入"逼真性"(verisimilitude)概念,并论述了逼真性与盖然性的区别。盖然性是在概率计算规定的意义上使用的,"逻辑概率(这里不讨论物理概率)体现了通过减少信息内容而逐渐趋于逻辑确定性或重言式真理的观念。另一方面,逼真性则体现了趋于全面真理的观念。因此,它把真理和内容结合起来,而概率则把真理与缺乏内容结合起来"。[③] 波普尔提出逼真性观念,是要平衡其证伪主义与科学真理之间的紧张关系。逼真性理论一方面承认真理是可以接近的,另一方面也提醒我们,在求真过程中会出现不可预见及难以预防

---

① People v. Collins(1968 Cal. 2d 319).

② See Laurence H. Tribe, *Trial by Mathematics: Precision and Ritual in the Legal Process*, Harvard Law Review, Vol. 84, p. 1329 – 1393(1971).

③ [英]卡尔·波普尔:《猜想与反驳——科学知识的增长》,傅季重、纪树立等译,译文出版社 1986 年版,第 339 页。

的错误。

波普尔的“逼真性”概念与艾伦的“似真性”(plausibility)概念，都是在批判传统概率论只重视真理之逻辑形式的基础上，认识到精确概率计算的局限性，从而转向全面或整体真相之内容方面的一种尝试。艾伦认为，概率论虽然可以用来辅助司法证明，但司法证明本质上不是概率论操作。一个另辟蹊径的思路是：以“最佳解释推论”来取代概率论解释。“在诉讼中，会产生潜在解释，一个推论是对解释性理由的一个潜在解释。第一阶段的工作是直接的，主要由当事人(包括刑事案件中的政府方)完成，其必须就事件提出竞争性版本，如其真实，便能解释审判中提供的证据。对起诉或辩护负有证明责任的当事人提出事件的版本，包括构成其特定起诉或辩护的形式要素；对方当事人则提供事件未包括一个或多个形式要素的版本。此外，如果法律允许，当事人可以提供事件的其他版本来解释证据。最后，事实认定者并不受制于当事人明确提出的潜在解释，而是可以建构自己的解释，要么在评议中就此告知其他陪审团成员，要么自己得出其所能接受的结论。”①

在司法实践中，证据的相关性和证明力都是情境性的。概率论解释的问题在于，其只针对证据片段，试图用赋予假设概率的方法将证据模型化。例如，用合取概率来解决“合取难题”，或对竞争性故事进行标准化对比，这些都会得出荒谬的结果。实际上，依据概率论解释而用盖然性语言表达的证明标准，都可以借助似真性理论来重新予以说明。艾伦认为，当裁判者运用“优势证据”或“确信无疑”的证明标准时，其内心并未出现大于0.5或大约0.95这种表示可能性的刻度。事实认定者在审查了相关证据后，往往直接把自认为合理的事实主张当作事实真相；如果没有形成合理的确信则会继续进行审理，不会贸然根据盖然性作出裁判；如果最终裁判时并不确信所认定的就是事实真相，便会感到不安。“优势证据”意味着，只要事实认定者能够判断出哪个故事或主张更接近真相，其就可以把它当作为真的，而不用感到不安；“确信无疑”则意味着，在刑事诉讼中，事实认定者要进行一系列判断，根据无罪推定原则，“如果没有似真的犯罪案情，此人就是无罪的；如果有似真的犯罪案

① [美]罗纳德·J.艾伦：《司法证明的性质》，载《艾伦教授论证据法》(上)，张保生等译，中国人民大学出版社2014年版，第110页。

情，且没有似真的无罪案情，此人就是有罪的；如果有似真犯罪案情和似真无罪案情，此人就是无罪的”。[①]

按照似真性理论，“最佳解释推论”是一种整体解释方法，它不局限于一个个具体的证据，而是关注由证据拼合出来的完整案情或故事。基于这些判断，事实裁判者可以合理相信其已经寻觅到案件真相。在民事诉讼中，可以在似真的有责案情与无责案情之间进行比较，并依据更接近真相的故事版本作出裁判。但在刑事案件中，却不能进行类似比较。也就是说，在同时出现似真的有罪案情和似真的无罪案情时，只能选择无罪判决。这一选择被表述为“疑罪从无”。我国 2012 年《刑事诉讼法》第 171 条第 4 款关于证据不足“应当作出不起诉的决定”，第 195 条第 3 款“证据不足，不能认定被告人有罪的，应当作出证据不足、指控的犯罪不能成立的无罪判决”的规定，都体现了“疑罪从无”的原则。证据不足，即没有似真的犯罪案情，或者似真的犯罪案情与似真的无罪案情同时存在，那就应该认定被告人无罪。例如，在“念某投毒案”中，[②]关键证据——鼠药从何而来、如何投放等，经审判都没有得到证明，就无法得到一个似真的犯罪案情。沈德咏大法官认为，“在刑事司法领域，不搞无罪推定，就难免不搞有罪推定；不搞疑罪从无，就难免不搞疑罪从有；任何形式的疑罪从轻、疑罪从挂，实质上都是疑罪从有……刑事司法人员必须树立起疑罪从无的观念，彻底抛弃或多或少残存的有罪推定思想，将保障无罪的人不受刑事追究确立为刑事诉讼不可逾越的一条红线，依法保护公民的正当权利，维护司法文明和理性的社会秩序”。[③]

---

① 参见[美]罗纳德·J. 艾伦：《证据与推论——兼论概率与似真性》，张月波译，张保生校，载《证据科学》2011 年第 5 期。

② 参见福建省高级人民法院刑事附带民事判决书，(2012)闽刑终字第 10 号。

③ 沈德咏：《论疑罪从无》，载《中国法学》2013 年第 5 期。

第二章 相关性是证据根本属性*

内容提要

目前,我国证据法理论体系正在经历一场从客观性哲学理念向相关性逻辑证明的观念变革,趋势是以相关性取代客观性作为证据法的逻辑主线,尊重司法具有可错性的规律,完善司法责任制,消除证据裁判的理论误区与操作障碍。

一、为什么说客观性并非证据基本属性

(一)"证据客观说"的主要观点及危害

证据属性(又称证据特征或证据基本属性①),不仅对证据法学研究具有重要的元理论意义,而且对立法和司法实践来说,也是"构建证据制度的理论基础"。② 我国法学界和法律实务界对证据基本属性问题的讨论,自 20 世纪 50 年代就已开始,但至今仍未达成基本共识,以至于有学者认为,学术界无须再去关注证据属性问题,而应更多讨论证据转化为定案根据的条件,即证明力和证据能力。③ 这多少表达了对证据属性长期争论无果的一种无奈。然而,对证据能力和证明力的审查判断,同样绕不开证据基本的属性问题。

---

* 本章原载《清华法学》2019 年第 6 期张保生、阳平《证据客观性批判》一文,由张保生负责的四、五、六、七部分的内容。

① 证据"基本属性"的含义,是指证据最重要的几种属性,如两性、三性、四性等。相比之下,关于证据"根本属性"的含义,是指证据基本属性中的"第一属性"。

② 张保生、常林:《中国证据法治发展的轨迹:1978 ~ 2014》,中国政法大学出版社 2016 年版,第 282 页。

③ 参见陈瑞华:《刑事证据法学》,北京大学出版社 2012 年版,第 70 ~ 71、75 ~ 76 页;李勇:《重视证据能力与证明力之证明判断功能》,载《检察日报》2017 年 12 月 31 日,第 3 版。

无论是在法学界还是法律实务界,“证据客观说”长期以来都是占统治地位的学说。正如有学者深刻指出的:“在我国的诉讼证据理论上,诉讼证据的客观性从来就是不容置疑的问题……从相当意义上说,诉讼证据的客观性特征是我国构建证据理论体系的基础,甚至是我国确立诉讼原则、设置诉讼程序的基石之一。”①从另一个角度看,“证据客观说”又是一个很独特的现象。崔敏教授曾总结国外、旧中国法学家对证据概念的认识,包括“原因说”、“方法说”、“结果说”、“证明说”和“综合说”。② 在这些学说中,并无“客观说”的地位。目前,国内已有一些批评“证据客观说”、“客观事实说”或“法律事实说”的文献,③但这些文献多从“证据客观说”与相关立法、司法实践存在的矛盾进行驳斥,并未从揭示证据法逻辑起点即事实的特性入手进行分析,且未能触及事实认定具有盖然性的根本原因,因而未能有效地否定“证据客观说”的理论基础。

“证据客观说”的理论根据有二:一是由案件本身的客观性决定的,任何一种行为都是在一定时间和空间内发生的,只要有行为的发生,就必然留下各种痕迹和影像。这是不以人的意志为转移的客观存在。二是对证据的认识同对任何事物的认识一样,必须坚持物质存在第一、认识第二的基本路线和方法。④ 还有学者认为,案件事实发生之时,证据的内容就已产生,也即证据的质料存在了,这种证据质料是客观地存在的,不以人的意志为转移,称它为客观证据是可以的。⑤ 对于上述理论根据,前文已通过论述存在、事实与证据之间的关系,从抽象层面进行了驳斥;下文将通过描述 3 种最典型的证据即证人证言、实物证据和科学证据的生成与出示过程,从微观维度来分析该观点是否合理。

“证据客观说”的危害性主要有三:第一,“证据客观说”混淆证据与客观存在的

---

① 张晋红、易萍:《证据的客观性特征质疑》,载《法律科学》2001 年第 4 期。

② 参见崔敏主编:《刑事证据理论研究综述》,中国人民公安大学出版社 1990 年版,第 2 ~ 3 页。

③ 批评“证据客观说”的代表性文献包括:陈景辉:《事实的法律意义》,载《中外法学》2003 年第 6 期;张晋红、易萍:《证据的客观性特征质疑》,载《法律科学》2001 年第 4 期;陈波:《“以事实为根据”还是“以证据为根据”——科学研究和司法审判中的哲学考量》,载《南国学术》2017 年第 7 卷第 1 期;占善刚、刘显鹏主编:《证据法论》(第 3 版),武汉大学出版社 2015 年版,第 26 ~ 43 页。

④ 参见樊崇义主编:《证据法学》(第 6 版),法律出版社 2017 年版,第 127 页。

⑤ 参见汤维建:《关于证据属性的若干思考和讨论》,载何家弘主编:《证据学论坛》第 1 卷,中国检察出版社 2000 年版,第 135 页。

区别，将证据法研究禁锢于存在论范围，阻碍了证据法的认识论研究。“证据客观说”认为，“证据的客观性是指证据应该具有客观存在的属性，或者说，证据应该是客观存在的东西”。[①] 这是误将证据的关系状态与存在者的客观属性简单混同。第二，“证据客观说”将证据混同于事实，误将现在时之事实当作证据法的研究对象，阻碍了对历史事实的证据推理研究。“证据客观说”的一个重要观点是主张证据本身便是事实。[②] 在其看来，证据与事实是没有任何区别的，二者完全是一回事。第三，以“证据客观说”为基础形成的一套传统司法理念，不仅酿成某些冤假错案，而且有碍法律职业化。

（二）客观性是否为证人证言的基本属性

证人证言是证据的主要形式之一，它是否具有不以人的意识为转移的客观性？如上所述，由于事实具有可陈述性，目击证人由观察得知的事实，要与他人分享，需要语言媒介。这通常被称为“叙事”，在法庭审判中则被称为作证。

笔者假设一个案例：3 个月前，在法院外面的马路上发生了一场车祸。两名路人目睹了该事故发生的完整过程。假设法庭现在审理这个案件，两名目击证人可以出庭作证讲述那场车祸，让法官也知道那一事实。在审判中，法官能否把证人 1 所称，他看见“一辆卡车撞了一辆公交车”这一证言直接当作事实，判定卡车司机负有责任？显然不能，因为证人 2 作证说：“我看到的是，一辆公交车撞了一辆卡车。”这就会出现所谓“一个事实，两个故事”的情况，否则，诉讼也不会发生了。在这种争端情况下，法官如何判断哪一证人的证言具有不以人的意识为转移的客观性？显然无法判断。因为，两种证人证言的真假取决于陈述与事实是否相符，这涉及下文将要讨论的事实真相问题。

但从说者和听者的关系角度看，事实认定者需要判断两个相反证言的可信性问题。这就要求我们按照“证言三角形”的 4 种证言品质，即感知能力、记忆能力、诚实性、叙述能力作出推论。首先，从感知能力看，证人的视力、辨色能力、观察角度等因

① 何家弘、张卫平主编：《简明证据法学》（第 4 版），中国人民大学出版社 2016 年版，第 22 页。
② 参见张志铭：《解读“以事实为根据”》，载《人民法院报》2002 年 2 月 1 日，第 3 版。

素都会对观察的准确性产生影响。此外，每个人记忆能力不同，且会随时间而衰减。因此，目击者对他们看到的东西所作的叙述，经常与事件的本来面目非常不同。不仅大多数目睹了肯尼迪被刺事件的人对事件发生过程的描述大相径庭，而且，在一项实验研究中，目睹了袭击讲台上的教授事件的学生们，在几周后辨认袭击者时，大多数人（包括受害者）挑错了袭击者。① 另有统计数据表明，在美国利用 DNA 证据平反的 500 件冤案中，有 235 件是因目击证人辨认错误所致。② 显然，即使仅从感知和记忆这两种证言品质考察，证人证言也没有所谓不以人的意识为转移的客观性，而是在很大程度上会受到证人感知能力、记忆能力的影响。

接下来，假设证人的感知和记忆能力没有问题，诚实性则对证言可信性具有重要影响。例如，证人 1 之所以说"一辆卡车撞了一辆公交车"，可能是因为其与当事人有某种利害关系，因而影响其证言的诚实性。

从叙述—歧义性这种证言品质来看，语言的模糊性对证言可信性具有一定的影响。例如，在美国"人民诉辛普森案"中，③争点之一是被告人是否有实施犯罪的机会。呈堂证据包括：在 1994 年 6 月 12 日晚 10 时 15 分至 10 时 20 分，富恩特斯听到狗的"悲鸣"。大约在晚 10 时 45 分，辛普森家的房客凯林听到他卧室外墙上有 3 声重击。接辛普森去机场的出租车司机，10 时 55 分看到一名穿深色衣服的非洲裔美国男人走进那栋房子。在上述证言中，狗的"悲鸣"意味着作案的开始，还是结束？外墙上的"3 声重击"对辛普森是否在家可作何解释？出租车司机看到穿深色衣服的非洲裔美国男人走进房子，能否证明那时正是辛普森走进家门？对于这些叙事—歧义性，用证据客观性显然是无法解释的。

由于证人证言具有上述复杂品质，其可信性在法庭审判中经常会遭到对方质疑。对证言可信性的评价，主要是通过控辩双方的证明来实现的，包括举证和质证。

---

① 参见［澳］约瑟夫·P. 福加斯：《社会交际心理学：人际行为研究》，张保生、李晖、樊传明译，中国人民大学出版社 2012 年版，第 25 页。

② See Hayley J. Wechsler and Robert J. Crames, eds. , *The Impact of Forensic vs. Social-Science Evidence on Judicial Decisions to Grant a Writ of Habeas Corpus*, Court Review, Vol. 51, p. 158 – 167(2015).

③ People v. Simpson(Cal. 1994).

其中,交叉询问"总是允许询问可以对证人可信性加以弹劾的问题"。[①] 对证人可信性的弹劾,主要是围绕证言三角形的 4 种品质进行的。这表明,我们虽然没有检验证言客观性的手段,却拥有检验证据可信性的手段。

(三)实物证据真是客观证据吗

"证据客观说"一般对实物证据的客观性更为看重,例如,认为"同言词证据相比,物证更客观、真实性更大。言词证据的运用一般要靠实物证据来检验,言词证据同实物证据相结合,才能发挥其证明作用,物证则可以不依赖于言词证据而存在"。[②]

果真如此吗?特文宁等人不这么认为,他们说,"有形证据并不总是像它看起来那样。文件可以伪造,货币可以假冒,图像可以错误标记,血液样品可以混合,毒品可以栽赃给他人"。[③] 实物证据可以伪造假冒,这说明谈不上客观性。

由于物证也是由人提供的,便可能存在物证造假的现象。为了辨认物证真伪,证据法发展出一整套实物证据辨认鉴真规则。辨认(identification)是"证明人物或事物的同一性",[④]鉴真(authentication)是证明物证或书证的真实性,它们是实物证据可采性的先决条件,旨在维护事实认定的准确性。[⑤] 辨认鉴真的目的,在于确认物证或书证未被人调换、掺假或篡改。辨认鉴真的方法,一般是由证据的制作者、提取者和保管者,对该证据容易辨认的物理特征或保管链条提供证人证言。例如,一把刀子如果被提供作为凶杀的证据,就应当从侦查人员在犯罪现场发现它,到将其提交给法庭这一完整的保管链条进行辨认鉴真,证明它被发现时的性状未被改变;或者说,它就是在犯罪现场发现的那件凶器,自始至终没有被调包。显然,如果不经辨

---

① [美]罗纳德·J. 艾伦等:《证据法:文本、问题和案例》,张保生、王进喜、赵滢译,满运龙校,高等教育出版社 2006 年版,第 114 ~ 115 页。

② 樊崇义主编:《证据法学》(第 6 版),法律出版社 2017 年版,第 135 页。

③ [美]特伦斯·安德森、[美]戴维·舒姆、[英]威廉·特文宁:《证据分析》(第 2 版),张保生、朱婷、张月波等译,中国人民大学出版社 2012 年版,第 84 页。

④ Bryan A. Garner, *Black's Law Dictionary*, 8th Edition, Thomson West, p. 748(2004).

⑤ 参见[美]罗纳德·J. 艾伦等:《证据法:文本、问题和案例》,张保生、王进喜、赵滢译,满运龙校,高等教育出版社 2006 年版,第 212 ~ 218 页。

认鉴真,仅仅把实物证据视作客观证据,对证明其同一性和真实性是无济于事的。

对实物证据进行辨认鉴真是美国《联邦证据规则》901 的规定,它是关于一项证据"系证据提出者所主张之物"的要求,又称为基础铺垫。一项证据完整的基础铺垫,必须达到"足以支持一项认定"的要求,凭借对作证事实拥有直接知识的证人,即物证、书证的提取者、制作者、保管者,以感知证人证言的方式提出实物证据,这就使基础铺垫证人成为提供某个同一物证或真实书证的"担保人"。这意味着,在直接询问中,大多数实物证据的基础铺垫,可通过询问两个简单问题得以证实:(1)这是什么?(2)你是怎么知道的?这是基础铺垫询问的主要方法。①

(四)科学证据是否会撒谎

由于受"证据客观说"影响,在司法实践中,很多人不仅将实物证据视为客观证据,更把科学证据如指纹证据、DNA 证据视为"证据之王"。② 根据广东省佛山市南湖区人民检察院的统计,该检察院 2002 年共对 7 个单独指纹证据案件展开侦查,对其中 5 起案件提起公诉,有 2 起案件的被告人始终未承认犯罪,法院最后仅凭指纹证据将其定罪。2003 年,该检察院共对 13 个单独指纹证据案件展开侦查,对其中 11 起案件提起公诉,有 1 起案件法院最后仅凭指纹证据将其定罪。对此做法形成了 3 种不同意见:一是认为仅凭该证据可以给被告人定罪;二是认为根据孤证不为证的原则,仅有指纹证据不能给被告人定罪;三是认为单独指纹证据一般不得作为定案依据。但在下述情况下可以有例外:(1)在非公共场所的固定物上留有被告人的指纹;(2)在多个现场留有被告人的指纹;(3)被告人有犯罪前科。③ 有学者发现,在中国,"作为对证据真实性把关的法院,对控方提交的 DNA 证据的相信率高达 99. 65%"。④ 也就是说,本应对科学证据可采性"把关"的法官,对检控方提交的 DNA 证据几乎失去了审查判断能力。不仅对 DNA 证据如此,对其他科学证据的信

---

① See Ronald J. Allen and Eleanor Swift, eds. , *An Analytical Approach to Evidence*: *Text*, *Problems*, *and Cases*, 6th Edition, Wolters Kluwer (New York), p. 198 – 200 (2016).

② 参见陈学权:《科学对待 DNA 证据的证明力》,载《政法论坛》2010 年第 5 期。

③ 参见张文娟:《审查逮捕阶段单独指纹证据应用情况的调查报告》,载《中国刑事司法杂志》2005 年第 5 期。

④ 陈学权:《科学对待 DNA 证据的证明力》,载《政法论坛》2010 年第 5 期。

任在司法实践中也较普遍。例如,在“念某投放危险物质案”中,尽管鉴定过程和检材提取过程存在较多问题,如“鉴定机构……均未按照专业规范要求进行‘空白’对照检验,以防止假阳性检验结果”“铝壶水、高压锅和铁锅的提取送检过程不清,检材来源相关证据间的矛盾和疑点得不到合理解释,检验过程不规范,检验结论可靠性存疑,理化检验报告不足以采信”等。① 但该案一审和二审法院忽略了这些问题,而对科学证据采取了一种盲从态度,从而使这些不可靠的科学证据成为造成冤案的导因。

上述司法实践中存在的问题,无疑对科学证据的客观性提出了挑战。科学证据之所以没有不以人的意识为转移的客观性,集中体现在“双方专家的冲突……在2/3有专家证言的案件(所有案件的57%)中存在相同专业领域意见相左的专家——最常见的是意见相左的医学专家。与此相似,超过2/3的专家出庭证人中是同一领域专家而意见不同”。② 科学证据属于意见证据,需要专家根据自己掌握的专门知识,运用科学原理和科学方法进行推论从而得出专家意见,因此,同一领域的专家意见不同是一个很正常的现象,也符合科学研究的规律。例如,在“林某投毒案”二审中,控方鉴定意见认为,被害人黄某死于被告人在饮水机中投放的二甲基亚硝胺中毒引起的肝坏死,辩方专家辅助人出庭对控方鉴定意见提出质疑后提出,黄某死于爆发性乙型肝炎。③ 又如,在美国1993年“多伯特案”中,上诉人多伯特等人称他们的先天畸形是因其母亲在怀孕期间服用了被上诉人销售的抗恶心处方药——盐酸双环胺。被上诉人则提交一份流行病学资深专家宣誓陈述书称,经审查30多份已发表涉及13万名患者的研究报告,结论是:在怀孕头3个月使用盐酸双环胺不会造成人类先天缺陷。上诉人的8位专家作证,对被上诉人的主张予以反驳,结论则是盐酸双环胺可导致先天缺陷。美国联邦第九巡回上诉法院维持了地区法院原判,以该专家意见所依据的是一种“不能表明在该研究领域被普遍接受为可靠技术方法的具有

---

① 参见福建省高级人民法院刑事附带民事判决书,(2012)闽刑终字第10号。

② Ronald J. Allen and Eleanor Swift, eds. , *An Analytical Approach to Evidence: Text, Problems, and Cases*, 6th Edition, Wolters Kluwer (New York), p. 768 (2016).

③ 参见孔令勇:《论涉鉴类刑事庭审实质化的实现——以庭审认证程序为视角》,载《中国司法鉴定》2016年第4期。

重大”分歧的方法论，判定这8位专家关于盐酸双环胺造成损害的证言不予采纳。但美国联邦最高法院判定该上诉法院的裁定无效，案件发回重审。①

科学证据在事实认定中也许具有“双刃剑”作用：一方面，科学证据帮助许多无辜者洗清被错误定罪的冤屈，给人类带来“事实认定科学化”②的曙光；另一方面，科学证据的使用又造成一些冤假错案。国际著名《科学》杂志2016年刊登一组法庭科学证据的文章，其中一篇文章称：美国国家研究理事会（National Research Council，NRC）2009年的一份报告指出，法庭科学家长期以来夸大了许多科学证据种类的力量，包括足迹—指纹、轮胎痕迹、弹痕、血迹、火灾和笔迹鉴定。③ 还有一篇直呼《当DNA说谎时》（When DNA is Lying）的文章称，DNA分析虽然帮助数以千计的无辜者从错误定罪中洗冤，但有时候，DNA证据又把许多无辜者送进监狱。④ 因此，即便是被认为最接近“客观确定性”的DNA检测结果，也存在用于送检的DNA样本是否相关、是否受到污染，收集的样本是否完整，犯罪嫌疑人的DNA与凶手的DNA是否相似或相同等一系列问题。⑤ 根据美国“无辜者项目”2019年更新的数据，在通过DNA检测被证明无辜的350多起冤案中，有近一半冤案（45%）是由“法庭科学的不当使用”造成的。所谓“法庭科学的不当使用”包括：（1）科学原理不可靠或缺乏事实根据；（2）科学方法的有效性未经充分证实；（3）专家证人具有误导性的证言；（4）检验过程中出现的错误；（5）法庭科学家的不端行为。⑥

综上所述，证据不仅有真假之分，诉辩双方的证据有时候还截然相反。我们不能说一方的证据有客观性，而另一方的证据没有，所以我们不能说客观性是证据的基本属性。坚持“证据客观说”最大的问题是，目前还没有对证据客观性进行检验的

① 关于“多伯特案”，See Ronald J. Allen and Eleanor Swift, eds., *An Analytical Approach to Evidence: Text, Problems, and Cases*, 6th Edition, Wolters Kluwer (New York), p. 714 – 720 (2016).

② ［美］达马斯卡：《漂移的证据法》，李学军等译，何家弘审校，中国政法大学出版社2003年版，第200页。

③ See Martin Enserink, *Evidence on trial*, Science, Vol. 351: 6278, p. 1128 – 1129 (2016).

④ See Douglas Starr, *When DNA is Lying*, Science, Vol. 351: 6278, p. 1133 – 1136 (2016).

⑤ 每1000个出生婴儿中，存在12个或以上的双胞胎。转引自 Di Bello & Verheij, *Evidential Reasoning*, “2018年中山大学法律人工智能工作坊”会议论文，2018年4月于广州。

⑥ See Overturning Wrongful Convictions Involving Misapplied Forensics, Innocence Project, https://www.innocenceproject.org/causes/misapplication-forensic-science/, last accessed on July 3rd, 2019.

标准,我们不知道如何在司法实践中检验一项证据是否具有客观性。

二、是客观真相，还是盖然真相

“证据客观说”的另一个重要主张是:“案件事实和证据是客观存在的事物……无论案情多么复杂,犯罪行为多么隐蔽、狡猾,都能查证清楚,使主观认识正确地反映案件的客观事实,作出正确的结论。”①在论证方法上,“证据客观说”通常都会用真理中存在客观内容,来主张证据必须伴随案件的发生、发展的过程而遗留下来,因而是“不以人们的主观意志为转移而存在的事实”。② 因此,分析真理的性质,有助于澄清客观性是否为证据的基本属性。

(一)真理作为认识过程的产物而具有相对性

按照罗素的观点,任何事物若不是关于整体“实在”的,就不可能实际真确。③他援引黑格尔的观点认为,真和假并不像普通人所想的那样,是截然分明的对立物;没有任何事物是完全假的,而我们能够认识的任何事物也不是完全真的。“我们能够多少有些错误地去认识”,我们将绝对真理归于某一件孤立知识时便会发生这种情况。④ 因此,他认为,“真理就是全体”,任何部分事物都不十分真。⑤ 这种认识属于“绝对理念”,是一种最高认识,是思维者自身的思想,是一种绝对和全部的真理。然而,绝对真理是无法实现和验证的,即便实现也不是普遍有效的,因为从命题角度将一种特殊属性归于某一实在事物,从而认定特性之间真实的相互联系,这个综合判断没有普遍有效的真理性质;“只有实在以某种方式得以由知识来支配时,我们的真理才可能是普遍有效的,才可能符合那些尚未经验到的实在事物”。⑥ 所以,与客观存在一样,客观性无法验证的绝对真理也超越了认识论范围。实际上,“相对真理就是真理,都有与现实相符合的内容或部分,是真的理论的不完善性或认识的不完

① 张子培:《刑事诉讼的证据》,载《人民司法》1979年第8期。

② 参见樊崇义主编:《证据法学》(第6版),法律出版社2017年版,第126页。

③ 参见[英]罗素:《西方哲学史》(下卷),马元德译,商务印书馆2009年版,第304页。

④ 参见[英]罗素:《西方哲学史》(下卷),马元德译,商务印书馆2009年版,第306页。

⑤ 参见[英]罗素:《西方哲学史》(下卷),马元德译,商务印书馆2009年版,第304~306页。

⑥ [德]M. 石里克:《普通认识论》,李步楼译,商务印书馆2017年版,第414页。

善性,而不能理解为理论的真性的缺乏”。[①] 相对真理可以理解为一个知识类,至少是一个认识主体在特定时期对事物的知识。与绝对真理不同的是,相对真理可以验证或证伪,也存在被修正的可能性。因此,各种人不同的个别活动相互联系、相互制约而构成的一个总体的社会实践,才是真理的检验标准。[②] 但即使是这种作为总体的社会实践,由于其是一定历史时期的历史实践,对真理的检验也会具有一定的历史局限性和不确定性。相比之下,我们对具体案件的事实认定,并非以作为人类总体的社会实践为检验标准,因而属于个体实践,其作为真理检验标准的历史局限性和不确定性就更加严重。“个别人的个别实践不足以成为检验真理的可靠标准”。[③] “证据客观说”显然没有认识到真理相对性的这一特点,以及社会实践与个体实践在检验真理之可靠性方面的不同。

(二)内在视角:事实真相具有盖然性的认识论原因

相对真理或盖然真相的思想可以追溯到洛克,他对“理性”一词的用法包括两部分,其中一种是对某些主张的研究:这些主张虽然只有盖然性而没有确实性作为支持,但在实践中以承认它为聪明。[④] 休谟认为,在类似、同一、时间和地点关系、量或数的比率、任一性质的程度、相反和因果关系这 7 种哲学关系中,只有类似、相反、性质的程度和量或数的比率这些类别的关系给人确实的知识,而就空间时间关系和因果关系等其他各种关系而言,我们的知识仅是盖然性的。[⑤] 这就“需要一种新自然法则表述,它不再基于确定性,而基于盖然率。承认未来不被确定,我们无法得出确定性终结的结论”。[⑥] 事实是经验的产物。“由于经验具有迅速变化的性质,这种比较和发现相同东西的活动总是会有不确定性,这种不确定性尽管对于科学和日常事务的实际进行没有危害也并没有什么影响,但在理论上总是存在妨碍我们获得绝对

---

① 郭继海:《真理与似真性》,载《自然辩证法研究》第 18 卷第 4 期。
② 参见肖前、李秀林、汪永祥主编:《辩证唯物主义原理》,人民出版社 1981 年版,第 387 页。
③ 肖前、李秀林、汪永祥主编:《辩证唯物主义原理》,人民出版社 1981 年版,第 388 页。
④ 参见[英]罗素:《西方哲学史》(下卷),马元德译,商务印书馆 2009 年版,第 148 页。
⑤ 参见[英]罗素:《西方哲学史》(下卷),马元德译,商务印书馆 2009 年版,第 218 页。
⑥ [比利时]普里高津:《确定性的终结——时间、混沌与新自然法则》,湛敏责译,上海科技教育出版社 1998 年版,第 3 页。转引自栗峥:《司法证明模糊论》,载《法学研究》2007 年第 5 期。

的确定性。”[①]上述经典作家的论述,为从内在视角分析事实认定的不确定性奠定了思想基础。

内在视角是从制度内在角色扮演者的立场,即事实认定者的立场考察影响事实认定准确性的内在因素,旨在揭示事实真相具有盖然性的认识论原因。法律中的事实裁判者作为认知主体,介入证据与事实的关系,并非于现在时态下直接作用于客体(能动认识客体的实践模式,模式Ⅰ);也不是处于现在时态下目击证人与事实客体的反映关系(眼见为实的发现模式,模式Ⅱ);而是处于过去时态下运用证据推理的认知模式(模式Ⅲ),[②]即以一个非亲历者的身份,去认识过去发生了什么。

1. 事实认定模式Ⅰ、模式Ⅱ情境下的观察误差与证言的可信性

首先,处于模式Ⅰ、模式Ⅱ情境下的观察者也避免不了时空上的差错:“我们所感知的事物不但依赖于这个事物本身的性质,而且还依赖于事物的能量到达我们的机体途中所通过的媒介物的性质,也还依赖于我们的感觉器官和脑器官所处的状态。”[③]在这个意义上(也为许多事实所证明),谬误并非无关紧要和例外现象,而是一种正常、必然和普遍的缺陷,它是每一个感觉经验无法避免的。[④]

其次,即使排除时空差错给观察准确性带来的影响,在模式Ⅰ、模式Ⅱ情形下的观察也不意味着就是“中性的”。汉森认为:“观察渗透着理论。对 x 的观察由观察者对 x 的先前知识所决定。”[⑤]他举例说:“一个物理学家和一个外行人士观察同样的事物,但他们会观察到不一样的东西。”他认为,“观察者或许不知道他所看到的是什么:他必须能将他所观察的东西与已有的知识背景相结合起来才行。这种观察模式才是观察的目标。新的调查模式应基于这种观察模式,而非‘表面(phenomenal)’

---

① [德]M. 石里克:《普通认识论》,李步楼译,商务印书馆 2017 年版,第 413 页。

② 关于模式Ⅰ、模式Ⅱ、模式Ⅲ的详细描述,参见张保生:《事实、证据与事实认定》,载《中国社会科学》2017 年第 8 期。

③ [美]霍尔特等:《新实在论》,伍仁益译,郑之骧校,商务印书馆 2007 年版,第 6 页。

④ 参见[美]霍尔特等:《新实在论》,伍仁益译,郑之骧校,商务印书馆 2007 年版,第 6 页。

⑤ “Seeing is a ‘theory-laden’ undertaking. Observation of x is shaped by prior knowledge of x.” See Norwood Russell Hanson, *Patterns of Discovery: An Inquiry into the Conceptual Foundations of Science*, The Syndics of Cambridge University Press, p. 19 (1965).

观察”。[1] 换言之,不同观察者对同一个事物的观察,甚至同一个观察者在不同的时间观察的东西,都可能因知识背景的差异而不同。不仅如此,甚至连观察本身也是一种选择行为。[2] 一般来说,观察者对自己所关注的事物才会认真观察;反之,则可能视而不见。

最后,假设观察者对某一事实的观察达到被期待的水平(这一点很难验证,除非有独立的认知途径,通常而言,听者只能通过观察者的陈述来验证观察者的观察力),根据“证言三角形理论”,观察者对观察所作的描述,也受到自己感知能力、记忆能力、叙述能力和诚实性的影响。

总之,即使在事实认定模式Ⅰ、模式Ⅱ情境中讨论认识主体与事实客体之间的关系,也不能确保其观察到的事件在头脑中形成真信念,以及对头脑中的信念进行诚实且无歧义性的叙述。

2. 事实认定模式Ⅲ情境下的“证据之镜”原理

首先,在人类的知识中,几乎很少是通过对事实的个人观察而获得的亲身知识,每一个人都是在持续地通过各种不能亲自观察的事物的证据,获得结论或据此采取行动。[3] 在事实认定模式Ⅲ情境下,证据是联系主客体的唯一“桥梁”,或“折射”事实的一面“镜子”。没有“证据之镜”,就不可能认定案件事实;即使有了“证据之镜”,也未必能准确认定事实。证据的特性决定了事实认定本质上具有盖然性。如前所述,不仅证人证言存在可信性问题,实物证据、科学证据也都存在可靠性方面的风险,不具有先验的客观性。加之,证据收集者往往只有动机收集有利于支持己方主张的证据。所以,对事实认定者来说,“我们的证据总是不完全的,我们永远不会掌握所有证据”。[4]

---

① “Seeing is a ‘theory-laden’ undertaking. Observation of x is shaped by prior knowledge of x.” See Norwood Russell Hanson, *Patterns of Discovery*: *An Inquiry into the Conceptual Foundations of Science*, The Syndics of Cambridge University Press, p. 16 – 20(1965).

② “和一切认识一样,概念与判断不是构造性的,而是选择性的。”参见[美]霍尔特等:《新实在论》,伍仁益译,郑之骧校,商务印书馆2007年版,第322页。

③ See Lee Loevinger, *Facts*, *Evidence and Legal Proof*, Western Reserve Law Review, Vol. 9, p. 154 – 175 (1958).

④ [美]特伦斯·安德森、[美]戴维·舒姆、[英]威廉·特文宁:《证据分析》(第2版),张保生、朱婷、张月波等译,中国人民大学出版社2012年版,第327页。

其次，证据推理必须依据常识性概括，从而使其结论具有不确定性。通常，一项证据往往不能直接证明要件事实，中间需要借助一步或多步证据推论，而一项证据对要件事实的证明有无相关性或者有多大证明力，也不能由立法者预先设定，而只能由事实认定者根据“逻辑和一般经验”来进行判断。这决定了事实认定的主要逻辑形式是归纳推理，那么，概括对推理过程就“必要却危险”。必要在于，证据推论的每一骤，都必须踩着“概括之石”，才能从证据“此岸”到达待证事实“彼岸”；危险在于，在社会“知识库”中，从科学定律到直觉、成见、印象、推测或偏见，概括有不同的可靠性等级。① 保罗教授还认为，证据推理中用到的常识除少数是人类共同知识外，大多数即便是在小的社区内都存在争议，原因是常识与人的文化环境、时空密切相关，且个人经历及与之相伴的信念还受到阶级、性别、年龄、种族、民族和宗教等社会心理因素的影响。②

最后，事实与规范之间的模糊性，也使证据推理的结论具有不确定性。在事实认定中，事实陈述与法律规范之间不存在绝对清晰的界限，往往涉及决定规范性的道德事项，要件事实被法律规则和概念性语言所包含。例如，对于何为“非法侵入”，由于语言的模糊性及背景知识的差异，不同事实裁判者对该要件事实的理解可能存在差异。若证人作证说，“我看见被告从窗户处消失了”。那么，事实认定者可能据此推断，被告“侵入了”室内。这就使一个证据性事实一旦被认定，据此作出的推论并不必然是封闭性的，可能推断出一个要件事实或其他事实，因而具有不确定性。③ 尽管法律有意创设一些法律术语来界定要件事实，但考虑到语言的模糊性，对要件事实形成一个完整的规定或描述，总是存在一定距离，因而实体法规定本身就存在不确定性。相反，要使法律规则具有决定性、确定性和穷尽性，常常会起反作用：因为法律过于复杂本身就是一个缺点，将产生额外的成本、拖延、错误和混淆，因而相

① [美]特伦斯·安德森、[美]戴维·舒姆、[英]威廉·特文宁：《证据分析》（第2版），张保生、朱婷、张月波等译，中国人民大学出版社2012年版，第362～363页。

② See Paul Roberts & Arian Zuckerman, *Criminal Evidence*, 2nd Edition, Oxford University Press, p. 146 – 147 (2010).

③ See Wesley Newcomb Hohfeld, *Fundamental Legal Conceptions as Applied in Judicial Reasoning*, Yale University Press, p. 23 (1923).

互矛盾的法律规定,会带来更大的不确定性。①

3. 贝叶斯定理的精确性能否取代“证据之镜”的似真性

随着事实认定的科学化,精确的数学手段曾被用于寻求事实认定的准确性。在美国1968年“人民诉柯林斯案”中,②检控方根据一位概率学家对被告特征之任意两个人的概率计算主张,这两名在押人肯定就是罪犯。针对这种用概率计算来指控被告人的做法,哈佛大学特赖布教授1971年发表《数学审判:法律过程中的精确和礼制》一文,明确反对将任何数字化概率运用于审判过程。③

那么,概率论、贝叶斯定理(Bayes Theorem)能否消除“证据之镜”所造成的不确定性?答案可能是否定的。理由是:第一,贝叶斯定理所假设的情况是,收集的样本必须是相关的和完整的,且送检样本没有受到污染。然而,正如前文所述,这在真实世界中不一定能得到保证,即使DNA证据也达不到百分之百的确定性。第二,贝叶斯定理需要预先假设存在被告有罪的先验概率,④这同样是不切实际的。概率预测之所以比纯粹的猜测更可靠,在于事先存在一个经验基础。如在52张牌中,可算出抽到A的概率为4/52=1/13。然而,司法事实认定是对过去事实的调查,其每一推论步骤的真实性都需要验证。因此,在没有其他证据的情况下,被告如果未认罪,赋予被告一个有罪的先验概率将是不合逻辑的。相反,事实认定者的经验推论,只能根据经验估测某一证据强度,这是一种主观概率。不同认识主体,比如,3位合议庭法官或12位陪审团成员,对某一证据强度的概率评估并不一样,无法像数学家那样算出一个证据强度,或者根本就不存在评估证据强度的基础概率。而且,对被告有罪概率的事先评估,不仅与无罪推定原则相冲突,如果是陪审团审判,还与陪审团指

---

① See Paul Roberts & Arian Zuckerman, *Criminal Evidence*, 2nd Edition, Oxford University Press, p. 134 (2010).

② People v. Collins(1968 Cal. 2d 319).

③ Laurence H. Tribe, *Trial by Mathematics: Precision and Ritual in the Legal Process*, Havard Law Review, Vol. 84, p. 1329 - 1393(1971).

④ 贝叶斯定理运行的原理是基于先验概率p(G),例如,被告有罪的概率,与后验概率p(G/E),即根据某证据被告有罪的概率的乘积。用公式表述为:P(G/E)/p(I/E) = p(G)/x p(E/G)/p(E/I)。OG/E = PE/G_ PE/not G x OG。该公式表明,证据被采信之后有罪或有责任的概率,是由假设该人有罪或有责任情况下获得证据的概率,由假设该人无罪或无责任情况下获得证据的概率之间的关系决定,即PE/G与PE/not G的比值。如果比值等于1,则1乘以先前有罪或有责任的概率的结果将不会改变那些概率。

示中关于听审完所有的证据才能作决定这一规则相违背。第三,概率推理用到的后验概率,由所获证据的数量和分量决定,因而要求推理所基于的证据必须完整或尽量完整,这同样是不现实的。所以,艾伦教授说:“证据概率论的主要问题在于,它需要太多信息;在能够计算概率之前,人们必须已知结果。”①严格地说,事实裁判者无法知道一个案件的证据是否完整,这本身就会影响后验概率的准确性。第四,贝叶斯定理被用于司法证明不具有可操作性。与大多数证据相联系的概率,实际上总是难以计量的,人类也缺乏执行它的计算能力。②

在精确概率受到挑战的情况下,模糊概率的用语在法庭审判中经常出现,如“确信无疑”“清楚且令人信服”“优势证据”等证明标准的表述都具有一定的模糊性。证据证明力的高低和大小,也都具有模糊性。艾伦教授提出“似真性”概念,也是在批判传统概率论只重视真理逻辑形式的基础上,试图揭示精确概率计算的局限性。他认为,概率论虽然可以用来辅助司法证明,但司法证明本质上不是概率论操作,而是“最佳解释推论”。③ 它不局限于一个个具体的证据,而是关注由证据拼合出来的完整案情或故事。在刑事诉讼中,根据无罪推定原则,“如果没有似真的犯罪案情,此人就是无罪的;如果有似真的犯罪案情,且没有似真的无罪案情,此人就是有罪的;如果有似真犯罪案情和似真无罪案情,此人就是无罪的”。④ 我国 2018 年《刑事诉讼法》第 200 条第 3 款“证据不足,不能认定被告人有罪的,应当作出证据不足、指控的犯罪不能成立的无罪判决”的规定,体现了“疑罪从无”的原则。证据不足,就是没有似真的犯罪案情,或者似真的犯罪案情与似真的无罪案情同时存在,那就应该认定被告人无罪。

综上分析,追求“客观真相”“客观真实”的司法理念,由于误将模式Ⅰ、模式Ⅱ

---

① [美]罗纳德·J. 艾伦:《证据与推论——兼论概率与似真性》,张月波译,张保生校,载《证据科学》2011 年第 1 期。

② See Ronald J. Allen, *Factual Ambiguity and a Theory of Evidence*, Northwestern University Law Review, Vol. 88, p. 604 – 640(1994).

③ 参见[美]罗纳德·J. 艾伦:《司法证明的性质》,载《艾伦教授论证据法》(上),张保生等译,中国人民大学出版社 2014 年版,第 110 页。

④ 参见[美]罗纳德·J. 艾伦:《证据与推论——兼论概率与似真性》,张月波译,张保生校,载《证据科学》2011 年第 1 期。

情境下现在时的主、客体关系,套用于模式Ⅲ过去时的主、客体关系,因而不能合理地把证据推理的结论理解为"证据之镜"中的事实真相。这是"证据客观说"陷入困境的认识论原因。

(三)外在视角:事实真相盖然性的非认识论因素

外在视角是从制度整体的外部观察者立场,考察审判应实现哪些目标或价值,进而审视影响法庭事实认定准确性的外在因素,即非认识论层面的原因。

在传统证据法理论中,发现真相曾被视为一项审判制度最重要的目的。例如,有学者认为,在所知的各种目标中,最主要的是在事实争端中发现真相。① 然而,历史上法定证据制度曾以查明事实真相为首要价值,无论在中国古代"采取刑讯拷掠以取得口供",②还是在欧洲中世纪法定证据主义盛行,口供都被奉为证据之王,酷刑成为一种正当的侦查手段。这种不择手段追求事实真相的做法,导致了刑讯逼供的合法化,构成了专制司法制度的特征。

现代法治国家的司法制度是建立在理性主义基础之上的。"理性主义传统的核心信条是,裁判法(或诉讼法)之主要目的是在裁判中达到'裁决公正',就是说,法律正确适用于证明为真的事实。该信条对当今(司法)事业产生了3个引申性影响。第一,关于事实争端问题,该信条假定,那个目的之实现涉及通过理性方式对'事实真相'的追求……第二,这种理性主义传统反映了一种持久不变的认识,即追求事实真相作为依法保障正义(填补正义)的手段,具有很高优先地位,但并非高于一切。第三,裁判模式本身是工具主义的,通过推理而追求事实真相只是达到填补正义目的的一种手段,填补正义被视为实体法的实现。"③显然,追求事实真相并非一项审判制度的唯一价值,更不是法治国家审判制度的最高价值。因为,证据法的理性主义传统仅把追求事实真相视为实现正义的手段,而把公正视为证据法的最高目的。

---

① See Jack B Weinstein, *Some Difficulties in Devising Rules for Determining Truth in Judicial Trials*, Columbia Law Review, Vol. 66, p. 223 - 246 (1966).

② 张晋藩:《中华法制文明的演进》(修订版),法律出版社2010年版,第543页。

③ 参见[美]特伦斯·安德森、[美]戴维·舒姆、[英]威廉·特文宁:《证据分析》(第2版),张保生、朱婷、张月波等译,中国人民大学出版社2012年版,第103~104页。

换言之，证据法不仅具有求真、求善的双重功能；而且，当求真与求善的目标发生冲突时，要把公正视为最大的善，而把求真降为手段。何福来也认为，追求事实真相是为了实现正义。真相和正义必须与外在的价值和关注相权衡，包括“公正”、“合法”、“程序权利”和“诚信”。①

笔者认为，准确、公正、和谐、效率是证据法的四大价值支柱。在这些价值支柱中，准确虽是实现司法公正的前提，但公正才是证据制度的首要价值。因此，证据规则的制定者和适用者都要通过一定的权衡作出价值选择。“证据客观说”或“客观真相说”由于主张事实真相具有绝对确定性，必然寻求一种理想状态的求真活动。然而，从外在视角看，审判要实现多种价值追求，无疑要在不同位阶的价值之间进行权衡，或者稀释司法资源在追求真相这一目标上的投入，这些对于查明事实真相来说，都构成了其具有盖然性的外部因素。

论证至此，如果说客观性确实不是证据的根本属性或基本属性，那么，该以一种什么学说来取代“证据客观说”，使之成为我国证据立法和司法实践的指导原则？下文将重点讨论这个问题。

三、为什么说相关性才是证据根本属性

要回答什么是证据的根本属性，首先要回答证据的本质是什么。证据并非感官对象本身，而是对象中所承载的信息。对象中承载的信息虽然具有多样性，但认知主体从对象中析出的信息一定要与其所欲证明的事项有关，否则便是无意义的信息。对此，舒姆教授指出，在最基本的水平上，相关性回答的是这样的问题：“那会怎么样？你收到了一项信息或者数据，要问一下该信息是不是与你有意义的某事有关。”②因此，“证据”的一种定义是：某种有助于证成或证否某一指控事实存在的东西（包括证言、文件及实物）。③ 换言之，只有对待证事实有证明作用的东西才是证

① See Ho Hock Lai, *A Philosophy oof Evidence Law*: *Justice in the Search for Truth*, Oxford University Press, p. 48 (2008).

② ［美］David A. Schum：《关于证据科学的思考》，王进喜译，载《证据科学》2009 年第 17 卷第 1 期。

③ Cases: Criminal Law 661; Federal Civil Procedure 2011, Trial 43. C. J. S. Criminal Law § § 656, 751, 1202; Trial § 162. cited from Bryan A. Garner, *Black's Law Dictionary*, 8th Edition, Thomson West, p. 1666 – 1667 (2004).

据;反之亦然,一个信息能作为证据,必须对待证事项有证明作用。可见,无论是一般意义上的证据,还是法律领域的证据,相关性为其根本属性。然而,将相关性确立为现代证据制度的基本原则,经历了一个漫长的历史探索过程。

(一)相关性被确立为现代证据制度基本原则的历史沿革

相关性作为证据根本属性,它是"所有证据法制度的基本原则"。[①] 然而,这个基本原则的确立经历了一个漫长的发展探索过程。在神明裁判时代,上帝被请求给出"神圣证言"并作出裁判,这使不愿作证的证人和不敢站出来的原告的出庭已无必要了。[②] 由于神明裁判并不依赖相关证据进行裁判,也就无所谓证据规则,因而阻断了证据法的发展。后来,宗教证据因其非理性而几乎为所有欧陆国家所摒弃,取而代之的是以法官为核心的理性证据形式。[③] 这就是预先设定各种证据形式证明力的"法定证据制度",依证明力强弱将证据分为3类:确实的证据、半证据和不完整的证据;[④]法官在掌握对被告不利的半证据情况下,可启动刑讯程序并对被告科以酷刑。[⑤] 在这种制度下,衡量证据证明力的标准是证据的形式,而非证据本身与待证事实的相关性程度,这在一定程度上导致了刑讯逼供被合法化。

法定证据制度在欧洲资产阶级革命时期受到了批判,并被与之相对立的"自由心证"制度所取代。[⑥] 在自由心证制度下,法官可以完全自由地判断向其提出的证据的价值,进行自由评价,并形成内心确信。但这并不说明该评价过程不受证据规则的规制,其中,起到根本规范作用的就是相关性规则,因为自由心证的前提是相关证据应被确保提交,即所提交的证据对待证事实具有证明作用。例如,在法国,法官形成内心确信的证据材料必须是法庭辩论提出的各项证据。[⑦] 而法

---

① See Ronald J. Allen and Eleanor Swift, eds., *An Analytical Approach to Evidence: Text, Problems, and Cases*, 6th Edition, Wolters Kluwer (New York), p. 121 (2016).

② 参见[美]詹姆士·Q. 惠特曼:《合理怀疑的起源——刑事审判的神学根基》,佀化强、李伟译,中国政法大学出版社2016年版,第118页。

③ 参见施鹏鹏:《法定证据制度辩误——兼及刑事证明力规则的乌托邦》,载《政法论坛》2016年第6期。

④ 参见施鹏鹏:《法定证据制度辩误——兼及刑事证明力规则的乌托邦》,载《政法论坛》2016年第6期。

⑤ 参见施鹏鹏:《法定证据制度辩误——兼及刑事证明力规则的乌托邦》,载《政法论坛》2016年第6期。

⑥ 参见[法]贝尔纳·布洛克:《法国刑事诉讼法》,罗结珍译,中国政法大学出版社2009年版,第79页。

⑦ 参见[法]贝尔纳·布洛克:《法国刑事诉讼法》,罗结珍译,中国政法大学出版社2009年版,第80页。

庭辩论提出的证据通常是与待证事实相关的证据，比如，承担举证责任的追诉方，通常必须证明具备构成犯罪的3项要件，分别是法定要件（法有规定要件）、客观要件（事实要件）与主观要件（心理要件）。[①]《德国刑事诉讼法典》第244条第2款规定："为查清真相，法院依职权应当将证据调查涵盖所有对裁判具有意义的事实和证据材料。"[②]对于依职权调查证据的义务范围，德国联邦最高法院的判例认为，应是一种全面的案情查明，这种查明应当涵盖法院获知的或应当获知的、须运用一定证据加以证明的情况。[③] 同时，该条第3款还从反面规定，法官拒绝查证申请的情形包括"待证事实对裁判无意义或已证明"。[④] 这里的"无意义"，即事实与要裁判的犯罪行为没有关联性，或者即使有关联性，待证事实也不能对裁决产生作用。[⑤] 在德国联邦最高法院1983年11月7日的一项判决中，[⑥]被告被指控作为共犯参与了第一起大屠杀事件，并在另外两起案件中谋杀或试图谋杀犹太儿童。高等法院认为，证人证言的"可信性及可用性极低"，无法构成"被告人参与两次大屠杀"的关联性刑事证据，最后以"缺乏事实上的证据"为由，宣告被告人无罪。

与欧陆国家相比，英美法系国家大都通过立法或判例确定了证据相关性的定义。最早的是1872年《印度证据法》第3条将"相关性"定义为："如果某一事实通过本法中关于事实的相关性之条款规定的任一种方式，与另一事实存在某种联系，则可以说该事实对另一事实具有相关性。"此后，很多英美法系国家通过立法或判例确定了相关性规则。相关性规则在英美法系证据制度中的基础性地位，可从其理性主义传统找到依据。不同于上帝裁判的"非理性"证明方法，理性主义传统涉及"……要在仔细和理性权衡既具有相关性又具有可信性的证据的基础上，将争议事实证明到

① 参见［法］贝尔纳·布洛克：《法国刑事诉讼法》，罗结珍译，中国政法大学出版社2009年版，第69页。
② 《德国刑事诉讼法典》，宗铥琨译注，知识产权出版社2014年版，第193～194页。
③ 《德国刑事诉讼法典》，宗铥琨译注，知识产权出版社2014年版，第194页译注。
④ BGH NStZ2000，436.
⑤ 参见《德国刑事诉讼法典》，宗铥琨译注，知识产权出版社2014年版，第195页译注。
⑥ BGH NStZ1984，Vol. 4，180.

具体规定的概率标准”。①

《日本刑事诉讼法典》中虽然没有证据相关性的专门定义,但在法庭“证据调查”程序中,集中体现了相关性精神及其地位。首先,法院或审判长在诉讼关系人“提出与案件毫无关系的事项时”,可以进行限制;②“对于与欲证明的事实之间缺乏关联性”等不能作为证据的,要予以驳回。③ 其次,检察官申请证据调查,须具体揭示“该证据与所要证明事实”的关系。④ 最后,辩护人有权对检察官提出的证据是否欠缺关联性进行判断,并向法院提出意见。⑤

2001 年通过、2002 年开始生效的《俄罗斯联邦刑事诉讼法典》对证据的定义,摒弃了苏联刑事诉讼法的证据“事实说”,⑥转而采用“信息说”,其第 74 条规定:“刑事案件中被视为证据的应是法官、公诉人、侦查人员和调查人员依照本法典规定的程序据以确定在刑事案件办理的过程中存在还是不存在应该需要证明的事项以及对刑事案件有意义的其他事项的所有信息。”⑦根据该规定,证据被定义为“对于刑事案件有意义”的信息材料,这符合相关性的含义。所谓“有意义”,就是具有“相关性”或“证明作用”。该法典第 88 条第 1 款还明确规定,证据评价应立足合法性、相关性和可靠性。

由上述分析可知,从历史沿革来看,在神明裁判、法定证据制度中没有证据相关

① Twinning, W., *The Rationalist Tradition of Evidence Scholarship*, *Rethinking Evidence*: *Exploratory Essays*, Oxford University Press, p. 73(1990). 转引自[美]舒姆:《关于证据科学的思考》,王进喜译,载《证据科学》2009 年第 17 卷第 1 期。

② 参见《日本刑事诉讼法典》第 295 条,转引自[日]松尾浩也:《日本刑事诉讼法》(上卷),丁相顺译,金光旭校,中国人民大学出版社 2005 年版,第 327 页。

③ 参见[日]松尾浩也:《日本刑事诉讼法》(上卷),丁相顺译,金光旭校,中国人民大学出版社 2005 年版,第 328 页。

④ 参见[日]松尾浩也:《日本刑事诉讼法》(上卷),丁相顺译,金光旭校,中国人民大学出版社 2005 年版,第 263 页。

⑤ 参见[日]松尾浩也:《日本刑事诉讼法》(上卷),丁相顺译,金光旭校,中国人民大学出版社 2005 年版,第 301 页。

⑥ 例如,1958 年《苏联和各加盟共和国刑事诉讼纲要》(第 15 条)和 1960 年的《苏俄刑事诉讼法典》(第 69 条)对证据定义如下:“刑事案件的证据是调查机关、侦查员和法院据以判明危害社会的行为是否存在和实施该行为的人是否有罪的任何事实材料,以及对正确解决案件具有意义的其他情况。”参见[俄]M. A. 科瓦廖夫、[俄]JT. T. 乌里扬诺娃:《俄罗斯联邦新刑事诉讼法典中的证据法问题》,黄道秀译,载《中国法学》2002 年第 5 期。

⑦ “Criminal-Procedural Code of the Russian Federation”(NO. 174 – FZ of December 18,2001), Article 74.

性规则的存在空间。因此,相关性是现代证据制度的产物,是现代世界各国包括英美法系和大陆法系国家一致奉行的证据制度基本原则。

（二）确立证据相关性规则的意义

相关性规则之所以成为世界各国证据制度的基本原则,首先,一个最重要的原因在于,相关性规则是理性证据制度的基础。相关性是证据与待证要件事实之间的一种逻辑联系。“当且仅当对争议性事实之主张的盖然性真相的判断是以从提交给裁判者的相关证据所作出之推论为基础的时候,这种裁判性事实认定的方法方才是‘理性的’。”①从人类司法文明的演进过程看,证据制度的发展经历了愚昧的神明裁判、野蛮的口供裁判和理性的证据裁判 3 个阶段。② 显然,神明裁判完全无视证据的相关性,因而是愚昧的;口供裁判或法定证据制度,否定相关性是证据的根本属性,只重视直接证据(口供和证人证言),把口供奉为“证据之王”,从而使刑讯逼供合法化,因而使证据制度打上了野蛮的烙印。相比之下,由于相关性规则“禁止接受任何无相关性、逻辑上不具有证明力的东西”,③从而与愚昧的神明裁判和野蛮的口供裁判形成鲜明对立,确立了法治社会的证据裁判原则。因为,只有相关证据才有助于事实认定者(法官或陪审团)通过经验推论认定案件事实,并作出理性裁判。只有把相关性奉为现代证据制度基本原则,才能摒弃人治社会的“口供裁判”原则,确立法治社会的证据裁判原则。

其次,相关性规则体现或维护的是证据法的准确价值,这是由最小相关性检验标准来体现的。它“旨在向事实裁判者展现将有助于作出决定的全部信息。对不相关证据的排除也遵从于发现事实真相的价值,因为它使事实认定者的注意力集中于

---

① [英]威廉·特文宁:《证据理论:边沁与威格摩尔》,吴洪淇、杜国栋译,中国人民大学出版社 2015 年版,第 21 页。

② 参见陈光中:《刑事证据制度改革若干理论与实践问题之探讨——以两院三部〈两个证据规定〉之公布为视角》,载《中国法学》2010 年第 5 期。

③ [美]罗纳德·J. 艾伦等:《证据法:文本、问题和案例》,张保生、王进喜、赵滢译,满运龙校,高等教育出版社 2006 年版,第 147 页。

适当的信息,且仅仅集中于适当的信息”。[①] 美国《联邦证据规则》401(相关性的检验)规定:“下列情况下,证据具有相关性:(a)与没有该证据相比,它具有使一个事实更可能或更不可能的任何趋向性;并且(b)该事实对于决定该诉讼是要素性的。”因此,在判断某个证据是否具有相关性时,法官必须考虑两个问题:第一,提出某个证据,与证明案件中的某个“要件事实”是否相关?这个问题称为“实质性”问题,是指运用证据证明的问题属于依法需要证明的要件事实。第二,提出的证据,对该实质性问题是否具有证明作用。换言之,一个证据必须使一个要件事实“更可能或更不可能”,才是相关的。从操作性层面看,证据是否具有客观性虽无检验标准,但证据是否具有相关性却有明确的“检验标准”,即一个证据的提供是否使待证要件事实之存在的可能性得以证明:更可能,还是更不可能?如是说,法官将认定其具有相关性;如果一个证据可有可无,对待证要件事实的证明没有帮助作用,那么,这个证据就不具有相关性,可以排除。

最后,相关性规则的确立有利于实现庭审实质化。庭审实质化必须贯彻证据裁判原则。证据制度不健全,证据法体系缺乏相关性逻辑主线,以审判为中心实现庭审实质化就会变成一句空话。所以,从司法实践的需要来看,相关性规则的确立有利于建立完善的证据法律体系,推进以审判为中心的诉讼制度改革。从法官的审判能力来说,所谓“打官司就是打证据”,不仅是指律师和检察官要熟悉证据规则,掌握举证、质证的方法,更重要的是,法官要掌握现代证据制度的精髓即相关性理论,才能在控辩双方就证据采纳问题提出异议时作出正确裁定。以相关性规则为标志的现代证据制度的建立和发展,为最大限度地查明事实真相、减少冤假错案提供了法律保障。目前,法院审理案件在举证、质证和认证阶段存在问题,一部分法官由于不懂得相关性是现代证据制度的基本原则,因而不知道如何适用证据规则,不能有效组织庭审证明活动。这是建设更高水平社会主义司法文明的一个操作性障碍。目前,西方大陆法系证据制度的改革也呈现一种趋势,即要求“法官应当对事实认定作

① [美]戴维·伯格兰:《证据法的价值分析》,张保生、郑林涛译,载何家弘主编:《证据学论坛》第13卷,法律出版社2007年版,第248页。

出详细的论述,并对采信特定的证据材料进行正当性论证”。[①] 这里的“正当性”就是指相关性。作为现代证据制度的基本原则,相关性规则并不关心哪些是直接证据,哪些是间接证据,而只考虑证据对要件事实是否具有证明作用。任何证据都没有预设的证明力。法官只能依据相关性规则,对具体证据的证明力进行评估,而不能依据立法或司法机关的规定“按图索骥”,这样才能使庭审的举证、质证和认证实质化。

综上所述,确立证据相关性规则的意义,在于它是证据制度的理性之源,旨在促进准确地事实认定。事实认定作为一个经验推论过程,其准确性是以相关性为逻辑基础的。恰恰因为相关性使事实认定者的注意力仅仅集中于适当的信息,才使相关性规则在保障事实认定准确性方面发挥决定性作用。为了贯彻证据裁判原则,法官首先要运用“最小相关性检验标准”来判明一个证据是否具有相关性,然后才是证据的可采性、可信性等问题。因此,停留在哲学本体论或存在论层面的证据客观性研究,没有认识论意义,只有深入研究证据相关性的问题,才有指导司法实践的认识论意义。将相关性奉为现代证据制度的基本原则,是司法文明发展进程中的一种历史选择。

(三)我国证据理论呈现从客观性向相关性的观念转变趋势

首先,我国证据立法正在改变过去单一的“证据客观说”或“证据事实说”的立场,证据相关性概念开始出现。例如,1979 年和 1996 年《刑事诉讼法》关于“证明案件真实情况的一切事实,都是证据”[②]的规定,沿用的还是证据“事实说”;但 2012 年第 48 条和 2018 年《刑事诉讼法》第 50 条关于“可以用于证明案件事实的材料,都是证据”的规定,开始采用“证据材料说”。而第 50 条关于“审判人员、检察人员、侦查人员必须依照法定程序,收集能够证实犯罪嫌疑人、被告人有罪或者无罪、犯罪情节轻重的各种证据”的规定,把可以用于证明案件事实成立(有罪),或证明案件事实不成立(无罪)的材料视为证据,实际上贯彻了相关性规则。

---

① [美]达马斯卡:《比较法视野中的证据制度》,吴宏耀、魏晓娜等译,中国人民公安大学出版社 2006 年版,第 276 页。

② 参见 1979 年《刑事诉讼法》第 31 条;1996 年《刑事诉讼法》第 42 条。

其次,伴随证据相关性在证据立法中地位的提升,“相关性”或“关联性”概念近年来也开始被更多地应用于我国司法实践。通过在中国裁判文书网检索发现:(1)裁判日期在1979年1月1日至1995年12月31日的刑事案件判决书共389份,其中,出现“相关性”关键词的判决书为0份。(2)裁判日期在1996年1月1日至2019年10月1日的刑事案件判决书共有5,418,146份,其中出现“相关性”或“关联性”的关键词的判决书共112,693份,约占2.07%。[①] 这一数字对比表明,相关性概念正逐渐被法官用于案件审理。

此外,相关性(关联性)是证据的根本性的观点开始为法学理论界和实务界人士所认可。如前文所提及的,根据《中国司法文明指数》2018年的调研,整个法律职业群体人士对“关联性是证据的根本属性,没有关联性的不是证据”这一观点持赞同态度(包括“比较赞同”和“非常赞同”两类)的比例较高,占比71.9%,不赞同者(包括非常不赞同和不太赞同两类)仅占比7.4%。在法学理论界,近年来,人们对证据客观性的质疑之声也越来越多。例如,有的教材不仅主张关联性、可采性、证据能力、证明力是证据的基本属性,并且在全国最先对证据的客观性提出质疑。[②] 另有一些教材则彻底告别了“证据客观说”,主张相关性(关联性)是证据的基本属性,或者主张客观性不是证据基本属性之一。[③]

可见,在我国法学理论界和实务界,相关性作为证据的根本属性这一观点正被更多的人接受和运用,与之相伴的是证据客观性、“客观真实说”受到越来越多的质

---

① 参见中国裁判文书网,http://wenshu.court.gov.cn,检索时间:2019年10月21日。上述数据是根据检索条件是“裁判日期:1996-01-01 TO 2019-10-01;案件类型:刑事案件;文书类型:判决书;全文:关联性”或“裁判日期:1996-01-01 TO 2019-10-01;案件类型:刑事案件;文书类型:判决书;全文:相关性”进行检索,其中刑事判决书中含有关键词“相关性”的判决书是1036份,含有关键词“关联性”的判决书是111,657份,合计112,693份。

② 参见卞建林主编:《证据法学》,中国政法大学出版社2005年版,第146~149页。

③ 代表性文献包括:陈卫东、谢佑平主编:《证据法学》,复旦大学出版社2005年版,第65~68页;陈卫东、谢佑平主编:《证据法学》(第2版),复旦大学出版社2016年版,第48~50页;占善刚、刘显鹏:《证据法论》(第2版),武汉大学出版社2013年版,第26~43页;占善刚、刘显鹏:《证据法论》(第3版),武汉大学出版社2015年版,第26~43页;卞建林主编:《证据法》,中国民主法制出版社2015年版,第109~115页;陈光中主编:《证据法学》(第4版),法律出版社2019年版,第142~145页;张保生主编:《证据法学》(第3版),中国政法大学出版社2018年版,第14~30页。

疑甚至被否定，这表明人们对证据相关性的认识逐步深化。① 但是，也应清醒地看到，这种转型尚未完成，相关性作为证据根本属性的理念仍未完全树立。如前文所述，"证据客观说"在法学理论界和实务界的影响力仍占统治地位。在司法实践中，"证据客观"常常是判决书说理的格式化用语，一些证据规则直接使用证据"客观性"的表述，而相关性目前还没有成为统摄众多证据规则的一项基本原则。例如，2012 年最高人民法院《刑诉法解释》第 69 条、第 84 条、第 92 条、第 93 条对不同种类证据的"关联性"审查的规定，②仅把相关性审查放在第 4 款至第 8 款的位阶上。

证据制度是法治国家的一项基本法律制度。从长远计，由国家立法机关制定一部证据法典无疑是一个理想选项，但鉴于协调三大诉讼法与证据法的关系十分复杂，由最高人民法院对三大诉讼证据规定进行统一解释和系统编纂就成为一种最具可行性的近期过渡方案。在上述背景下，时任最高人民法院常务副院长沈德咏大法官牵头承担的"诉讼证据规定研究"国家社科基金重大项目于 2011 年立项。该项目研究的主要任务是构建中国证据法律体系，特别是从将来可能用于最高人民法院司法解释的角度，制定一部能够适用于全国各级法院审判各类案件的《人民法院诉讼证据规定》，实现三大诉讼证据制度的"三证合一"。该项目主要采取"软件升级"的研究方法，将现行 400 多条证据规则重新编纂为 148 条：一是按照证据法基本原理，对现行证据规则进行逻辑分类，建构以相关性为一条逻辑主线的中国证据法理论体系，以解决目前证据法理念缺失和结构混乱的问题；二是合并同类项，以解决内容重复的问题；三是正本清源，以消除明显的立法错误。在上述构建理论体系的过程中，相关性始终被奉为证据的根本属性和构建中国证据法体系的基本原则。

制定证据法不仅是证据制度建设的长远大计，而且在我国法律职业群体中拥有相当高的支持率，有非常广泛的民意基础。根据《中国司法文明指数》2018 年的问

① 参见阳平：《从客观性到相关性：中国证据法学四十年回顾与展望》，载《浙江工商大学学报》2018 年第 6 期。

② "相关性"在 2012 年最高人民法院《刑诉法解释》以下 4 条规定中所处的位置如下：第 69 条规定："对物证、书证应当着重审查以下内容：……（四）物证、书证与案件事实有无关联……"第 84 条规定："对鉴定意见应当着重审查以下内容：……（八）鉴定意见与案件待证事实有无关联……"第 92 条规定："对视听资料应当着重审查以下内容：……（六）内容与案件事实有无关联。"第 93 条规定："对电子邮件……电子数据，应当着重审查以下内容：……（四）电子数据与案件事实有无关联……"

卷调查的数据，针对表 2.1 这一问题，赞同“我国应该制定证据法”的受访者占比高达 80.5%（非常赞同占 45.9%，比较赞同占 34.6%），不赞同者仅占 2.5%。

表 2.1　2018 年司法文明指数调查问卷（专业卷）第 35 题（2）

Q35. 您在多大程度上同意如下观点？【逐行单选】

	非常赞同	比较赞同	一般	不太赞同	非常不赞同
35.2　我国应该制定证据法	5	4	3	2	1

四、司法是否具有可错性

如果我们获得的证据信息永远都是不完全的，而且，客观性也不是证据的基本属性，我们运用证据推理所得到的结论就永远达不到百分之百的确定性。那么，法庭审判追求的目标是什么？如果出现事实裁判错误，法律制度应如何对待？综上研究，下文以提出问题的方式作为结语，供学术界对可错性司法规律作进一步深入的讨论。

（一）事实认定是追求确定性，还是减少不确定性

事实认定作为审判过程的第一阶段，旨在查明事实真相。戈德曼说，裁判是一种“求真认识论”（veritistic epistemology）社会实践，目的是产出在弱真实信念意义上的知识。[①] 劳丹说：“一场刑事审判首先且最重要的是一个认识引擎，一种从最初常常是（相互冲突证据的）混乱集合中寻求事实真相的工具。”[②]然而，正如前文所论述的，法庭上对事实真相的查明过程受“证据之镜”原理和多种外在价值支配，获得的真相具有盖然性。另外，鉴于证据是与待证事实相关的信息，用于证明当事人主张事实之存在的可能性，而从信息的特性来看，根据申农的观点：它是人们对事物了

① See Alvin I. Goldman, *Knowledge in a Social World*, Oxford University Press, 1999, p. 5. cited from Ho Hock Lai, *A Philosophy of Evidence Law Justice in the Search for Truth*, Oxford University Press, p. 47 (2008).

② Larry Laudan, *Truth, Error, and Criminal Law*, Cambridge University Press, 2006, p. 2. cited from *Ho Hock Lai*, *A Philosophy of Evidence Law Justice in the Search for Truth*, Oxford University Press, p. 47 (2008).

解之不确定性的消除或减少。① 所以,事实认定的主要目标不是追求百分之百的确定性,而是消除或减少事实认定的不确定性。证据法的这个功能,正是通过相关性规则实现的。因为,相关性规则不仅要保障"向事实裁判者展现将有助于作出决定的全部信息",而且对不相关证据的排除,也要"使事实认定者的注意力集中于适当的信息,且仅仅集中于适当的信息",②从而维护证据法的准确性价值。

(二)事实认定中哪些因素有助于减少不确定性

首先,事实认定的归纳推理性质,既是事实真相及其证明标准具有盖然性的原因,又是消除和减少不确定性的动力。由于事实认定须经历一个从证据到待证要件事实的归纳推论过程,所得到的结论即事实真相(truth)是对各方事实主张之可能性的判断,因而具有盖然性。

其次,对抗性诉讼对于消除和减少司法证明的不确定性来说,既是原因又是动力。由于审判要解决的是"一个事实、两个故事"的现实争端,控辩双方在法庭上提供证据所要证明的不是一个事实,而是关于一个事实的两种主张,这不仅使证据的客观性荡然无存,而且使证据的可信性或可靠性大打折扣,甚至使科学证据也呈现"同一领域的专家而意见不同"③的普遍情况。但从另一方面看,恰恰是对抗性诉讼构成了法庭认识论的动力,即控辩审三方的互动。这表现在:一方面,法庭举证、质证是"用证据证实或驳斥一项所主张的事实"。④ 在这个过程中,各方当事人提出支持己方事实主张的证据,向对方证人进行交叉询问。另一方面,法庭认证是一个证据评价过程,包括对实物证据可靠性和证人可信性、证明力等的评估,最终的事实真相产生于控辩审三方证明和认证中形成的合力。

---

① See Shannon C. E., *Mathematical Theory of Communication*, *Bell System Technical Journal*, Vol. 27, p. 379 – 423, 632 – 656(1948).

② [美]戴维·伯格兰:《证据法的价值分析》,张保生、郑林涛译,载何家弘主编:《证据学论坛》第13卷,法律出版社2007年版,第248页。

③ See Ronald J. Allen and Eleanor Swift, eds., *An Analytical Approach to Evidence: Text, Problems, and Cases*, 6th Edition, Wolters Kluwer(New York), p. 768(2016).

④ Bryan A. Garner, *Black's Law Dictionary*, 8th Edition, Thomson West, p. 1261(2004).

（三）可错性向我国传统司法理念提出了哪些挑战

随着"证据客观说"以及"客观事实"、"客观真相"等传统观念逐渐被人们摒弃，可错性将成为人们必须尊重的司法规律，我国政法战线长期形成的一套传统司法理念也将随之发生变革。笔者预测，变革将发生在以下几个方面：

第一，"实事求是"将被"实证求是"所替代。因为，前者是现在时态的主客体关系的认识规律，后者是过去时态下历史事实认定活动的规律。由于事实认定者与案件事实没有任何直接联系，只能通过加工过去事实发生时留下的证据或通过证据推理，才能查明事实真相。所以，必须提高司法人员的证据分析能力和证据推理能力。实证求是或"证据之镜"原理，将会成为证据法的认识论基础。

第二，"命案必破"将被"命案力破"等更科学的口号所取代。因为，命案能否被破，并不取决于决心，而是取决于证据，包括能够获得多少相关证据，以及侦查人员能否通过溯因推理"连接信息点"，①从众多证据信息中发现有意义的信息。另外，破案时间也是一个限制因素。

第三，"不枉不漏"或"既不冤枉一个好人，也不放过一个坏人"，将被"宁漏勿枉"或者"宁可错放，也不可错判"②的现代司法理念所取代。承认司法的可错性并不意味着放任错误，而是要求在两种可能的错误之间进行选择：错判无辜者，还是错放有罪者？这两种错误都有经济成本，但错判无辜者还有道德成本，即剥夺了公民的合法权益。所以，"我们应当使法律程序的道德成本最小化"。③ 对犯罪事实认定设置最高的证明标准——确信无疑标准，以最大限度地降低错判无辜者的风险，反映了道德成本最小化原则。

第四，"有错必纠"将被"有冤必纠"所取代。因为司法证明具有盖然性，司法裁判出现错误便不可避免，"宁漏勿枉"的现代司法理念要求"宁可错放，也不可错

---

① ［美］特伦斯·安德森、［美］戴维·舒姆、［英］威廉·特文宁：《证据分析》（第2版），张保生、朱婧、张月波等译，中国人民大学出版社2012年版，第64～69页。

② 参见沈德咏：《我们应当如何防范冤假错案》，载《人民法院报》2013年5月6日；《论疑罪从无》，载《中国法学》2013年第5期。

③ ［美］迈克尔·贝勒斯：《法律的原则——一个规范的分析》，张文显等译，中国大百科全书出版社1996年版，第29页。

判”。这些原则对于建设更高水平的中国特色社会主义司法文明具有重要意义。

根据《中国司法文明指数》2018 年问卷调查的数据，针对问卷中第 35 题(3)(见表 2.2)，赞同“司法公正应该坚持‘宁可错放一个，也不错判一个’”的受访者占比达到 67.1%(非常赞同占 33.5% 和比较赞同占 33.6%)，不赞同者占 10.4%(不太赞同占 7.2%，非常不赞同占 3.3%)，这表明我国法律职业群体对司法的可错性已有一定的认识，且有较高的支持率。但是，22.5% 的受访者对此持既不赞成、也不反对的态度，也值得引起人们的高度注意。

表 2.2 2018 年司法文明指数调查问卷(专业卷)第 35 题(3)

Q35. 您在多大程度上同意如下观点?【逐行单选】

	非常赞同	比较赞同	一般	不太赞同	非常不赞同
35.3 司法公正应该坚持“宁可错放一个，也不错判一个”	5	4	3	2	1

第五，“终身追究”将被“终身保障”制度所取代。从尊重司法规律的角度看，科学看待司法错误与司法人员责任追究的关系十分重要。案件事实认定的结论或信念可能与对争议事实主张的最终知识存在距离或因“盖蒂尔化”存在巧合，①如果以知识或真理作为检验裁判结论是否准确的参照，任何一份裁决都可能因后来出现新的证据而被证明错误或被“盖蒂尔化”，以至没有一份裁决是安全的或终局性的。因此，从法官职业具有可错性和司法审判具有终局性的特殊性出发，世界各国的法律职业保障一般是规定法官职务的终身制:除因法定事由，不得将其免职、调任或以其他形式解除其职务。法定事由，一般是指重大渎职、受贿或由于身心健康问题长期不能履行职务，或丧失国籍等情况。通常而言，法官依法履行职务行为免受法律追诉，享有免除法律责任的特权。如果法官在审判中行为不端仍可能负法律责任，必须经法定弹劾惩戒程序予以处理。

---

① 参见[美]戴尔·A. 南希:《裁判认识论中的真相、正当理由和知识》，阳平、张硕译，张保生校，载《师大法学》2017 年第 2 辑。“盖蒂尔化”(Gettierized)，是指“一个行为主体形成一个具有正当理由的信念，该信念最后被偶然或幸运地证明为真信念的任何情况。”See Michael S. Pardo, *The Gettier Problem and Legal Proof*, 16 Legal Theory, p. 49(2010).

第三章　事实认定在法律推理中的作用*

内容提要

法律推理包括事实认定和法律适用两个阶段,但在学术研究中一直存在热衷于探究法律适用中的实质推理问题,忽视事实认定及其作用的倾向。事实认定是运用证据推理寻求事实真相的过程,主要任务是为法律推理提供小前提。法律适用则是根据事实真相(小前提)检索和解释法律规则(大前提),并运用三段论推理得出法律结论的过程。

一、认真看待事实

审判分为两个阶段:第一阶段事实认定;第二阶段法律适用。它们构成一个完整的法律推理过程。然而,法律推理具有的典型三段论逻辑形式也给人造成了一种错觉:似乎法律推理的小前提是从天上掉下来的一样。① 这造成法律推理研究的两个偏向:一是热衷探究法律适用中的实质推理问题,却忽视证据推理和事实认定对法律适用的决定作用;二是把疑难案件仅仅视为法律适用的疑难案件,而无视大多数疑难案件实际上是事实认定的疑难案件。所以,一般法律推理著作对事实、证据和事实认定问题都很少论及,麦考密克虽然在《法律推理与法律理论》一书第四章开创性地讨论了"基于事实的裁决"(decisions on the facts)问题,但这种讨论却极其简

---

* 本章原题为《事实认定及其在法律推理中的作用》,原载《浙江社会科学》2019 年第 6 期。

① 这种关于"法律结论是随着相关规则适用于所认定的事实而得出的"观点,被何福来教授称为流行的但也是过于简单化的法律推理模式。参见[新加坡]何福来:《事实认定》,张保生译,载《证据科学》2019 年第 1 期。

单,寥寥数语。[①] 又如,德沃金对"埃尔默案"这个所谓疑难案件的分析,也是从法律适用角度进行法律解释分析的一个典型。[②] 然而,该案中厄尔和格雷法官争论的法律解释问题,实际上只有在事实真相已经确定的情况下才能开始。但问题是:被害人是否为被告所杀?然后才是杀人者能否继承被害人遗产的问题。显然,把法律推理中的真相问题和法律问题截然分开的做法,忽视了法律与事实、正义与证据之间的密切关系,因而不能描绘出审判的全部真实面貌。针对这种现象,特文宁教授评论说,法学家们总是将"法律推理"局限于关于法律问题的推理,直到最近,那些对经济分析、后现代主义以及批判法学感兴趣的人,才把其注意力转移到证据问题上。[③] 这种研究注意力的转移虽然刚刚起步,但对法律推理研究却具有里程碑意义。

在中国,法律推理一般被视为法理学的研究领域。张文显教授曾从法官"三大知识板块"的角度对法律人才知识结构和法学教育改革进行了深刻反思,他认为,法官需要"以事实为依据、以法律为准绳、以政策为导向";相应地,就需要具备证据科学知识、法律科学知识和政策科学知识。但由于我国法学教育先天性不足,在三大知识板块中,目前最缺的是证据科学知识,过去16门法学核心课程都是关于法律适用的,而疑难案件90%以上都是事实认定问题。因此,法学院应当加强证据法学课程建设,使我们培养的法官、检察官和律师能够掌握证据科学知识,以适应未来从事法律工作的需要。[④] 在司法实践中,学术界和实务界虽然都对冤假错案成因进行过反思,但基本上停留在外在反思层面。

事实不仅是证据法的逻辑起点,也应该成为法律推理乃至整个法学的逻辑起点。法学不仅应认真看待权利,更应认真看待事实。因为"事实是先于权利和义务而存在的,因而更具基础性。权利和义务的实现取决于事实,取决于准确的事实认

① See Neil MacCormick, *Legal Reasoning and Legal Theory*, Oxford University Press, p. 86 – 97(1978).

② 参见[美]德沃金:《法律帝国》,李常青译,中国大百科全书出版社1996年版,第14~19、217页。

③ 参见[英]威廉·特文宁(William Twining):《证据:跨学科的科目》,王进喜译,载何家弘主编:《证据学论坛》第13卷,法律出版社2007年版,第277页。

④ 参见焦红艳、莫静清:《"证据学法官"前传:全国唯一法庭科学法律硕士班鸣锣开讲》,载《法制日报·周末》2009年9月17日,第16版。

定”。[①] 从欧洲哲学发展脉络看，将根源于事实的经验证据奉为知识的原因，是一场认识论上的革命。笛卡尔的“我思故我在”，[②]为知识寻找到“天赋观念”这个不证自明的原因，再由此演绎万物运行之原理。但是，洛克却认为，人心中并无所谓天赋原则，“一切观念都是由感觉或反省来的”“……理性和知识方面所有的一切材料……都是从‘经验’来的，我们的一切知识都是建立在经验上的，而且是导源于经验的”。[③] 休谟对知识的来源即我们认识外部世界的能力采取一种怀疑论态度。他说：“一切关于事实的推理，似乎都建立在因果关系上面。只要依照这种关系来作推论，我们便能够超出我们的记忆和感官的见证之外。如果你问一个人何以会相信一件不在眼前的事实，例如他的朋友在乡下或在法国，他就会对你说出一个理由来，这个理由是另外一些事实，例如他接到他的朋友的信，或者知道这个朋友先前的决定和预告。”[④]在这里，一个事实的证明需要借助另外一些事实作为理由，就是运用经验证据进行证明。休谟以此否定了唯理论认为一切知识都依赖理性推理的观点。康德认为，休谟从因果联结概念出发，向理性提出质问：“理性有什么权利把事物想成是如果一个什么事物定立了，另外一个什么事物也必然随之而定立？”[⑤]他对纯粹理性的批判，“……是从理性可以不靠任何经验独立取得的一切知识着眼，对一般理性能力进行的批判”。[⑥] 他颠覆了洛克“白板论”关于“直观必须遵照对象的性状”的观念，认为“对象（作为感官的客体）必须遵照我们的直观能力的性状”，人是通过感性直观能力从客体获取表象，又通过知性能力来整理这些感性表象，从而将这些经过知性范畴整理的表象原理化。这就解决了休谟因果关系推理从何而来的问题。所以，艾伦教授总结说：“权利和义务固然都很重要，但启蒙运动更根本的理念是认识论上的革命，即认为有一个客观上可知的外在于我们思想的世界；然而，对洛克、

---

① ［美］罗纳德·J. 艾伦：《刑事诉讼的法理和政治基础》，张保生、李哲、艾静译，载《证据科学》2007 年第 1、2 期合刊。

② 贾克防：《笛卡尔论分析方法与“我思故我在”》，载《世界哲学》2014 年第 3 期。

③ ［英］洛克：《人类理解论》（上册），关文运译，商务印书馆 1983 年版，第 68 ~ 70 页。

④ ［英］休谟：《人类理智研究》，§ 39. 02［因果性理论的基础是经验］19，北京大学哲学系外国哲学史教研室编译：《西方哲学原著选读》（上卷），商务印书馆 1981 年版，第 520 页。

⑤ ［德］康德：《未来形而上学导论》，庞景仁译，商务印书馆 1978 年版，第 6 页。

⑥ ［德］康德：《纯粹理性批判》，第一版序，A vii – xii，北京大学哲学系外国哲学史教研室编译：《西方哲学原著选读》（下卷），商务印书馆 1981 年版，第 237 ~ 239 页。

贝克莱、休谟乃至康德认识论著作中关于这种主张的引用,却非常之少且相去甚远。这就颠倒了事实与权利/义务之间的实际关系。事实先于权利和义务而存在,并且是权利和义务之决定性因素。没有准确的事实认定,权利和义务就会失去意义。"①对此,李学灯先生也说过同样的话:"认定事实,每为适用法律之前提。因而产生各种证据法则,遂为认事用法之所本。"②

二、法庭认识论中的事实认定

证据法是规制证据运用和事实认定的法律规范。

(一)法庭认识论的目的是求真

证据是事实发生时留下的痕迹或信息具有表征特性,即"显示别物存在或为真的某物,某物之可见标记,出示于法庭有助于认定某事之真相的材料"。③ 按照信息论的观点,信息包含事物之间相互联系的"密码","我们依据与这个世界相关联的密码来理解这个世界"。④ 信息论的创始人申农,把信息看作人们对事物了解之不确定性的消除或减少。⑤ 证据法的目标也不是追求事实认定的确定性,而是努力消除或减少事实认定的不确定性,它通过规制证据推理过程而促进对过去事实的观念重建,以查明事实真相。因此,斯坦把"提高事实认定的准确性"与"使错误风险最小化"画等号,他说:"事实认定的准确性(也称作避免错误,或者用边沁的术语叫作'裁决公正')是证据法的一个理所当然的目标……只有当它是准确的时候,事实认定才是'事实认定'。如果裁判者没有准确地裁决事实,那么他们所裁决的就不是'事实'。"⑥

---

① [美]罗纳德·J. 艾伦:《证据法的理论基础和意义》,张保生、张月波译,载《证据科学》2010 年第 4 期。

② 李学灯:《证据法比较研究》,台北,五南图书出版股份有限公司 1992 年版,"序"部分。

③ Evidence, Merriam-Webster, http://www. merriam-webster. com/dictionary/evidence, last accessed on 16th March, 2014.

④ [美]欧文·拉兹洛:《系统、结构和经验》,李创同译,上海译文出版社 1987 年版,第 69 页。

⑤ See Shannon. C. E. , Bell System Technical Journal, Vol. 27, p. 379 – 423, 632 – 656, 1948.

⑥ [美]亚历克斯·斯坦:《证据法的根基》,樊传明、郑飞等译,中国人民大学出版社 2018 年版,第 1、11 页。

证据法的求真目标主要通过相关性规则来实现。相关性是证据的根本属性，它要求对事实进行理性的证明，要求证明者提供对要件事实具有证明作用的证据，因而"禁止接受任何无相关性、逻辑上不具有证明力的东西"。① 相关性在证明原则中处于核心地位，并构成证据法理论体系的一条逻辑主线。证据法的求真目标要求对事实主张进行理性证明，这给控诉方施加了提供证据来证明被指控之罪错行为的举证责任和说服责任。然而，在人类司法文明史上有一个时期，理性证明原则受到冷落，神明裁判、共誓涤罪或司法决斗在审判中发挥重要作用。何福来教授说，这种神明裁判"严格地说并不是证明的结果（proof outcome）；毋宁说是裁判的结果（adjudication outcome）：它标志着争端的终结，而非对事实的认定——需要将法律规则适用于事实认定然后才能得出裁决……中世纪审判寻求神的正义。这与受规则支配、以事实为基础的正式司法，存在着概念上的区别"。② 与古代神明裁判的非理性事实认定方式相比，现代证据制度建立在理性主义基础上。这种理性主义的特点是，"关于事实争端问题，该信条假定，那个目的之实现涉及通过理性方式对'事实真相'的追求"。③ 相关性原则使间接证据受到重视，从而为证据在审判中的广泛运用敞开了大门，这显示了人类对自身认识能力的信任与尊重。相关性作为现代证据制度的基本原则，"旨在向事实裁判者展现将有助于作出决定的全部信息。对不相关证据的排除也遵从于发现事实真相的价值，因为它使事实认定者的注意力集中于适当的信息，且仅仅集中于适当的信息"。④ 当然，追求事实真相还服务于更高的目的，即实现正义。司法正义或裁决公正应被理解为将法律正确地适用于被准确认定的事实真相。

证据法求真目标实现的另一个重要途径，是对证据可信性品质的推论。"可信性"（credibility）是"使某些事情（如证人或证据）值得相信的特性"。⑤ 审判过程中

---

① [美]罗纳德·J. 艾伦等：《证据法：文本、问题和案例》，张保生、王进喜、赵滢译，满运龙校，高等教育出版社 2006 年版，第 147 页。

② [新加坡]何福来：《事实认定》，张保生译，载《证据科学》2019 年第 1 期。

③ [美]特伦斯·安德森、[美]戴维·舒姆、[英]威廉·特文宁：《证据分析》（第 2 版），张保生、朱婷、张月波等译，中国人民大学出版社 2012 年版，第 103～104 页。

④ [美]戴维·伯格兰：《证据法的价值分析》，张保生、郑林涛译，载《证据学论坛》第 13 卷，法律出版社 2007 年版，第 248 页。

⑤ Bryan A. Garner, *Black's Law Dictionary*, 8th Edition, Thomson West, p. 396 (2004).

的证据品质，与科学研究过程中可以对证据可信性作长期观察、反复检验的情况不同，因为诉讼活动中的证人可能失踪或死亡，“文件可以伪造，货币可以假冒，图像可以错误标记，血液样品可以混合，毒品可以栽赃给他人”。① 如此一来，依据何种品质的证据进行推理，就成为决定事实认定准确性的重要问题。参见图3.1“证言三角形理论”。②

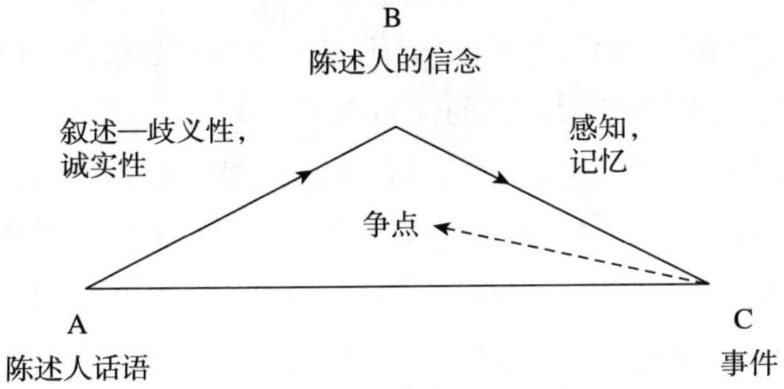

图3.1　证言三角形理论

在证言三角形中，感知能力、记忆能力、诚实性和叙述能力是证言可信性的4种品质。事实裁判者作为听者，在对说者(证人)传送的信息进行接收和加工的过程中，均受这4种证言品质影响，这远比一般的通信理论复杂。首先是叙述—歧义性，这不仅要考虑自然语言的模糊性，还要考虑在叙事—歧义性背后起作用的社会交际心理因素。其次是诚实性，诚实与说谎是一体两面的关系，后者涉及信息编码的延时性等更加复杂的问题。最后是记忆和感知，人的记忆随时间而衰减，感知则渗透着理论。因此，对证据的可信性进行评估，需要一种高超的辩认证据真伪的能力。在审判中，这个问题是通过交叉询问和弹劾证人来解决的。“交叉盘问是检验证人可信性并证明其说法可能存在另一面的有效方式。”③在证据的基本属性中，可信性不仅包括狭义的证言可信性，还包括实物证据来源的可靠性或同一性。可信性与相

---

① [美]特伦斯·安德森、[美]戴维·舒姆、[英]威廉·特文宁：《证据分析》(第2版)，张保生、朱婷、张月波等译，中国人民大学出版社2012年版，第84页。

② 关于证言三角形理论及以下论述，See Ronald J. Allen and Eleanor Swift, eds., *An Analytical Approach to Evidence: Text, Problems, and Cases*, 6th Edition, Wolters Kluwer (New York), p. 446 (2016).

③ [美]罗纳德·J. 艾伦等：《证据法：文本、问题和案例》，张保生、王进喜、赵滢译，满运龙校，高等教育出版社2006年版，第114～115页。

关性的结合非常重要，斯坦认为，一般性地谈论“信息越多，真相越可能”的主张是错误的，他说：“单纯增加相关信息，而没有其他方面的改善，不会使事实认定者更接近真相，只有当他接收的信息是可信赖的，而不仅仅是与决策相关的，事实认定者才会更接近真相。”①

在审判过程中，事实认定者要通过证据推理对争议性事实作出认定，实际上是要在其信念中达成一项关于过去事实之发生可能性的真理性认识。何福来认为，事实认定者面对一个争议性事实主张（p），可以持有 3 种信念状态：（1）相信它实际上是真实的；（2）相信它实际上是虚假的；（3）既不相信它实际上是真实的，也不相信它实际上是虚假的。② 这 3 种信念状态，哪一种最后能够被事实认定者所接受，从而成为事实认定者自己相信的信念，至少取决于以下 3 种因素：一是争议性事实主张（或待证事实）的提出者在多大程度上能够履行对事实认定者的说服责任，即提供充分的证据以满足不同案件证明标准的要求。二是可采性规则允许哪些证据被采纳用来证明争议性的事实主张。所以，证据排除规则也具有求真的功能，例如，品性证据排除规则、传闻证据排除规则，就是为了防止事实认定者给这类相关证据赋予比其应有分量更高的分量，以减少审判得出错误事实认定的可能性。对信奉法庭认识论的分析者来说，“一场刑事审判首先且最重要的是一个认识装置，一种从最初常常是（相互冲突的证据的）混乱集合中搜寻出事实真相的工具。”这给证据法学提出了一个关键问题，即“旨在寻求真相的”审判制度，能否“被很好地设计，用以导出关于世界的真实信念”。③ 笔者认为，这正是威格莫尔所倡导的证明科学应该完成的任务。三是司法成本的考虑。法庭审判过程中的事实认定，与科学研究之真相发现过程的另一个不同之处在于，后者表现为一种持续的，甚至无止境的科学探索，但法庭事实认定却必须遵循其终局性的司法规律，所以它不得不考虑司法成本。例如，波斯纳提出，将“审判看作一种信息生成方式，将证据法看作一种以下述方式组织信息

---

① ［美］亚历克斯·斯坦：《证据法的根基》，樊传明、郑飞等译，中国人民大学出版社 2018 年版，中文版“序言”，第 4 页。

② 参见［新加坡］何福来：《事实认定》，张保生译，载《证据科学》2019 年第 1 期。

③ Larry Laudan, *Truth, Error, and Criminal Law*, Cambridge University Press, p. 2(2006). 转引自［新加坡］何福来：《事实认定》，张保生译，载《证据科学》2019 年第 1 期。

搜集的手段:使错误成本和从事搜集行为本身的成本之总和(理想化地)最小化”。[①]

(二)法庭认识论的逻辑主要是归纳推理

“事实认定是指这样一个任务:①得到(arriving at)并②给出(giving)关于③事实问题(question of fact)的答案。”[②]就此任务而言,证据法学关注的是,事实认定者如何得到并给出事实问题答案的过程。何福来教授将事实认定的任务分解为两个方面:第一个方面是给出一项裁决涉及的内容(元素②),这可称为事实认定的公共方面和评议方面。给出一项裁决就是“在说某事时,我们做某事”,即作出具有“言外之力”(illocutionary forces)的言语行为。例如,当事实裁判者说“我认定被告人有罪/无罪”或“担责/不担责”时,这里“认定”(find)一词就发挥“明确施为动词”的作用,可以达到对他人进行说服、阻止或震慑的效果。该动词指明,说话者在说那句话时正在施行一种行为,它像“承诺”、“道歉”和“警告”等施为用语一样,具有一种影响他人思想、情感或行为的力量。事实认定的第二个方面是推理过程,法院通过证据推理过程得出结论(元素①)。[③]

作为证据推理过程的事实认定,涉及推理主体复杂的认知过程。在审判中,由于事实认定者与事实客体之间没有直接联系,不能像证人那样亲眼看到案件中发生的事情,只能通过证据对过去事实发生之可能性进行推论。这是一个由证据到推断性事实、再到要件事实,最后与实体法要件联系起来的归纳推理过程。[④] 在图 3.2 特文宁等人的证据推论链条中,它又具体体现为一个由证据到待证事实的归纳推理过程。[⑤] 待证事实分为中间、次终和最终待证事实。中间待证事实,是指“一个待证明的主张,它本身将有助于直接或间接地支持或否定作为推论链条之组成部分的最终

---

① Richard A. Posner, *Clinical and Theoretical Approaches to the Teaching of Evidence and Trial Advocacy*, Quinnipiac Law Review, Vol. 21, p. 731 – 737 (2003).

② [新加坡]何福来:《事实认定》,张保生译,载《证据科学》2019 年第 1 期。

③ [新加坡]何福来:《事实认定》,张保生译,载《证据科学》2019 年第 1 期。

④ 参见[美]罗纳德・J. 艾伦等:《证据法:文本、问题和案例》,张保生、王进喜、赵滢译,满运龙校,高等教育出版社 2006 年版,第 143 页。

⑤ 参见[美]特伦斯・安德森、[美]戴维・舒姆、[英]威廉・特文宁:《证据分析》(第 2 版),张保生、朱婷、张月波等译,中国人民大学出版社 2012 年版,第 79 ~ 82、495 ~ 499 页。

待证事实。"次终待证事实又称关键事实或要件事实,"每一个都陈述一项犯罪或控诉或辩护的一个要件"。

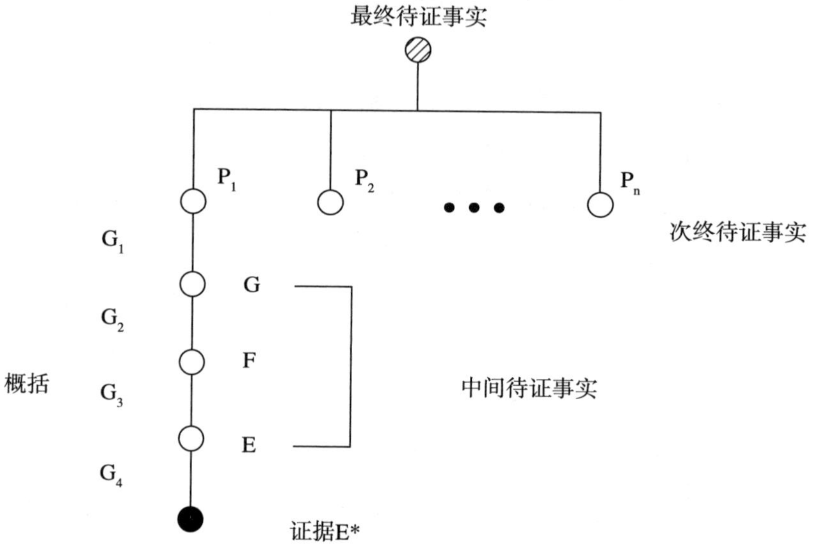

图 3.2 特文宁等人的证据推论链条

在图 3.2 中,E^* 代表案件的证据,事实认定者只能在一定程度上从该证据推断事件 E 确实发生了。"通过命题 E、F 和 G 指示的一系列推理链条,连接证据 E^* 与次终待证事实 P_1。这些命题中的每一个都为正确或错误,因而都代表一种介入证据 E^* 和次终待证事实 P_1 之间的可疑之源。我们把这些命题称为中间待证事实。"其中,概括与推理链条中的每一环节相联系,为每一个推理环节提供了正当理由,并准许从命题 E 到命题 P 的推论,每一个推论步骤都必须踩着"概括之石"($G_1 \sim G_4$),才能从证据"此岸"到达待证事实"彼岸"(最终待证事实)。因为,归纳推理所依赖的经验知识,以概括的形式反映了事物之间的一般联系和人的一般行为方式,从而使其"成为使我能够把特定证据与人们希望证明的一个因素联系起来的前提"。①

在这个证据推论链条中,控辩双方举出的证据,所支持的只是各自的事实主张。

① David A. Binder & Paul Bergman, *Fact Investigation From Hypothesis to Proof* (American Casebook Series), West Publishing Company, p. 85(1984).

面对诉讼过程中控辩双方相互冲突的证据和事实主张,事实认定者必须对证据的相关性、证明力和可信性作出评估,才能对不同事实主张成立的可能性作出判断。一个证据对要件事实的证明有无相关性,或者有多大的证明力和可信性,只能由事实认定者根据常识性概括作出判断。这决定了事实认定之归纳推理性质。归纳推理的称谓,主要源于作为推理基础的"概括"。概括在证据推理中的作用具有双重性:必要却危险。① 概括对证据推理的必要性在于,什么东西对证明要件事实具有相关性,什么证据具有较高的证明力或可信性,这些只能依据事实认定者的经验知识或常识才能回答。经验知识或常识在证据推论链条中的逻辑形式是概括(图 3.2 中的 $G_1 \sim G_4$),它们反映了事物之间的一般联系规律,必须依据概括才能把特定证据与待证要件事实联系起来。"我们大家都……已经积累了关于人物和事物在我们社会中一般行为方式之普遍持有的观念的巨大知识库。从这个知识库中,人们对典型行为可以进行概括。反过来,这种概括又成为使我能够把特定证据与人们希望证明的一个因素联系起来的前提。"②然而,概括的危险性在证据推理中同样显而易见。可以说,事实认定者若是踩上一块不可靠的"概括之石",就有丧身证据推理波涛的危险。

在"念某投毒案"一审判决书中,由概括造成的证据推理逻辑错误被重审该案的法院忽略,而仅对原判认定被害人死于氟乙酸盐鼠药中毒的"事实不清,相关证据不确实、不充分"作了详细分析。③ 这种分析,在笔者看来,只是对原判证据之间外部

---

① 参见[美]特伦斯·安德森、[美]戴维·舒姆、[英]威廉·特文宁:《证据分析》(第 2 版),张保生、朱婷、张月波等译,中国人民大学出版社 2012 年版,第 346 ~ 379 页。该书第十章的标题是"必要却危险:关于事实论证中的概括和案情"。

② David A. Binder & Paul Bergman, *Fact Investigation From Hypothesis to Proof* (American Casebook Series), West Publishing Company, p. 85 (1984).

③ 参见福建省高级人民法院刑事附带民事判决书,(2012)闽刑终字第 10 号。该判决书对原审证据的分析包括:第一,检材与标样的质谱图不应相同。因此,俞丙尿液检材的检验结果的真实性存疑。第二,分别标注为被害人俞乙心血、呕吐物的二份质谱图也相同,同样有悖常理。第三,鉴定机构在对俞丙的尿液、心血和俞乙的尿液、心血和呕吐物检材的检验过程中,均未按照专业规范要求进行"空白"对照检验,以防止假阳性检验结果,因此难以排除检材被污染的可能。第四,根据俞丙心血、俞乙尿液检材的检验数据,能否判定检出氟乙酸盐鼠药成分,双方聘请的有专门知识的人提出的意见严重分歧。综上所述,从俞丙心血、俞乙尿液中检出氟乙酸盐鼠药成分的结论,其可靠性存疑,据以认定被害人中毒原因的理化检验报告不足以采信。原判认定被害人死于氟乙酸盐鼠药中毒的事实不清,相关证据不确实、不充分。基于上述证据分析,福建省高级人民法院作出"原判认定上诉人念某犯投放危险物质罪的事实不清,证据不足,原公诉机关指控上诉人念某所犯罪名不能成立"的判决。

联系的一种外在分析。其实,“念某投毒案”原审之问题,主要在于法官的证据推理,但重审法官未能深入这个法庭认识论层面进行内在分析。

该案检控方的事实主张是:2006 年 7 月 26 日晚,被告人念某看见快走到他的食杂店门口的顾客,转向进了丁某的食杂店,**故**对丁某怀恨在心。次日凌晨 1 时许,被告人念某……将半包鼠药倒进矿泉水瓶掺水后倒入丁某放置在与他人共同租用厨房烧水的铝壶中(粗体字为笔者所加,下同)。① 这里,检察官的推理链条很清楚,即从“被告人念某看见快走到他的食杂店门口的顾客,转向进了丁某的食杂店”这个证据,推论出一个关于念某杀人动机之要件事实(故对丁某怀恨在心),并从这个杀人动机进一步推断,被告人从事了杀人行为(将半包鼠药倒进矿泉水瓶掺水后倒入丁某放置在与他人共同租用厨房烧水的铝壶中)。

上述推论链条中,包含一个常识性概括错误。但是,一审法官并没有发现这个错误,或者说没有从证据到中间待证事实、再到次终待证事实进行归纳推理,而直接采信检察官的推论结果。所以,该案一审判决书称,②经审理查明……2006 年 7 月 26 日晚,被告人念某看见快走到他的食杂店门口的顾客,转向进了丁某的食杂店,故对丁某怀恨在心。次日凌晨 1 时许,被告人念某从家中拿出一包老鼠药将其中的一半用矿泉水瓶中加水溶解后,倒入丁某放在与他人共用厨房的铝壶中。

这里,关于被告人杀人动机的推断(要件事实)是基于图 3.3 中的概括作出的:

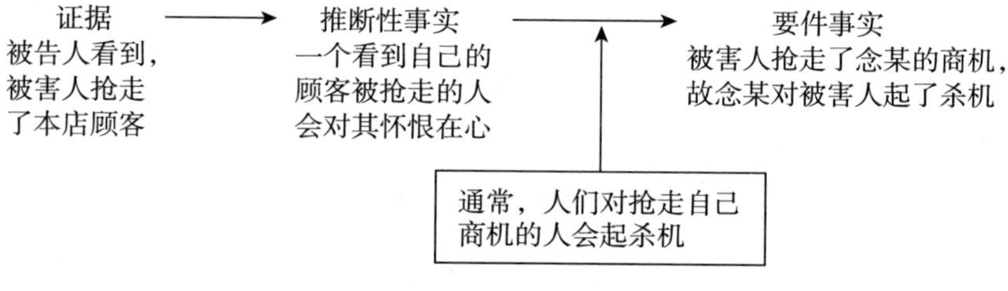

图 3.3 “念某投毒案”一审法官的证据推论链条

在上述推论链条中,被害人抢走了被告人的商机是一个事实,但“抢走商机”这个事实能否证明“起了杀机”这个要件事实,却是一个常识问题。因为被告人和被害

① 福建省福州市中级人民法院刑事附带民事判决书,(2007)榕刑初字第 84 号。
② 福建省福州市中级人民法院刑事附带民事判决书,(2007)榕刑初字第 84 号。

人的两家食杂店挨在一起，每天都可能有顾客选择进入这家店而未进入另一家店消费的情况。因此，概括所要解决的是，证据（被告人看到被害人抢走了本店顾客）是否对待证要件事实（念某故对被害人起了杀机）具有证明作用，这显然是指该证据的相关性。“相关性的核心问题是，一个证据性事实能否与事实认定者先前的知识和经验联系起来。”①一个潜藏证据相关性的概括构成如下三段论推理的大前提：

大前提（概括）：通常，人们对抢走自己商机的人会起杀机。

小前提（证据）：被告人念某看见快走到他的食杂店门口的顾客，转向进了丁某的食杂店，故对丁某怀恨在心。

结论：念某对抢走自己商机的被害人起了杀机。

然而，人们会质疑上述推论中的这个概括：被人抢走商机，就会起杀机吗？这符合经验常识吗？如果法官认为，“人们对抢走自己商机的人会起杀机”确实是一个基于常识的合理概括，便可从常人的观点将其视为具有相关性的证据而予以采纳。显然，用危险的概括支撑证据推论，推出错误的结论就在所难免。

更令人遗憾的是，重审法院也没有发现一审法官证据推理中的这一错误。一方面说明，我们的证据法学还受传统的可采性原则影响，对证明原则或证明科学缺乏深入研究，从而使部分法律人才缺乏证据推理能力；另一方面也告诫我们，在事实认定过程中，一个概括虽不能证明一个证据推论是真实的，但它对法官或事实认定者判断一个推论的合理性会产生重要影响。要推进庭审实质化，实现“裁决公正”，关键在于提高法律推理主体的证据推理能力。

（三）法庭认识论的动力是控辩审三方互动

事实认定作为审判的第一阶段，是一个受法律推理规制的证据推论过程，这是控辩审三方共同从事的证据信息加工过程。控辩审三方是不同的认识主体，扮演着

---

① [美]罗纳德·J. 艾伦：《相关性和可采性》，张保生、强卉译，载《证据科学》2010年第3期。

不同的诉讼角色,代表了各自观察问题、分析证据、认定事实的独特视角和立场。在这个认识互动过程中,一方面,诉讼双方都试图通过举证、质证,“用证据证实或驳斥一项所主张的事实”,①这既是一个旨在说服事实认定者的证明过程,又是控辩双方相互影响的过程,每一方都在努力影响对方的同时又自觉不自觉地受到对方证据推理的影响。在这个过程中,各方当事人提出支持己方主张的证据,向对方的证据进行质证,并提请法官排除不可采的证据。由于控辩双方的诉讼目标相反,往往会在一些关键事实上发生对立,交叉询问常常演变为针锋相对的辩论。从消极方面看,控辩双方用不同证据甚至相同证据来支持己方的事实主张,会产生“一个事实、两个故事”的情况,使事实认定者陷入迷茫。但从积极方面看,这种辩论即使不能说服对方,也可促进双方反省。“许多情况下,听到对方的反驳后有可能意识到自己看法的片面性或者完全是错误的,从而导致双方意见的接近。”②因此,从总体上看,控辩双方在证明过程中的理性互动,对准确认定事实具有积极的促进作用。

另一方面,控辩双方的对抗性认识互动,也可使事实认定者兼听则明,从而发挥积极的说服作用。事实认定者必须对证人证言的可信性、实物证据来源的可靠性作出评估或评议,经过由此及彼、由表及里、去粗取精、去伪存真的思维加工,才能对案件的是非曲直作出公正裁决。总之,证据推理最终获得的事实真相产生于控辩审三方互动的合力。

法律推理主体即控辩审三方的认识互动,具有理由论证和平等对论的特点。在诉讼过程中,尽管控辩双方的证明方向相反,必然会在一些关键事实的认定上形成针锋相对的论证或辩论,但是,“一般而言,论证(辩论)所描述的是形成理由、得出结论以及将它们应用于一种正在思考的情况的活动或过程”。③ 对事实裁判者来说,控辩双方的证明活动不仅为其居中裁判提供了证据素材,而且使其通过听审澄清了争点,辨明了证据的真伪和可信性程度,从而促进了对证据信息的推理加工,使

---

① Bryan A. Garner, *Black's Law Dictionary*, 8th Edition, Thomson West, p. 1261(2004).

② [日]棚濑孝雄:《纠纷的解决与审判制度》,王亚新译,中国政法大学出版社 1994 年版,第 125、132 页。

③ See Kent Sinclair, *Legal Reasoning: in Search of an Adequate Theory of Argument*, California Law Review, Vol. 59, p. 821 – 858(1971).

最初作为“自在之物”的待证事实，逐渐成为裁判者主体思维中清晰把握的“为我之物”或具体事实，这是事实认定阶段的“认识成果”。“在这种理性支配的场合，说明义务被高度地规范化，任何强词夺理或以各种借口逃避说明的行为都不能被允许，完全有可能在理想状态下展开自由而理性的对论。”①正是通过自由而理性的对论，使法庭成为一个“摆事实、讲道理”的场所，为公正审判提供了制度保障。

三、事实认定是一个发现法律推理小前提的操作

在法律推理过程中，法院的作用如同一个信息“加工厂”，但在弗里德曼看来，这个加工厂是个看不透的“黑箱”。于是，他提出一系列问题：“变为要求的社会势力从制度的一端输入，判决和规则从另一端流出。我们应该把多少功归于中间的黑盒子？机器如何操作，做些什么？它是否像力通过薄膜那样而不改变形状？”②这些问题，既反映了法律推理本身的复杂性，也反映了人们对法律推理研究的薄弱。实际上，与其他推理活动相比，法律推理实在算不上什么“黑箱”。因为审判是在法院大庭广众面前进行的，双方公开举证、质证，而采用对抗式程序的审判更是充满唇枪舌剑的论证，仿佛在法庭里面上演的一出“话剧”，把法律推理每一重要环节都细微地表现出来。因此，法律推理至少为思维活动的一般性研究提供了一种“灰箱”模型。

瓦尔格伦从思维模拟的角度，将法律推理描述为一个从案件情境开始，历经证成、法律检索、解释、规则适用、评价、学习、简明阐述 7 个阶段，最后作出裁决的活动过程。③ 参见图 3.4。

根据图 3.4 可知，法律推理过程始于律师或检察官面对的法律问题。例如，一位律师受理了委托人的案件，一位检察官在法庭上提出一项犯罪指控。法律推理的 7 个阶段是：(1)证成，目的是使法律推理主体按照与法律相关的方式来界定案件。这是“如果……那么……”之法律规则句式结构的产物。如果规则被应用，它必须包

① [日]棚濑孝雄：《纠纷的解决与审判制度》，王亚新译，中国政法大学出版社 1994 年版，第 127 ~ 128 页。

② [美]弗里德曼：《法律制度》，李琼英、林欣译，中国政法大学出版社 1994 年版，第 16 页。

③ See P. Wahlgren, *Automation of Legal Reasoning: A Study on Artificial Intelligence and Law*, Kluwer Law and Taxation Publishers, p. 145 – 242 (1992).

容实际案件的事实。这意味着,“规则的适用必须总是开始于实际案件和适当的法律知识之间的比较”。(2)法律检索。它以证成为导向,引导律师去寻找适当的法律主张。在事实证成与法律检索之间的循环往复,是事实认定的标准程序。(3)解释。法律规则的一般性使其具有可塑性,通过解释才能用来概括诸多个别案件。(4)规则适用。这个过程的目标是,能够把特殊情境包含在法律制度的一般情境描述之内。(5)评价过程。法律规则的适用会产生不同的结果。这些结果的可接受性、恰当性,需要对可能作出的决定不断进行评价,以期达到与打算达到的规则适用在某些方面不同的目的。(6)简明阐述。依情境不同,阐述可以采取多种方式。在法律咨询或法官听审的情况下,决定既可以用平和的语言,也可以用辩论方式加以阐述。阐述通过达到一个裁决,而使一个法律推理过程宣告终结。(7)学习。

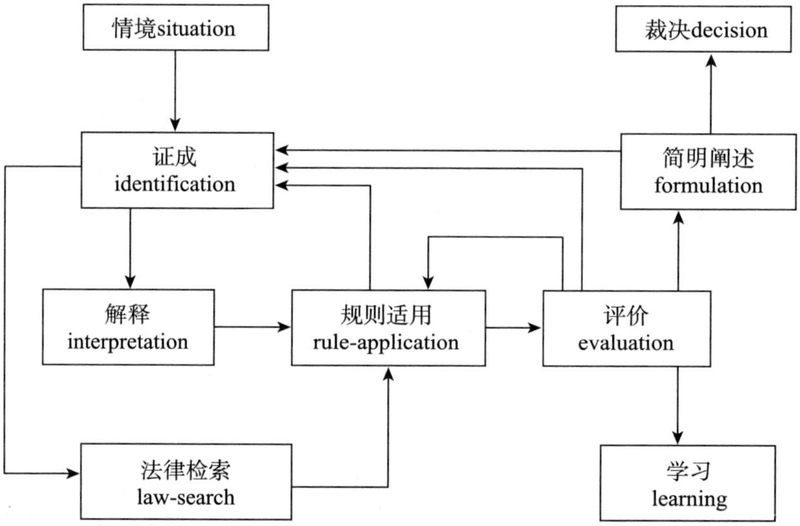

图 3.4　法律推理的一般过程

在上述 7 个阶段中,事实认定主要涉及证成和法律检索这两个阶段,并延伸到规则适用阶段,在事实与规范之间构成一个循环,并呈现以下特点:

1. 三段论法律推理以归纳推理为前提

法律推理是一个法庭裁决(decision-making)过程,其典型逻辑形式是三段论演绎推理。但是,从逻辑与历史相统一的观点看,法律推理的实际操作却不遵循先大前提、后小前提的顺序，而是先通过事实认定（主要是运用归纳法的证据推理）去发现小前提，然后，再根据所认定的事实真相去检索大前提。显然，准确的事实认定是正确适用法律的前提，如果小前提虚假，法律检索必然出错，演绎推理就会误入歧途。事实认定的准确性决定法律推理的正当性，即为此意。

2. 事实认定以法律规则为指引

事实与法律之间存在复杂的相互作用。在法律推理过程中，事实认定和法律适用这两个阶段的划分，具有一定的相对性。事实认定者实际上并不能脱离法律规范而进行所谓纯粹的自然推理，而总是在事实认定过程中就已经开始在适用法律了。这不仅包括适用程序法和证据法规则来规制司法证明过程，还包括适用实体法规则来确定证据推理的方向。“法庭并不是分别考虑法律和事实，然后再试图将法律适用于事实。不仅证据的相关性，而且事实调查的范围都是由法律所决定的。”①这说明，在事实认定过程中，事实和法律是被协同考虑的，而且需要在事实与规范之间不断对彼此进行调整适应。

首先，证据相关性虽然是一个逻辑问题，但归根结底是由法律所决定的。在审判过程中，什么证据具有相关性，这虽然是一个纯粹的证据属性问题，实际上也离不开法律。因为，相关性，是指证据对于待证要件事实具有证明作用，而什么是一个案件的要件事实，却是由实体法来规定的。在判断某个证据是否具有相关性时，法官必须考虑的问题是，提出该证据，对于证明案件的一个“要件事实”是否相关？这个问题称为“实质性”问题。②

其次，在诉讼中，要件事实是由实体法确定的。例如，在一起合同索赔案中，必须证明一个要约已经作出，它已被接受，存在对一项条款的违反等。

再次，事实调查的范围也是由法律决定的。“法院要等某人提出控告，开始起诉，才开始工作。”③刑事控告必须有实体法规定的罪名；民事控告要向法院指明侵

① Ho Hock Lai, *A Philosophy of Evidence Law*: *Justice in the Search for Truth*, Oxford University Press, p. 7 (2008).

② 参见［美］罗纳德·J. 艾伦：《相关性和可采性》，张保生、强卉译，载《证据科学》2010 年第 3 期。

③ ［美］弗里德曼：《法律制度》，李琼英、林欣译，中国政法大学出版社 1994 年版，第 13 页。

害了原告的何种法定权利,即“有具体的诉讼请求和事实、理由”。[①] 就一项事实认定是对被控方有罪或担责之断言来说,在刑事审判中,必须认定被控方犯有其被指控的罪行;在民事诉讼中,必须认定索赔人或原告所主张的关键事实为真。这种由法院作出的事实认定执行了一项官方职能,是对一个新的制度性事实的创设。塞尔说,“事实认定通过对有罪或担责之权威公告的形式,使关键性指控或主张的内容变成官方事实”。这一宣告,授权了诸如施加惩罚或赔偿损害等进一步的法律行动。一个人被定罪的事实,就其不能缺少特定制度结构和角色(包括法院、法官和陪审团)、规则(实体法和程序法的规则)以及惯例(如接受司法判决具有权威性的实践)而存在的意义上说,是“制度性”事实。[②]

最后,“实体法通过对要件和抗辩的规定来确定谁负有说服责任,要件和抗辩之间的唯一区别就是谁承担说服责任”。[③] 这些关于证明责任的法律规定,对司法证明起到重要的导向作用。例如,当被告人提出积极辩护主张时,控诉方的反驳证明就应达到充分的程度,否则,就应作出有利于被告人的判决。又如,我国《刑法》规定,一些非法“持有型”犯罪实行证明责任倒置的原则,例如,第 128 条第 1 款规定的非法持有、私藏枪支、弹药罪;第 130 条规定的非法携带枪支、弹药、管制刀具、危险物品危及公共安全罪;第 172 条规定的持有、使用假币罪;第 348 条规定的非法持有毒品罪。对于这些“持有型”犯罪,都实行证明责任倒置,被告人必须证明其持有是合法的或者是不明知的,否则就构成相应的犯罪。

3. 法律推理的小前提是真相而非事实

有人说,在法律推理过程中,“前提是事实、法律和解释,结论是表述本案裁决的主张”。[④] 这个观点强调了事实与法律在法律推理前提中具有同等地位,这值得肯定,但它忽视了事实与真相之间的差别。一般而言,事实是人的感官和思维所把握

---

① 《民事诉讼法》第 119 条。

② See John R. Searle, *Mind, Language and Society—Philosophy in The Real World*, Basic Books, p. 150 (1998). 转引自[新加坡]何福来:《事实认定》,张保生译,载《证据科学》2019 年第 1 期。

③ [美]罗纳德·J. 艾伦:《证明标准与法律分析的局限性》,周蔚、张洪铭译,张保生校,载《艾伦教授论证据法》(上),张保生等译,中国人民大学出版社 2014 年版,第 246 页。

④ Michael S. Moore, *The Plain Truth about Legal Truth*, Harvard Journal of Law & Public Policy, Vol. 26, p. 23 – 47.

的真实存在。但人们在审判中所要认定的事实,并不是现在时的真实存在,而是过去发生的历史事实。这种历史事实与事实认定者没有任何直接联系。也就是说,事实认定者只能通过"证据之镜",感知和加工过去事实发生时留下的证据,再运用证据推理得出其认识成果。显然,法律推理的小前提并非案件事实(fact)本身,而是经法庭控辩审三方举证、质证和认证之互动过程所获得的事实真相(truth),它是证据推理的认识成果或事实认定者的"思想产品",即概率真理。① 所以,麦考密克说:"什么是'小前提'? ……小前提并非一类可以由诸如大法官的意见或者议会立法等权威命令'赋予'真实性的命题。它是表示特定历史情境的命题,因此它需要借助于特定的相关证据加以证明。"②

审判中的事实认定与科学发现过程的不同之处在于,后者有一个正在发生的现在时事实作为观察对象,前者却只能处理事实发生时留下的证据或痕迹。在审判中,"证据之镜"对事实认定来说是一柄"双刃剑",一方面,没有这面镜子,就不可能认定案件事实,这是证据裁判原则确立的根据;另一方面,有了"证据之镜"未必能准确认定事实,这是事实真相具有盖然性的主要原因。事实真相的盖然性集中体现在证明标准中,在民事诉讼中,事实认定者必须通过优势证据认定原告的诉求是真实的。"在刑事案件中,说服责任意味着在有罪问题上要'确信无疑'。"③这也是中国2012年《刑事诉讼法》第53条关于"证据确实、充分""已排除合理怀疑"确立的证明标准。但是,长期以来,"中国的刑事司法哲学,一直将'客观事实'与'案件事实'等同起来,以为每个案件都存在着一种可以认识的'客观事实'"。④ 因此,在诉讼实践中,"既不冤枉一个好人,也不放过一个坏人"的传统司法理念仍盛行,"宁可错放,也不可错判"的现代司法理念还未被人们普遍接受。但是,2016年12月,最高人民法院第二巡回法庭对原审被告人"聂某故意杀人、强奸妇女再审案",宣告撤销原审判决,改判被告人无罪。再审认定该案原判证据不足:一是其作案时间、作案工具、

① 参见舒炜光:《科学认识论的总体设计》,吉林人民出版社1993年版,第206页。"主体和客体发生作用的结果,达到主观和客观的符合度占百分之五十以上,这种认识就具有真理性质。"

② [英]尼尔·麦考密克:《法律推理与法律理论》,姜峰译,法律出版社2005年版,第24页。

③ [美]罗纳德·J.艾伦等:《证据法:文本、问题和案例》,张保生、王进喜、赵滢译,满运龙校,高等教育出版社2006年版,第253~254、807页。

④ 陈瑞华:《看得见的正义》,北京大学出版社2013年版,第168页。

花上衣来源、被害人死亡时间和原因不能确认;二是其被捕后前5天讯问笔录缺失,案发后50天内的多名重要证人询问笔录缺失;三是其有罪供述的真实性、合法性存疑;四是原判据以定案的证据没有形成完整锁链,没有达到证据确实、充分的证明标准。[①] 该案的再审判决表明,对于事实真相和证明标准的盖然性,在中国学术界和司法实务界正逐步达成共识。

四、法律推理和事实认定中的正当理由

1. 法律推理中的正当理由

法律推理的本质特征是理由论证。“论证(辩论)所描述的是形成理由、得出结论以及将它们应用于一种正在思考的情况的活动或过程。”[②]法律推理旨在为司法结论提供法律理由和正当理由,因而应理性、和平地解决社会争端,而不是使用暴力。

法律推理首先是“在法律论证中运用法律理由的过程”,[③]“对于法官而言尤其是如此,他们只能通过说明理由的推理活动来做出符合法律规定的判决”。[④] 从法律理由的来源和形式看,一方面,法律理由直接源于规则,这并不限于从法律检索中获得的实体法规则,还包括审判过程中必须遵守的程序规则和证据规则,它们共同构成法庭事实认定和法律适用的理由;另一方面,法官的推理形式并不限于以法律规则为大前提的三段论推理,还包括寻求法律推理小前提即事实真相的归纳推理。尽管法律适用构成了法律推理的核心,但适用法律规则必须以证据推理所获得的事实真相为根据。

法律推理又是一个运用正当理由的过程。在司法实践中,一致地适用规则虽具有重要的法治意义,但规则的精确性又成为一种局限,使疑难案件的法律适用不得不常常援引法律原则等目的标准来进行解释。法律解释是“获得裁判大前提的法律规范的作业”,[⑤]旨在确定法律规则对特定事实的意义。由于法律规则具有一般性,

---

① 参见中华人民共和国最高人民法院刑事判决书,(2016)最高法刑再3号。

② Kent Sinclair, *Legal Reasoning: in Search of an Adequate Theory of Argument*, California Law Review, Vol. 59, p. 821 – 858(1971).

③ [美]史蒂文·J. 伯顿:《法律和法律推理导论》,张志铭、解兴权译,法律出版社1998年版,第110页。

④ [英]尼尔·麦考密克:《法律推理与法律理论》,姜峰译,法律出版社2005年版,第17页。

⑤ 参见梁慧星:《民法解释学》,中国政法大学出版社1995年版,第201~205、213页。

不可能对每一特殊案件事实都作出直接描述，因而当法官遇到模糊不清的规则时，须经法律解释才能进入法律适用阶段。这大致有 3 种情况：其一，当根据所查明的事实真相进行法律检索找到的规则为"复数"时，法官和律师需要通过法律解释来进行选择；其二，即使法律检索出的规则只有一个，也会如哈特所说，"法规的一些用语会具有两可的意义，对判例的含义'究竟是'什么也会有对立的解释，法官将不得不在其间做出选择"。[①] 又如德沃金所说，法庭对抗双方可能对清楚的制定法文本有迥然不同的解释。[②] 其三，孙斯坦还谈到"在规则和无规则（rulelessness）之间进行选择"的情况。[③] 法律解释具有建构性和创造性，这对法律推理来说既是必要的，又具有危险性。必要性在于，通过法律解释，可以使含义模糊的规则变得清晰起来，从而使法律推理的结果更加接近实质正义。从危险性来看，法律解释的创造性可能被谋私者利用来充当为专断裁判辩护的工具。因此，要将法律解释纳入法律推理之正当理由的轨道，就要研究"在判决的正当理由上发展起来的法律论证的要素"。[④] 与明确的规则相比，"原则和政策没有建立法律的类别，确定法律的后果。但它们为规则提供了正当理由，也为把案件归于规则所定的法律类别中的法律理由提供了正当理由（justification）"。[⑤] 从法律推理标准的层次性来看，正义、利益、人权等目的标准既是法律推理的逻辑前提，也是法律适用的最终理由。规则、程序和方法是由目的标准派生的具有手段意义的操作标准，是法律适用的直接理由。在法律推理过程中，正当性高于合法性。正当性评价具有解决两类问题的功能："第一类问题是价值确认，即按一定的标准来确定什么样的要求、期待、行为或利益是正当的，是值得肯定和保护的，并根据每种价值的大小来确定其在价值体系中的位阶。第二类问题是价值平衡，即按一定的标准来寻求各种价值得以共存的条件，并在两种价值发生冲突

---

① ［英］哈特：《法律的概念》，张文显等译，中国大百科全书出版社 1996 年版，第 13、127 页。

② ［美］德沃金：《法律帝国》，李常青译，中国大百科全书出版社 1996 年版，第 14～19 页。

③ 参见凯斯·R. 孙斯坦：《法律推理与政治冲突》，金朝武、胡爱平、高建勋译，法律出版社 2004 年版，第 11、24、149、230 页。

④ Neil MacCormick, *Legal Reasoning and Legal Theory*, Oxford University Press, p. 62 (1978).

⑤ ［美］史蒂文·J. 伯顿：《法律和法律推理导论》，张志铭、解兴权译，中国政法大学出版社 1998 年版，第 116～117 页。

不可兼得时确定如何取舍。"①

2. 什么是事实认定中的正当理由?

如上所述,以往关于法律推理的研究都只关心法律适用中的实质推理问题,而忽视事实和事实认定的研究,事实认定的正当理由问题更无人问津。然而,从准确认定事实是正确适用法律的前提来看,法律推理的正当理由应包含事实认定的正当理由。如上所述,法律推理作为实现法治的手段,其本质特征是理由论证。所以,虽然陪审团裁决无须说明理由,但"法官独自审判时一定要以理由充分的判断来支持其裁决,陈述他认定已被证实的、任何推论(例如过失)所基于的具体事实",其"核心议题是正当理由问题"。②

事实认定的正当理由问题是如何提出的?要回答这个问题,需要从事实认定的性质入手。事实认定有广义和狭义之分,广义的事实认定包括举证、质证和认证的完整过程,狭义的事实认定有时候特指认证。认证是事实认定者加工证据信息并得出结论的评议过程,或者是对经过质证的证据进行审查而给出裁决的过程。③ 在英文术语中,"deliberation"一词可译为认证,也可译为评议。"评议"一词可被用于意指:"①事实认定者的认知过程;②事实认定者在该认知过程中对关于争议事实主张所提出的证据和论证进行评价;③从而决定要相信什么;④这样做的目的是认定该主张是否成立。"④认证的目的是给出一项关于被告人罪行或责任的裁决。为此目的,认证要对如下两个问题作出决定:一是"相信什么",即在评价证据的过程中考虑控辩双方的论证,包括双方的"案件理论"(theory of the case)及其相互的反驳论证。对评议过程的思维活动进行法律规制,主要是规制证据推理的路线,排除那些被认为会引起不当推理的证据。二是"认定什么"。⑤ 一般而言,事实认定者对自认为已

① 张文显主编:《法理学》,法律出版社 1997 年版,第 286 页。

② Ho Hock Lai, *A Philosophy of Evidence Law: Justice in the Search for Truth*, Oxford University Press, p. 51 (2008).

③ See Ho Hock Lai, *A Philosophy of Evidence Law: Justice in the Search for Truth*, Oxford University Press, p. 51 (2008).

④ [新加坡]何福来:《事实认定》,张保生译,载《证据科学》2019 年第 1 期。

⑤ See Cohen, L. Jonathan, *An Essay on Belief and Acceptance*, Clarendon Press, 1992, p. 117 – 125. & *Should a Jury Say What It Believes or What It Accepts?*, Cardozo Law Review, Vol. 13, p. 465 – 483 (1991).

得到证成的真信念,更可能作出肯定性认定。事实认定者必须仅对其信以为真的东西作出肯定性认定,形成“被证成的真信念”,这是事实认定之正当理由的来源。这里,证成和正当理由是对“justification”一词的两种译法。当然,事实的认定并不总是基于事实认定者的主观信念,它们在很大程度上也是由证明主体履行说服责任的程度决定的,因而同样是控辩审三方互动的合力。

事实认定的理性特征,决定了“事实认定者必须对自己作出的事实认定有充足的认识论正当理由”。[①] 然而,如何判断一个事实认定是否具有正当理由,涉及知识理论,包括知识的传播、理解、加工和真信念的形成等。从知识的来源看,审判中的信息主要来自证人证言。然而,社会心理学实验表明,“目击者们对他们看到的东西所作的叙述,经常与事件的本来面目非常不同”。[②] 根据证言三角形理论,[③]证人的感知能力、记忆能力、诚实性、叙述能力这 4 种品质,都对证言可信性有重要影响,事实认定者必须对这些证言品质进行推论,才能形成自己的可信性判断。而且,由于诉讼双方的事实主张相反,经常会出现“一个事实,两个故事”的情况。如此一来,事实认定者通过证据推论作出正当裁判的问题,就演变为依据何种品质的证据进行推论才能获得真相的问题。就是说,事实认定者不能把证人证言直接当作事实真相,而需要经过证据推理在自己头脑中获得“被证成的真信念”,但这是一个复杂的问题。

3. 事实认定的盖蒂尔难题

法庭认识论的目标要求事实认定者作出关于最终争议事实知识的裁决,即该裁决不仅是真实的,还需有认识论上的保障或正当理由。但盖蒂尔认为,如果出现以下 3 种情形之一,则一个裁决也许是有缺陷的,即没有实现其认识论目标:(1) 它可能为真,但未得到证成;(2) 它可能得到证成,但却是错误的;或者(3) 它可能为真且

① Ho Hock Lai, *A Philosophy of Evidence Law: Justice in the Search for Truth*, Oxford University Press, p. 71 (2008).

② [澳]约瑟夫·P. 福加斯:《社会交际心理学:人际行为研究》,张保生、李晖、樊传明译,中国人民大学出版社 2012 年版,第 25 页。

③ 参见劳伦斯·特赖布:“对传闻的三角形测量”(1974 年)和理查德·O. 伦珀特与斯蒂芬·A. 萨尔茨伯格“证据的一个现代进路”(1977 年)。转引自[美]罗纳德·J. 艾伦等:《证据法:文本、问题和案例》,张保生、王进喜、赵滢译,满运龙校,高等教育出版社 2006 年版,第 459 页。

得到证成,但其真实性可能是意外或偶然地与正当理由有关。① 迈克尔·帕尔多用两个假设案例解释了盖蒂尔的事实认定难题:②

案例3.1 被诬陷的被告:假设警察逮捕了一个驾驶员,并控诉他非法持有毒品。证据表明,毒品藏在他的车上。被告矢口否认"自己知道该毒品在其车上",而事实认定者理所当然地不相信他,因而判定被告有罪。事实上,被告当时确实非法持有毒品。但侦查人员或事实认定者所不知道的是,警察发现的那包毒品是他人为诬陷被告而故意放在他车上的(被告对这包毒品并不知晓)。与此同时,同样为事实认定者所不知的是,被告在自己汽车的其他地方藏了(相同规格的)毒品,这包毒品并未被警察发现,因而未被用作控诉的证据。

在案例3.1中,事实认定者基于假的证据产生了真的信念。尽管证据本身为假,但在该案设定的情境中,事实认定者却并无任何途径获知证据为假,因而自认为有罪裁决不仅为真,而且具有正当理由。但问题在于,用以支持事实认定之真实性和正当性的证据却是假的。就是说,事实认定者并不是基于其证据推理获得的正当理由而锁定事实真相。显然,被告若没在车中藏有毒品,或者藏的毒品与该案作为证据使用定罪的毒品不一致,事实认定者的裁决就是错误的。因此,是某种偶然性使事实认定者碰运气作出了真实的事实认定。

案例3.2 假冒的出租车:原告对被告提起诉讼。被告拥有并驾驶着镇上唯一的出租车。原告诉称,其在穿越道路时被被告撞伤。她看到一辆出租车从身边驶

① See Michael S. Pardo, *The Gettier Problem and Legal Proof*, Legal Theory, Vol. 16, p. 37 – 57(2010). 转引自[美] 戴尔·A. 南希:《裁判认识论中的真相、正当理由和知识》,阳平、张硕译,张保生校,载张保生、童世骏主编:《事实与证据首届国际研讨会论文集:哲学与法学的对话》,中国政法大学出版社2018年版,第113页。

② See Michael S. Pardo, *The Gettier Problem and Legal Proof*, Legal Theory, Vol. 16, p. 37 – 57(2010). 转引自[美] 戴尔·A. 南希:《裁判认识论中的真相、正当理由和知识》,阳平、张硕译,张保生校,载张保生、童世骏主编:《事实与证据首届国际研讨会论文集:哲学与法学的对话》,中国政法大学出版社2018年版,第114、127页。

过,但没看清司机。路口的一个摄像头也记录下这起事故,显示一辆出租车(但没有拍摄到司机)撞了原告。假设录像中的出租车确实是被告的,但为陪审团所不知的是,除被告的出租车外,镇上还有上百辆看起来和被告的车相同的假冒的出租车。陪审团基于录像认定被告担责。

在案例3.2中,事实认定者基于不充分的证据作出事实认定。如果事实认定者知道“镇上还有上百辆看起来和被告的车相同的假冒出租车”,就不会贸然作出被告担责的裁决。尽管这个事实认定为真,但以不充分的证据为基础而展开的证成活动不足以保障真相的获得。那么,根据民事证明标准,支持原告的裁决就缺乏正当理由。在这种情况下,最终作出符合真相的事实认定也是碰运气。

上述两个案例揭示了一个共同的问题,即在一些特殊情况下,在真相与证成之间存在一条沟堑,它阻碍了知识的获得。在这两个案例中,基于事实认定者掌握的证据,他们推论所得出的结论虽具有正当理由,但他们的事实认定之所以符合真相,并非基于其把握了正当理由。因为在很大程度上,这个真相的获得是运气使然。事实认定的盖蒂尔化为知识怀疑论提供了批判的空间。

那么,一个问题提出来了:知识和信念究竟是什么关系?在西方认识论思想史上,有关知识的传统解释源于柏拉图所谓“被证成的真信念”(Justified True Belief, JTB)。它被简要表述为一则有关知识之构成的公式:S 知道 p,当且仅当:(1)p 为真;(2)S 相信 p;并且(3)S 有正当理由相信 p。因此,“被证成的真信念”理论主张,当且仅当这3个条件同时得到满足时,才能够认为 S 具有关于 p 的知识。但是,盖蒂尔则提出两个反例证明:这3个条件并非构成知识的充要条件:①

反例3.1　10枚硬币:史密斯相信,(a)琼斯将得到他也正在申请的那份工作,并且(b)琼斯的口袋里装有10枚硬币。史密斯对这两个命题都有强有力的证据,因此他推论认为(c)那个口袋里装有10枚硬币的人将得到那份工作。然而,结果是史

---

① See Edmund L. Gettier, *Is Justified True Belief Knowledge*? Analysis, Vol. 23, p. 121 - 123(1963). 转引自曹佳:《事实认定的证成理论研究》,中国政法大学2019年博士学位论文,第6~7页。

密斯最终得到了那份工作,且史密斯口袋里也装有10枚硬币。史密斯对自己得到那份工作缺乏任何证据,且不知道自己的口袋里装有多少硬币。因此,尽管史密斯对(c)所持有的信念为真,同时该信念也得到了证成[基于(a)和(b)],但史密斯却不知道(c)。

反例3.2　巴塞罗那:史密斯对琼斯拥有一辆福特汽车有强有力的证据,但他对自己的熟人布朗目前在何处没有任何证据。史密斯推论出下述命题,或者琼斯拥有一辆福特汽车,或者布朗在巴塞罗那。结果表明,琼斯事实上并没有一辆福特汽车,而布朗恰好真在巴塞罗那。史密斯对其推论出的命题所持有的信念为真且得到了证成,但他却并不拥有知识。

在上述两个假设反例中,(1)p为真(史密斯所推论出的两个命题均为真);(2)S相信p(史密斯都相信其所推论出的两个命题);(3)S有正当理由相信p(他有足够的证据相信自己推论出的命题)。根据"被证成的真信念"理论,史密斯理应获得相应的知识。然而,在第一个反例中,史密斯不知道自己将获得那份工作,并且不知道自己口袋里装有10枚硬币。在第二个反例中,史密斯既不知道琼斯拥有一辆福特汽车,也不知道布朗在巴塞罗那。据此,盖蒂尔对自柏拉图以来的传统知识构成论提出挑战:首先,"证成"尽管被视为确保主体获得知识的可靠路径,但在某些特殊情况下,证成却无法实现该预期目的。其中,运气是一种重要的阻碍性因素。其次,证成并不能保证"已证成的信念"必然为真,更无法保证基于证成所获得的信念即为知识。于是,对于大多数认识论学者来说,"证成"不再是知识的有效保证,退而成为一种促进或接近真相的机制。

4. 知识与真相:已证成的真信念依然具有盖然性

关于知识、信念、真相与证成的关系,诺亚·雷莫斯在分析"知识"的3个条件[信念(belief)、真相(truth)、证成(justification)]即"已证成的真信念"时指出:"一个信念是否得以证成及其证成的程度,常常是(即使并非总是)人们支持它的证据函数。"[①]费尔德曼·理查德等进一步提出:"一个信念之认识论证成,取决于相信者支持该信念之证据的质量。"[②]也就是说,我们从别人那里获得的间接知识,实际上仅仅是一个信念:我听别人说某人如何,我就相信了,但我的相信也许没有证据支持。只有获得高品质证据支持的信念,或者得到认识论证成的真信念,才能称为知识。因此,知识的真理性是相对的。通过证据推理所获得的真理性知识,都具有相对性和盖然性。胡适曾引赫胥黎的话说:"只有那证据充分的知识,方才可以信仰,凡没有充分证据的,只可存疑,不当信仰。"[③]我们信仰真理,因为真理是被证据充分证成的知识;我们怀疑没有充分证据的知识,正是这种怀疑促进了知识的证成。

上述盖蒂尔针对"被证成的真信念"提出的两个反例,提出了"错误裁决不可避免"的问题:一个得到充分证成的裁决却可能是错误的,如何解释这种矛盾?原因可能主要有三:第一,事实认定者几乎永远不会获得"全部"证据。特文宁教授等论述了基于证据的结论必然具有盖然性的5个基本理由:(1)我们的证据总是不完全的,我们永远不会掌握所有证据;(2)证据一般是非结论性的;(3)证据常常是含糊的,我们不能确定证据告诉了我们什么或传达了什么信息;(4)证据实体通常是不和谐的,不同的证据也许支持不同的主张;(5)证据源于其所具有的不尽完美的可信性等级。[④] 由于这些原因,证据可能无法为事实认定者导出真知提供完全的支持。第二,即使证据是充足的并且不存在特文宁等所说的那5个缺陷,但由于归纳推理依据概括,概括本身的危险性也会造成"不可避免的错误裁决"。也就是说,无论事实认定者多么小心翼翼地进行证据推理都不能保证一定成功。第三,证据和知识之间的差别是相对的,并且二者是相互证成的。有关这种区别的相对性以及相互证成的关系,蒂摩西·威廉姆森(Timothy Williamson)在《知识及其限度》一书中给出了一种图式论证,他主张"E = K",即"证据等于知识",包括4步论证:(1)所有证据都是命题的;(2)所有命题证据都是知识;(3)所有知识都是证据;(4)所有而且只有知识是

---

① Noah Lemos, *An Introduction to the Theory of Knowledge*, Cambridge Press, p. 17(2007).

② Feldman Richard & Earl Conee, *Evidentialism*, Philosophical Studies (Minneapolis), Vol. 48: 1, p. 15 (1985).

③ 胡适:《胡适自选集》,安徽人民出版社2013年版,第5页。

④ 参见[美]特伦斯·安德森、[美]戴维·舒姆、[英]威廉·特文宁:《证据分析》(第2版),张保生、朱婷、张月波等译,中国人民大学出版社2012年版,第327~328页。

证据。[1] 这4个似乎构成循环论证的命题,揭示了证据与知识的微妙关系:一方面,证据可以为知识提供证成;另一方面,直接或间接的知识在证成过程中又可以作为证据使用。

5. 正当理由的制度性因素与最佳解释推论

何福来从推定和罪有应得两个方面论述了事实认定的正当理由问题。不可反驳的法律推定在毒品立法上特别常见。这种推定的一个典型形式是:q代表“他持有超过一定数量的毒品”,p代表“该被告人故意贩卖违禁毒品”。在非法贩卖毒品定罪中,包含了对p的认定,这是一种具有故意要件的犯罪。一项非法贩卖毒品的定罪相当于宣告了p。除q外,没有证明贩卖之故意的证据;在这种情况下,法院其实没有充分的正当理由相信p,因而没有正当理由去断言p。也即,法院知道缺乏充分的证据却被迫在法律上作出一项事实断言,这在关于事实认定的真理性上打了折扣。事实认定的正当理由还提出了一个给被告人定罪是否罪有应得的问题。要给谋杀罪被告人定罪,就要断言正是其造成了被害者的死亡。这个断言可真可假,因而要接受对与错的评估。在法庭上提交的证据是否足以证成该认定或断言,即正是这位医生拔掉了患者的生命维持系统?这是真假问题。然而,对错问题则是指该医生被以谋杀罪定罪,这是其应得的吗?如果这位医生是出于对病人的尊重和怜悯而作出那样的行为,其是否应承受被宣告为罪犯所带来的耻辱?一项有罪裁决传达了一种犯罪行为被国家认为应当受到谴责。这种犯罪行为被认为是不道德、反社会、有害、代价高昂或反公共政策的。但是,一位医生终止了他人的生命,在有安乐死立法的国家,可能并不被称为谋杀。[2]

关于事实认定之正当理由的制度性因素,可以从两个方面来考量:

其一,事实认定作为法律推理第一个阶段或组成部分,它不仅应在相信什么和认定什么的问题上拥有自身的认识论正当理由和价值论正当理由,而且应该分享法律推理的正当理由。实际上,事实认定的正当理由不仅源于认识论证成,而且还源于正义和人权等目的标准。如果说,法官援引目的标准所作的法律解释旨在为法律

---

① 参见[英]蒂摩西·威廉姆森:《知识及其限度》,刘占峰、陈丽译,陈波校,人民出版社2013年版,第244页。

② 参见[新加坡]何福来:《事实认定》,张保生译,载《证据科学》2019年第1期。

适用提供正当理由,那么,运用目的标准建构证据解释就是为事实认定提供正当理由。麦考密克说:“证明问题是一个确立特定小前提的问题,而不是具有普适性的大前提问题。然而,确实,如果法律论证的逻辑结构不是普适性的……在各种可能的事实断言中进行选择就无理性可言,如果没有确定证明一个渴望结论具有正当性之事实证明的法律规则,就无法对诉讼中提出事实主张进行选择。”①因此,事实认定的正当理由有两个主要来源:一是寻求真相的证据推理,“只有当人们有正当理由相信一项主张之内容的真实性时,事实认定者作出一项肯定性认定或裁决才是正当的。我们关注关于信念的正当理由,是因为我们关注真相”。② 二是公正、和谐与效率等价值考量。在事实认定中,“求真”和“求善”是一个问题的“两面”,它们共同构成一项判决的正当理由。“真相不仅为实现正义而需要;而且,法院必须在真相认定过程中实现正义。”③正当理由的认识方面和价值方面,如果“鱼和熊掌不可兼得”,有时候就会牺牲求真的价值目标。

其二,事实认定之正当理由的制度性因素还涉及正当程序问题。罗尔斯将程序正义分为完善的、不完善的和纯粹的 3 种:④完善的程序正义固然完善,但过于理想,它要求手段和目的之完美结合,在司法实践中难以实现。“不完善的程序正义”是刑事审判场景,审判程序规则和证据规则是为达到准确认定事实的目的而设计的,但由于“证据之镜”原理在发挥作用,要将其设计得总能达到正确的结果也是难以做到的。因此,即便法律程序被仔细遵循,还是可能出现错误结果。例如,无罪的人可能被判有罪,有罪的人却可能逍遥法外。罗尔斯虽对纯粹的程序正义有明显偏爱,但其在承认其现实性或实用性的同时,更尊重实质正义的价值,因而对将程序正义绝对化有很大的保留。他说:“显然,我们不能因为一种特殊结果是在遵循一种公平的

---

① Neil MacCormick, *Legal Reasoning and Legal Theory*, Oxford University Press, p. 86 – 97(1978).

② Ho Hock Lai, *A Philosophy of Evidence Law: Justice in the Search for Truth*, Oxford University Press, p. 61, 64(2008).

③ Ho Hock Lai, *A Philosophy of Evidence Law: Justice in the Search for Truth*, Oxford University Press, p. 64(2008).

④ “完善的程序正义”,参见[美]约翰·罗尔斯:《正义论》,何怀宏、何包钢、廖申白译,中国社会科学出版社 1988 年版,第 81 页;“不完善的程序正义”和“纯粹的程序正义”,参见第 82 页。

程序中达到的就说它是正义的。这个口子开得太大,会导致荒唐的不公正的结果。”①在这个问题上,与其说是推崇程序正义的人放弃了对实质正义的追求,不如说是在追求实质正义的过程中受到了认识能力和实践条件的限制,在无可奈何中才作出这样一种必要的妥协。“比如,实际上从事了犯罪的人却被宣告无罪是违反实质性正义的,但程序上仍采取无罪推定原则。”②因为,在审判过程中,案件事实是过去在法庭之外发生的,证据是联系认识主体与事实客体之间唯一的“桥梁”,事实认定者只能通过“证据之镜”来认定案件事实,在证据不足的情况下,除疑罪从无外,也许没有比它更好的办法来达到实质正义。因为绝对的正义可望而不可即,只能退而求其次。

如同法律适用的疑难案件需要法律解释一样,事实认定的疑难案件则需要证据解释。从本质上说,认证是事实认定者的一个内心确信过程,或者,是对证据进行审查判断、能动解释的过程。艾伦认为:“审判中的证言和物证展示,在由人类观察者——法官或陪审团成员——解释之前是没有意义的。而且,对任何证据片断的解释都不能预先决定,因为它是事实认定者的阅历和经验所发挥的功能。”③实际上,大多数疑难案件是事实认定意义上的疑难案件,这是由上文特文宁所述证据具有不完全性、非结论性、含糊性、不和谐性和不尽完美的可信性等级等特性所决定的。因此,诉讼双方在运用证据证明己方事实主张或反驳对方的事实主张时,常常需要对证据进行解释。这种解释推论同样需要运用概括这样的经验知识。例如,在“辛普森谋杀案”中,有证据表明,在妮可与高曼被谋杀的时间与辛普森从家里出来乘车去机场的时间之间,辛普森大约有 40 分钟。④ 但是,对于这个证据能否证明辛普森有实施该谋杀的机会,控辩双方却有截然不同的解释。控方的解释可能是:一个人用 40 分钟去杀了两个人,时间是足够的;但辩方的解释可能是:一个谋杀犯给自己只留 40 分钟的时间去杀两个健壮的成年人,似乎是不合情理的。裁判者需用常识对该证

---

① [美]约翰·罗尔斯:《正义论》,何怀宏、何包钢、廖申白译,中国社会科学出版社 1988 年版,第 82 页。

② [日]谷口安平:《程序的正义与诉讼》,王亚新、刘荣军译,中国政法大学出版社 1996 年版,第 3 页。

③ [美]罗纳德·J. 艾伦等:《证据法:文本、问题和案例》,张保生、王进喜、赵滢译,满运龙校,高等教育出版社 2006 年版,第 143 页。

④ See Schmalleger Frank, *Trial of the Century*: *People of the State of California vs. Orenthal James Simpson*, Prentice Hall, p. 57 – 59 (1996).

据的证明力作出解释和评价。

在司法证明理论的发展中,对证据进行精确地概率解释是一种尝试。但概率论解释的问题在于,它只是针对证据片段,并试图用赋予假设概率值的方法将证据模型化,这可能会得出荒谬的结果。例如,在1968年"人民诉柯林斯案"①中,检控方凭借专家的概率计算对两名在押嫌疑人进行指控的做法,就受到了法学家"量化分析在政治上是不适当的"的批评。② 对证据进行概率解释还会遇到两个问题:其一,客观概率显然不足以解释司法证明的性质。"有关事件在某种确切的情况下,要么发生过,要么没有发生过。我们不能重复实验一千次,来判定这些事件过去发生的频率。"③其二,主观概率忽略了某些重要的心理要素,因而不能完全传递信念的丰富内涵;④而且,一项主观概率评估是"无经验可证明为……正确或错误的主张"。⑤ 鉴于这种困境,艾伦教授另辟蹊径地提出以"最佳解释推论"或"似真性"理论来取代概率论解释。这种整体性解释方法有3个步骤:第一步是由负有证明责任的当事人或检控方举证,就事件提出竞争性解释的版本。第二步,对方则提供关于该事件的反驳性版本,或提供事件的其他版本来解释证据。第三步,事实认定者并不受制于当事人明确提出的潜在解释,而是可以建构自己的解释。⑥

① People v. Collins(1968 Cal. 2d 319).

② See Laurence H. Tribe, *Trial by Mathematics: Precision and Ritual in the Legal Process*, Harvard Law Review, Vol. 84, p. 1329 (1971).

③ [美]特伦斯·安德森、[美]戴维·舒姆、[英]威廉·特文宁:《证据分析》(第2版),张保生、朱婷、张月波等译,中国人民大学出版社2012年版,第327页。

④ Ho Hock Lai, *A Philosophy of Evidence Law: Justice in the Search for Truth*, Oxford University Press, 2008, p. 118.

⑤ 纳比尔与卢西亚诺,转引自菲尼蒂:《盖然论》,31 Erkenntnis, 169, 174(1989). 转引自[美]罗纳德·J. 艾伦:《专门证据的两个概念性困难》,刘世权译,张保生、满运龙校,载《证据科学》2017年第1期。

⑥ 参见[美]罗纳德·J. 艾伦:《司法证明的性质》,载《艾伦教授论证据法》(上),张保生等译,中国人民大学出版社2014年版,第110页。

第四章　证据推理方法之法学与历史学比较*

内容提要

在事实认定或知识获取问题上，历史学和法学都属于证据科学的研究领域，二者拥有共同的研究对象，运用大致相同的证据推理方法，遵循事实认定的一般规律，并面临同样的科技挑战。同时，在事实认定的目的、时限与结果等方面，法官和历史学家又存在明显差别。历史学家通过一定理论视角发现历史事实的过程，虽然与审判过程一样都需要证据解释，但证据法学在反对历史事实建构论的前提下，强调在事实前提和判决结论之间一定要有某种确证关系，并用"最佳解释推论"的整体性解释方法取代了对证据的精确概率解释，从而揭示了司法证明的本质及其基本权利保障的价值取向。

一、证据是历史学和法学共同面对的问题

证据是人类实践和认识活动中遇到的一个普遍现象。因此，开展跨学科研究来解决各学科共同面对的证据推理和知识获取问题，就成为证据科学的重要使命。在这个意义上，历史学和法学的知识获取都属于证据科学的探索。

（一）历史事实是证据法学和历史学共同的研究对象

事实是人的感官和思维所把握的真实存在。① 任何事实都发生于一定的时间和空间内。在时间维度上，可以将事实分为过去时和现在时的事实，却没有将来时的

---

* 本章原题为《法学与历史学事实认定方法的比较》，原载《厦门大学学报》2020 年第 1 期。

① 参见张保生主编：《证据法学》（第 3 版），中国政法大学出版社 2018 年版，第 1 页。

事实,将来之事只是一种可能性。威格莫尔说:"事实是指(目前)发生或存在的任何行为或事态。"①过去时之事实,是曾经存在或已发生过的事情或事件,即历史事实。现在时之事实,不是历史学和法学的研究对象。

历史事实一旦发生,就具有了一种不能更改的特性,这称为"既成性"。"事实是没有办法更改的。所谓修改现实,只是使将来与现在或已往异趣而已。事实总是既成或正在的,正在或既成的事实,只是如此如彼的现实而已。"②事实的既成性,是指它的历史性,即不可更改的特性。所谓"覆水难收""木已成舟",都是对既成性的绝妙注解。在诉讼活动中,需要法庭认定的案件事实都是既成事实。在历史学研究中,需要历史学家研究的史实也都是既成事实。

(二)历史事实认定的"证据之镜"原理

对于历史事实,事实认定者由于缺乏直接知识,仅凭借"证据之镜"间接地进行认定。这意味着在证据推理活动中,事实认定者的认知手段具有某种天然的局限性。这主要表现在以下几个方面:

第一,证据是历史事实认定的必要条件或"唯一桥梁"。证据就像一面"镜子","折射"出过去发生的案件事实。没有证据这面"镜子",就不可能认定过去发生的事实;但有了证据这面"镜子",也未必能够准确认定过去发生的事实,因为还有"镜中花"或"水中月"的问题。因此,能否准确认定历史事实,既取决于能够获得多少证据片段,又取决于辨别证据真伪的能力。一般而言,相关证据越多,事实认定的准确性就越高。但是,如果相关证据信息的真实性和可信性存在问题,就会严重影响事实认定的准确性。所以,西蒙教授说:"今天的稀有资源不是信息,而是处理信息的能力。"③关于史料与历史事实的关系,前者是历史事实发生时留下来的文献记载,后者才是真实发生过的事情。然而,史料证据在多大程度上叙述了真实发生过的过去,是许多历史学家都抱怀疑态度的一个问题。例如,在男性中心主义的社会

① Bryan A. Garner, *Black's Law Dictionary*, 8th Edition, Thomson West, p. 628(2004).

② 金岳霖:《知识论》(下册),商务印书馆2011年版,第817页。

③ [美]赫伯特・A.西蒙:《管理决策新科学》,李柱流、汤俊澄等译,中国社会科学出版社1982年版,第94页。

文化中，历史记载都是男性从事的社会活动，它们与历史事实本身有何不同就成为问题。因此，在“后现代主义”的学术觉醒中，史料证据被视为一种“文本”或“述事”，学者开始注意一些多元、边缘和异常的现象，如在相互矛盾的叙述中所涉及的社会记忆与身份认同，并从这些证据分析中探究社会情境和个人感情的意义。王明珂认为，历史记忆研究不是要解构我们既有的历史知识，而是以一种新的态度来对待史料，将其作为一种社会记忆遗存，在史料分析中重新建构对“史实”的了解。以文字记录保存的“史料”，只是这些“过去事实”中很小的一部分。它们是一些被选择、被组织甚至是被改变、被虚构的“过去”。因此，文字史料不能被简单地视为“史实”的载体，它们是各种主观情感、偏见和社会权力关系下社会记忆的产物。① 显然，辨别证据真伪，进行证据推理，是认识主体准确认定事实的基本能力或手段。

第二，历史事实认定的逻辑是归纳推理和溯因推理。历史事实认定是一个从证据到推断性事实，再到要件事实和实体法要件的归纳推理过程。② 事实认定的归纳推理性质，在特文宁教授等人的推论链条中则体现为从证据到中间待证事实、次终待证事实和最终待证事实等不同的层级。其中，作为经验知识的常识概括，与推理链条的每一环节相连，并为每一个推理步骤提供了正当理由，准许了从证据性事实到最终待证事实的推论。③ 一个证据对要件事实是否具有证明作用，或者说其与待证的要件事实有无相关性，不能由立法者预先设定一套证明力规则予以套用，只能由事实认定者依据塞耶所说的“逻辑和一般经验”④作出判断。这决定了事实认定是一个归纳推理过程。⑤

与归纳法从个别性知识引出一般性知识的推理过程不同，溯因推理（abduction）是一种由果推因的思维方法。溯因推理作为证据推理的另一种典型方法，在侦查活

---

① 参见王明珂：《历史事实、历史记忆与历史心性》，载《历史研究》2001 年第 5 期。

② 参见[美]罗纳德·J. 艾伦等：《证据法：文本、问题和案例》，张保生、王进喜、赵滢译，满运龙校，高等教育出版社 2006 年版，第 143 页。

③ 参见[美]特伦斯·安德森、[美]戴维·舒姆、[英]威廉·特文宁：《证据分析》（第 2 版），张保生、朱婷、张月波等译，中国人民大学出版社 2012 年版，第 81 页。

④ [美]罗纳德·J. 艾伦等：《证据法：文本、问题和案例》，张保生、王进喜、赵滢译，满运龙校，高等教育出版社 2006 年版，第 151 ~ 152 页。

⑤ 参见[美]罗纳德·J. 艾伦等：《证据法：文本、问题和案例》，张保生、王进喜、赵滢译，满运龙校，高等教育出版社 2006 年版，第 143 页。

动、审判活动和历史学研究中均可适用。比如,胡适就在古典学术考证和中国现代化问题的研究中,运用了"循果以推因、制因以求果"的证据推理方法。① "循果以推因"是赫胥黎提出的从已知事实推知未知事实的方法,即严格地不信任一切没有充分证据的东西的存疑方法,也称"历史的方法"。"制因以求果",源于杜威"实验的方法"或制造证据的方法。胡适认为,历史科学和实验科学的共性都是"去做有证据的探讨",但二者的区别在于,"历史科学里的'证据'无法复制。历史科学家只有去寻找证据,他们不能(用实验方法)来创制或重造证据"。但是,我们可以运用"制因以求果"的实验方法,来证明关于未知领域的假设,并拓展我们的知识。因此,"实验就是制造适当的'因',去追求想象中的'果'"。② 胡适运用这些证据推理方法来研究中国文学史,发现了其双重演变、双重进化的规律。

第三,事实真相作为证据推理的"思想产品"具有盖然性。归纳推理的性质决定了事实认定的盖然性。由于历史事实的认定者不能把过去发生的事实直接作为研究对象,证据推理便成为历史事实认定的基本方法。在事实认定中总会存在证据多寡、真伪等方面的问题,事实认定者运用证据推理获得的"事实真相",是经其头脑信息加工过程而形成的认识成果或"思想产品"。按照真理符合论,如果其"达到主观和客观的符合度占百分之五十以上,这种认识就具有真理性质"。③ 当然,用真理符合论来解释历史真相,会遇到一个困境,即由于事实认定者无法将历史事实作为观察对象或比对样本,只能通过证据信息的加工在头脑中重建历史事实,这会使其对"主观和客观的符合度"(事实真相与历史事实的符合度)失去判断能力。特文宁认为:"将归纳原则适用来提交证据,使得对某一过去事件的当前主张赋予一种盖然性真相价值成为可能。"④

(三)历史学和证据法学面临同样的科技挑战

当代科技发展既为历史事实探究提供了强有力的手段,也为其带来了严峻的挑

① 参见席云舒:《胡适的哲学方法论及其来源》,载《社会科学论坛》2016 年第 6 期。
② 胡适:《胡适口述自传》,唐德刚译注,安徽教育出版社 2005 年版,第 187 页。
③ 舒炜光:《科学认识论的总体设计》,吉林人民出版社 1993 年版,第 206 页。
④ [英]威廉・特文宁:《边沁与威格摩尔》,吴洪淇、杜国栋译,中国人民大学出版社 2015 年版,第 21 页。

战。科学证据在审判中的广泛运用，驱散了许多疑难案件的“迷雾”，帮助许多无辜者洗清了被错误定罪的冤屈，给人类带来了“事实认定科学化”①的希望。然而，如同科学之“双刃剑”作用一样，科学证据在帮助法院减少冤案的同时，也“制造”了许多冤案。如本书第二章所举的《科学》杂志 2016 年 3 月号刊发的一篇文章称：法庭科学家长期以来夸大了许多科学证据种类的力量；②另一篇文章指出：DNA 分析在帮助数以千计的无辜者从错误定罪中洗冤的同时，又把许多无辜者送进监狱。③ 美国“无辜者项目”则在分析通过 DNA 检测被证明无辜的 350 多起冤案的原因时，将其指向“法庭科学的不当使用”或“科学证据的误用或误导”，这包括：(1)科学原理不可靠或缺乏事实根据；(2)科学方法的有效性未经充分证实；(3)专家证人具有误导性的证言；(4)检验过程中出现的错误；(5)法庭科学家的不端行为。④ 显然，面对科学证据对法律领域的“入侵”，法官作为科学“外行”尚未作好充分准备，很容易对科学证据产生依赖，这会造成一种科学上的盲从，从而对科学证据失去审查判断能力。然而，由于任何证据都没有预设的证明力，科学证据并不必然具有可靠性或可信性。除科学原理和方法的“普遍接受性”外，科学知识在法庭上的运用还依赖专家：专家既可以帮助事实裁判者正确理解证据或裁断有争议的事实问题，也可能误用科学原理和技术方法进行推论，从而误导法官、陪审团作出错误的裁决。在这一点上，历史学家和法官的境遇一样，可以借用证据法学的前车之鉴，对科学证据在历史学中的应用可能产生的弊端保持适当的警惕。

二、历史学与法学领域事实认定的差异

历史学和证据法学是两个具有一定相似性的学科，二者的宗旨大概都是要最大限度地查明历史真相。但是，它们也有以下重要差别。

---

① ［美］达马斯卡：《漂移的证据法》，李学军等译，中国政法大学出版社 2003 年版，第 200 页。

② Martin Enserink, *Evidence on trial*, Science, Vol. 351:6278, p. 1128 – 1129(2016).

③ Douglas Starr, *When DNA is lying*, Science, Vol. 351:6278, p. 1133 – 1136(2016).

④ “Misapplication of Forensic Science”, https://innocenceproject. org/causes =/misapplication-forensic-science/.

（一）主体责任的差别：司法之终局性与历史学探索之无止境

司法作为人类社会争端解决的最后手段，其裁判结果具有终局性。所谓终局性，是指司法最终解决原则，即司法是解决纠纷的最终程序、保障正义的最后一道防线，在多种纠纷解决机制中居于权威地位。在法治国家，要确保任何组织和个人都尊重法院的最终判决，不能以任何手段架空法院合法判决的效力。同时，在具体诉讼程序中，法院判决的终局性集中体现为两个重要的法律原则：一是大陆法系的“一事不再理”原则；二是英美法系的“避免双重危险”原则。联合国《公民权利和政治权利国际公约》第14条第7项表述了这两个原则的基本要求：“任何人已以一国法律及刑事程序被最后定罪或者宣告无罪的，不得就同一罪名再予审判或惩罚。”司法裁决的终局性，对于保证司法的权威性和公信力具有重要意义。

历史学旨在通过历史事实的探究发现历史真相。在历史学研究中，任何已获得的历史知识都具有一定程度的可谬性，因而需要不断接受新的（如考古发现）检验或证伪。也就是说，任何历史学知识都属于“暂时性的”主张，需要根据新发现的证据进行修正。在历史学研究中，对一种历史学知识经常出现争论是正常的现象，它表明了历史学知识的相对性，这种学术争论可以促进历史科学的进步。从另一角度看，合理的学术争论可以通过更进一步的研究（包括方法的改进）得以解决。

（二）待证事实的差别决定了二者对传闻证据的不同态度

证据法学的研究对象是案件事实认定，它以法庭审判为主要场景。法庭审判所要查明的事实虽然也是历史事实，但与历史学研究对象相比却是刚刚发生不久的案件事实，在通常情况下，案件事实的当事人（特别是被告人）、目击证人还活着，实物证据也尚未腐败、失效。而历史学要研究的待证事实一般更加久远，因而不得不依赖传闻证据。

历史学研究基本上依据的是传闻证据。因为历史事件的亲历者（包括当事人和证人）早已作古，历史学家只能依据传闻证据重建历史事实，而不能从坟墓中唤起历史人物进行交叉询问。这引发了考古学从“文献”到“文物”的方法论转型。所以，传统历史研究主要是记录过去的遗文、遗物，将之转变为“文献”并使文献“说话”，使用并质疑文献。学者不仅探讨文献叙述的事情，也想了解其讲述的事实是否真实，在什么条件下可被采信：确凿无误，还是已被篡改？因此，文献一直被视为具有表述功能的语言，或真或假地记录了文献记录者要反映的实在。福柯的知识考古学则主张将文献变成"文物"，其首要任务不再是解释文献的意义，或是判断文献的真伪及表现价值，而是组织整理文献，在相关与不相关的系列间进行区分排列，发现各自的内在要素，描述它们的各种关系，从事文献内部的考察并发现其意义。也就是说，福柯考古学是将文献看作"遗物"，仅考虑其自身价值，不考虑其工具价值；只揭示其复杂的内部关系，不针对时间、过去。考古学冻结了时间，它针对的是某一知识系统（各人文科学系统）的内在层次。① 从这个意义上说，历史文献或史料只是历史学家用来重构古人历史行为的证据材料，历史学家只能通过证据推理，在史料中探索各种关系的相关性。

由于历史学研究主要依据传闻证据，甚至是传闻之传闻，为了辨别传闻中所断言事项之真伪，避免以讹传讹，就发展出对传闻证据进行多重验证的证明方法。叶舒宪论述了人类学与传统国学考据学的对接，在方法论上经历了从20世纪初期的"二重证据说"、20世纪90年代的"三重证据说"再到21世纪初的"四重证据说"的发展历程，梳理出从信古、疑古、释古到立体释古的"多重证据说"四阶段发展演变轨迹：②

（1）一重证据——书证。在现代学者看来，原来被抬高到"经"的所谓圣人之书，如《诗》《书》《礼》《乐》《易》等，其实都是靠口语传承下来的传闻证据，而非直接记载史实的书写文本。现代学者对早期书证的历史产生了全面的怀疑和辨伪运动，这是对传统国学唯一"一重证据说"的空前质疑和挑战，也是对文字书写神圣的3000年神话信念之大颠覆。

（2）二重证据——考古材料。王国维在《古史新证》中提出"二重证据说"理念，号召学者用"地下的材料"即甲骨文来印证"纸上的材料"。他说："吾辈生于近日，幸于纸上之材料外，更得地下之新材料。由此种材料，我辈固得以据以补正纸上之

① 参见黄晖：《福柯的知识考古学理论剖析》，载《法国研究》2006年第2期。

② 参见叶舒宪：《国学考据学的证据法研究及展望——从一重证据法到四重证据法》，载《证据科学》2009年第4期。

材料，亦得证明古书之某部分全为实录；即百家不雅训之言，亦无不表示一面之事实。此二重证据法，惟在今日始得为之。”王国维此处所称证据是指“出于不同观察的史料”，“二重证据法”是指“两种出于不同观察的史料的相互验证”。①

(3)三重证据——民族学材料。杨向奎提出“三重证据说”，认为文献不足则取决于考古材料，再不足则取决于民族学方面的研究。鉴于中国各民族社会发展之不平衡，民族学的材料包括口传叙事和仪式叙事的证言或旁证，更可以补足文献考古之不足。所以，在古史研究中三重证据代替了过去的二重证据。

(4)四重证据——物证或图像证据。叶舒宪在总结李济的“古史研究七种材料说”的基础上，将张光直倡导的“五条途径说”简化为“四重证据说”。他以证据法学的人证、物证划分，人类学或符号学关于文化文本叙事的五类划分，对四重证据各自的作用予以重新编排和图表对应的诠释，如表4.1、表4.2所示。

表4.1　考据学与证据法学的功能对照

考据学方法分类	证据法学分类	文化—符号学五重叙事分类
一重证据	书证(间接)	文字叙事
二重证据	书证(间接)	文字叙事
三重证据	证言或旁证	口传叙事　仪式叙事
四重证据	物证或图像证据	物的叙事　图像叙事

表4.2　文化—符号学五重叙事与四重证据对照

文化—符号学五重叙事分类	考据学方法分类	证据法学分类
文字叙事	一重、二重证据	人证之书证
口传叙事	三重证据	人证之书证
图像叙事	四重证据	物证
物的叙事	四重证据	物证
仪式(礼乐)叙事	三重、四重证据	人证+物证

① 张恒俊：《王国维“二重证据法”在历史研究中的运用》，载《经济与社会发展》2003年第5期。

（三）历史学事实认定缺少要件实质性概念

实质性是司法证据相关性的主要构成要素，相关性是证据有助于证明或反驳待证要件事实的属性。这里所说的要件事实，就是实质性要求，即运用证据将要证明的问题属于依法需要证明的要件事实。假设，在“张三谋杀李四案”中，检控方要其母亲就张三有脚气作证。这个证言与他有脚气的事实主张是相关的，但这个事实主张虽然也是待证事实，却非要件事实，它对于该审判（张三是否谋杀了李四）并没有“实质性”（materiality）关系。然而，如有证人提供了一张发票，证明张三购买凶器的事实主张，这个事实主张与该诉讼的要件事实就具有了“实质性”关系。所以，相关性是证据与事实主张之间的关系，实质性是事实主张与审判要素之间的关系，而相关性定义包含了这两种关系。①

历史学家在研究这个案例时和法律人的视角并不一样。他们常常不仅要证明发生了什么，而且还要解释为什么会发生这种情况——这常常是更困难、更有趣的问题。历史学家通常还对证明和解释特定事件之外的问题感兴趣。例如，大量关于“萨科和范泽提案”的历史学研究文献认为，他们是无辜的，或者假定他们是清白的，以此来探讨涉及当时政治、社会和法律背景的众多问题。② 马旦引用许多学者的观点对历史学家和法官的事实认定作了比较，其中有两点使其很感兴趣：首先，在事实认定的详细程度上，史学意在记忆和身份构建，司法旨在社会和平即定分止争。例如，关于第二次世界大战纳粹集中营受害者的数字、责任归属以及集中营与人体实验场所等史实，牵涉最细节的史学技术。为了阻止人们忘却这一人类经验，就要强调奥斯威辛集中营的记忆是“不可或缺的”。相比之下，检察官则宣称：“我们不是史学家。这些细致的搜寻工作以后应当由史学家来完成……在案件中，只要能收集到一两份材料，其中包含的证据能证明一项或两项事实，且不可能被相反的证据驳倒，就足够了。”其次，在对于集体记忆和社会来说皆刻不容缓的情况下，唯有司法能够以判决的方式确认一项极为重要的事实。例如，为了取得社会和平，承认各自罪

① 参见［美］罗纳德·J. 艾伦：《相关性和可采性》，张保生、强卉译，载《证据科学》2010 年第 3 期。

② ［英］威廉·特文宁（William Twining）：《证据：跨学科的科目》，王进喜译，载何家弘主编：《证据学论坛》第 13 卷，法律出版社 2007 年版，第 276 页。

行的内战各方达成停火协议，并参与构建真相。①

由于司法事实认定中的要件事实是由实体法规定的，法官或陪审团运用证据去查明案件事实真相的过程并非随心所欲，而是受到了法律的严格限制。从这个意义上说，在一个司法案件中，什么是待证要件事实，什么是相关证据，都是由法律决定的，这就是要件实质性发挥的作用。然而，历史学家对一个历史案件的研究可以不受条条框框的限制，而且也可以从多个角度对历史事实进行自己感兴趣的研究，并得出多种不同的结论。

三、历史学事实解释理论与证据法学最佳解释推论

历史事实的查明都需要运用证据推理，这与法庭上案件事实查明所用的归纳推理方法是一样的。但人们发现，近代史学研究在采用各种史料和各学科知识以发掘"历史事实"的"类比法"而寻找"相似性"时，常常陷入自身所处的社会文化迷障。比如，在我们的知识理性中，如何定义"相似"，如何寻找"相关"的证据，以及如何"回忆"，这些常常都难以脱离社会文化的影响。② 如上所述，在证据法中，一个证据是否与待证事实相关是由实体法决定的。而在历史学研究中，一个证据与待证事实的相关性却可能受制于一位历史学家基于某种价值观或方法论所提出的解释理论。

俞吾金认为，历史学家谈论的历史事实都不是自足的、无条件的，而是通过一定的理论视角显现出来的。他引用了 B. 费伊(Brian Fay)对"视角主义"的经典性说明："视角主义是这样一种观点，它认为一切知识本质上都是带有视角性的，也就是说，知识的要求和知识的评价总是发生在一种框架之内，这种框架提供概念手段，在这些概念手段中、并通过这些概念手段，世界得到了描述和解释。按照视角主义的观点，任何人都不会直接观察到作为实在本身的实在，而是以它们自己的倾向性来接近实在，其中含有他们自己的假定及先入之见。"③历史学家从一定的理论视角观察历史事实，事实便通过相应的理论视角得到某种弯曲或扭曲的显现。史学家在进

---

① ［法］让－克莱蒙·马旦：《史学路径面对司法真实：法官与史学家》，载徐昕主编：《司法》第8辑，法律出版社2013年版，第276页。

② 参见王明珂：《历史事实、历史记忆与历史心性》，载《历史研究》2001年第5期

③ 俞吾金：《历史事实和客观规律》，载《历史研究》2008年第1期。

行证据推理时对某些史料“念念不忘”“耿耿于怀”,对另一些史料却“视而不见”“充耳不闻”,因而充满解释的选择性。由于历史学家总是在一定理论视角的指引下从事历史研究活动,因而“必须清醒地意识到自己的局限性,即他永远不可能‘公正地’面对一切历史事实,而只能面对他已然拥有的理论视角允许他面对的那些历史事实。以为自己可以不受任何理论视角的约束,自由地、公平地面对一切历史事实的想法,永远是一个天真的梦想”。①

历史学家通过一定理论视角发现历史事实的过程,是一个证据解释或证据推理的过程。彭刚就此分析了20世纪西方史学理论中的重构论、建构论与解构论3种观点:②(1)在重构论看来,史学家的历史是尽可能接近历史实在,因而历史事实自身就会呈现意义,从而支配历史解释。史学对于同一对象不断出现的各种新的解释,只要有其合理性,最终都会作为要素纳入更加健全的解释中。(2)在建构论看来,史学家的历史是以特定史学家的特定视角呈现的对历史某个面相的理解,他们对历史事实的建构中包含解释因素。人们使用不同的理论工具对同一历史断面的解释,可能会大不一样,然而只要这些解释并非谬误,而是奠基于史学方法之上,它们就不会在同一层面上发生真正的冲突。王明珂也谈到,在西方曾引发过对近代国族认同与相关文化建构的讨论,有学者认为,相当“老的”国族与其传统文化经常是近代的建构。例如,“黄帝为中华民族共同始祖”之说,在这种分析模式中被认为是近代中国知识分子的集体想象与建构。③ 从这个意义上说,一切的历史都是当代史。(3)在解构论看来,历史学家仅能书写文学文本,而非真相。海登·怀特(Hayden White)区分了事件(event)与事实(fact):“事件”发生于过去,对于历史学家是“给定的”,而非其建构出来的。“事实”则大不一样,它们是被建构出来的,在见证了事件发生的档案中,由对事件或档案进行评论的相关各方以及历史学家来建构。因此,历史事实终归是以语言结构的形式出现的,并非单纯的事实呈现。一方面,事实蕴含解释,事实与解释难以截然分离,甚至在一定程度上解释支配事实;另一方面,事

① 俞吾金:《历史事实和客观规律》,载《历史研究》2008年第1期。

② 参见彭刚:《历史事实与历史解释——20世纪西方史学理论视野下的考察》,载《北京师范大学学报(社会科学版)》2010年第2期。

③ 参见王明珂:《历史事实、历史记忆与历史心性》,载《历史研究》2001年第5期。

实与解释又是可以相互转化的。史学的进步就是对于同一论题之新的解释不断出现。

根据上述分析,证据法学无疑是反对历史事实建构论的。一方面是因为其主观性太强,而根据证据裁判原则的要求,在事实前提和判决结论之间一定要有某种经过证据推理所证明的确证关系。这样做,"有助于巩固社会组织制度所需的智力内部结构,在此制度内争论表现为论证和反论证,而不是使用暴力的威胁"。① 另一方面,证据法的基本权利保障取向对司法证明过程也发挥强势控制的作用,如对质权要求限制传闻证据的采纳,无罪推定原则要求给被告人定罪必须达到确信无疑的证明标准,否则便应该疑罪从无。

如同历史事实的发现需要证据解释一样,在审判中,疑难案件的事实认定也需要证据解释。一方面,诉讼一方在证明己方事实主张或反驳对方事实主张时,都需要对证据进行解释。例如,在"辛普森谋杀案"中,争点或待证要件事实之一是辛普森是否有实施犯罪的机会。在审判中呈现的证据表明,从妮可与高曼被谋杀到辛普森走出家门去机场,大约有 40 分钟的时间。在这段时间里,与该争点有关的证据包括:1994 年 6 月 12 日晚 10 时 15 分至 10 时 20 分,富恩特斯听到一只狗的"悲鸣"。约 10 时 45 分,施瓦布发现妮可的秋田犬爪子上有血迹。同时,辛普森家的一位房客凯林听到他卧室外墙上有 3 声重击,他以为可能发生了地震。他绕着房子走了一圈,没有看到任何东西。帕克是一位预定来接辛普森去洛杉矶机场的司机,他提前赶到辛普森家,10 时 40 分和 10 时 49 分两次在大门口按喇叭,但没有得到回应。10 时 55 分,帕克看到一位穿深色衣服的非洲裔美国男人走进了那栋房子。他在 10 时 56 分再次按响喇叭,这次辛普森回应说他正在淋浴。11 时,辛普森走出来,帕克与他握手,未看到他手上有什么割伤和血迹或任何非同寻常的情况。② 控辩双方对于上述证据可能有不同的解释。比如,狗的"悲鸣"、秋田犬爪子上的血迹、辛普森家房客卧室外墙上的 3 声重击,这些证据说明了什么? 帕克提前赶到辛普森家两次在大

---

① L. Jonathan Cohen, *The Dialogue of Reason*: *An Analysis of Analytical Philosophy*, Oxford University Press, p. 61(1986).

② See Schmalleger Frank, *Trial of the Century*: *People of the State of California vs. Orenthal James Simpson*, Prentice Hall, p. 57 – 59(1996).

门口按喇叭，但没有得到回应，说明了什么？帕克看到的走进了那栋房子的穿深色衣服的非洲裔美国男人，是辛普森吗？因此，艾伦说："审判中的证言和物证展示，在由人类观察者——法官或陪审团成员——解释之前是没有意义的。而且，对任何证据片断的解释都不能预先决定，因为它是事实认定者的阅历和经验所发挥的功能。"①

在司法证明理论的发展中，曾经有过诸如"人民诉柯林斯案"对证据进行精确概率解释的尝试，但遭到了特赖布教授等人的猛烈批评。② 对司法证据进行概率论解释，由于其通常只是针对证据片段，并总是试图用假设概率赋值的方法将证据模型化，这常常会得出荒谬的结果。因此，艾伦教授提出以"最佳解释推论"或"似真性"理论来取代概率论解释。如本书第三章四所引述，它有 3 个步骤。③ 若将最佳解释推论应用于刑事诉讼，只有在具有似真犯罪案情，且没有似真无罪案情的情况下，此人才是有罪的。④ 例如，在"念某投毒案"中，为什么仅仅因为被害人抢走了被告人的商机，就能引发被告人的杀机，经审判始终未能得以证明，显然没有似真的犯罪案情。因此，当出现这种情况时，只能宣告此人无罪。

总之，只要有证据推理，就必然涉及证据解释问题。不仅在归纳推理过程中需要用概括对证据进行解释，作出常识性推理，而且在溯因推理中也需要对证据、假设、待证命题等作出可能的解释。正是解释功能赋予了证据推理的创造性。当然，由于历史学研究无须遵循无罪推定原则和有利于被告人的原则，"最佳解释推论"可能对历史学研究并不适用。

---

① [美]罗纳德·J. 艾伦等：《证据法：文本、问题和案例》，张保生、王进喜、赵滢译，满运龙校，高等教育出版社 2006 年版，第 143 页。

② See Laurence H. Tribe, *Trial by Mathematics: Precision and Ritual in the Legal Process*, Harvard Law Review, Vol. 84, p. 1329 – 1393 (1971).

③ 参见[美]罗纳德·J. 艾伦：《司法证明的性质》，载《艾伦教授论证据法》（上），张保生等译，中国人民大学出版社 2014 年版，第 110 页。

④ 参见[美]罗纳德·J. 艾伦：《证据与推论——兼论概率与似真性》，张月波译，张保生校，载《证据科学》2011 年第 5 期。

第五章　人工智能法律系统的证据推理模拟*

内容提要

人工智能要制造“人工的、模拟的、假的”智能来代替人类自然的、原型的、真的智能，而且这种制造愈是以假乱真，愈能显示出人的聪明智慧，愈能解放人的脑力劳动，愈能在更深层次和更广范围提高人类改造自然和改造自身的能力。从这个意义上说，人工智能的发展没有界限。目前，人工智能对法律推理的模拟主要还是采取功能模拟法，但是，法律推理微观机制的不断发展正使它逐步从“黑箱”变成“灰箱”，并为人工智能研究提供方法论借鉴。人工智能法律系统研究的核心内容是法律推理模拟，这包括证据推理和法律解释两个现实的技术性难题。其中，证据推理模拟，在社会知识库建构与概括选择等方面遇到了一些难以解决的困难。人工智能法律系统的研发目标旨在代替法官或制造机器人法官，但其应用的界限却是不能独立担任法官，这构成一个“旨在代替/不能代替”的悖论，需要在立法限制的同时，实施“人—机系统”解决方案。

一、人工智能法律系统的历史

计算机先驱思想家莱布尼兹曾这样不无浪漫地谈到推理与计算的关系：“我们要造成这样一个结果，使所有推理的错误都只成为计算的错误，这样，当争论发生的时候，两个哲学家同两个计算家一样，用不着辩论，只要把笔拿在手里，并且在算盘

---

* 本章由两部分组成，第一部分是一、二两节，讨论了人工智能法律系统的历史与价值，选自《关于人工智能法律系统的若干法理学思考》，原载《法学评论》2001 年第 5 期。第二部分是三至六节，选自《人工智能法律系统：两个难题和一个悖论》，原载《上海师范大学学报（哲学社会科学版）》2018 年第 6 期，收入本书时有删节。

面前坐下,两个人面对面地说:让我们来计算一下吧!"①

如果连抽象的哲学推理都能转变为计算问题来解决,法律推理的定量化也许还要相对简单一些。尽管理论上的可能性与技术可行性之间依然存在巨大的鸿沟,但是,人工智能技术的发展速度确实令人惊叹。从诞生至今的短短几十年内,人工智能从一般问题的研究向特殊领域不断深入。1956 年纽厄尔和西蒙教授的"逻辑理论家"程序,证明了罗素《数学原理》第二章 52 个定理中的 38 个定理。塞缪尔的课题组利用对策论和启发式探索技术开发的具有自学习能力的跳棋程序,在 1959 年击败了其设计者,1962 年击败了州跳棋冠军,1997 年超级计算机"深蓝"使世界头号国际象棋大师卡斯帕罗夫"俯首称臣"。

20 世纪 60 年代,人工智能研究的主要课题是博弈、难题求解和智能机器人;20 世纪 70 年代开始研究自然语言理解和专家系统。1971 年费根鲍姆教授等人研制出"化学家系统"后,"计算机数学家""计算机医生"等系统相继诞生。在其他领域专家系统研究取得突出成就的鼓舞下,一些律师提出了研制"法律诊断"系统和律师系统的可能性。②

1970 年布坎南和黑德里克(Buchanan & Headrick)发表了《关于人工智能和法律推理若干问题的考察》一文,拉开了对法律推理进行人工智能研究的序幕。该文认为,理解、模拟法律论证或法律推理,需要在许多知识领域进行艰难的研究。首先,要了解如何描述案件、规则和论证等几种知识类型,即如何描述法律知识,其中处理开放结构的法律概念是主要难题。其次,要了解如何运用各种知识进行推理,包括分别运用规则、判例和假设的推理,以及混合运用规则和判例的推理。再次,要了解审判实践中法律推理运用的实际过程,如审判程序的运行、规则的适用、事实的辩论等。最后,如何将它们最终运用于编制能执行法律推理和辩论任务的计算机程序,区别和分析不同的案件,预测并规避对手的辩护策略,建立巧妙的假设等。③ 法律推

① [德]亨利希·肖尔兹:《简明逻辑史》,张家龙译,商务印书馆 1977 年版,第 54 页。

② See Simon Chalton, *Legal Diagnostics*, Computers and Law, Vol. 25, p. 13 – 15(1980). Bryan Niblett, *Expert Systems for Lawyers*, Computers and Law, Vol. 29, p. 2(1981).

③ See Buchanan & Headrick, *Some Speculation About Artificial Intelligence and Legal Reasoning*, Stanford Law Review, Vol. 23, p. 40 – 62(1970).

理的人工智能研究在这一时期主要沿着两条途径前进：一是基于规则模拟归纳推理，20 世纪 70 年代初由波普（Walter G. Popp）和施林克（Bernhard Schlink）开发了 JUDITH 律师推理系统。二是模拟法律分析，寻求在模型与以前贮存的基础数据之间建立实际联系，并仅依这种关联的相似性而得出结论。梅德曼（Jeffrey Meldman）1977 年开发了计算机辅助法律分析系统，它以律师推理为模拟对象，试图识别与案件事实模型相似的其他案件。考虑到律师分析案件既用到归纳推理又用到演绎推理，程序对两者都给予了必要关注，并且包括了各种水平的分析推理方法。

专家系统在法律中的第一次实际应用，是 D. 沃特曼和 M. 皮特森 1981 年开发的法律判决辅助系统（LDS）。研究者探索将其当作法律适用的实践工具，对美国民法制度的某个方面进行检测，运用严格责任、相对疏忽和损害赔偿等模型，计算出责任案件的赔偿价值，并论证了如何模拟法律专家意见的方法论问题。①

我国法律专家系统的研制于 20 世纪 80 年代中期起步。② 1986 年由朱华荣、肖开权主持的"量刑综合平衡与电脑辅助量刑专家系统研究"被确定为国家社科"七五"研究课题，它在建立盗窃罪量刑数学模型方面取得了成果。在法律数据库开发方面，1993 年中山大学学生胡钊、周宗毅、汪宏杰等人合作研制了 LOA 律师办公自动化系统。③ 1993 年武汉大学法学院赵廷光教授主持开发了实用刑法专家系统。④ 它由咨询检索系统、辅助定性系统和辅助量刑系统组成，具有检索刑法知识和对刑事个案进行推理判断的功能。

专家系统与以往的"通用难题求解"相比具有以下特点：（1）它要解决复杂的实际问题，而不是规则简单的游戏或数学定理证明问题；（2）它面向更加专门的应用领域，而不是单纯的原理性探讨；（3）它主要根据具体的问题域，选择合理的方法来表达和运用特殊的知识，而不强调与问题的特殊性无关的普适性推理和搜索策略。

---

① See *Models of Legal Decisionmaking Report*, R－2717－ICJ（1981）.

② 参见钱学森：《论法治系统工程的任务与方法》，载《科技管理研究》1981 年第 4 期；钱学森：《社会主义和法治与现代科学技术》，载《法制建设》1984 年第 3 期；钱学森：《现代科学技术与法学和法制建设》，载《政法论坛》1985 年第 3 期。上述文章，对我国法律专家系统的研发起到思想解放和理论奠基作用。

③ 参见杨建广、骆梅芬编：《法治系统工程》，中山大学出版社 1996 年版，第 344～349 页。

④ 参见赵廷光等：《实用刑法专家系统用户手册》，北京新概念软件研究所 1993 年版。

法律专家系统在法规和判例的辅助检索方面确实发挥了重要作用,解放了律师一部分的脑力劳动。但绝大多数专家系统目前只能做法律数据的检索工作,缺乏应有的推理功能。20 世纪 90 年代以后,人工智能法律系统进入了以知识工程为主要技术手段的开发时期。知识工程,是指以知识为处理对象,以能在计算机上表达和运用知识的技术为主要手段,研究知识型系统的设计、构造和维护的一门更加高级的人工智能技术。① 知识工程概念的提出,改变了以往人们认为几个推理定律再加上强大的计算机就会产生专家功能的信念。以知识工程为技术手段的法律系统研制,如果能在法律知识的获得、表达和应用等方面获得突破,将会使人工智能法律系统的研制产生一个质的飞跃。

人工智能法律系统的发展源于两种动力。一是法律实践自身的要求。随着社会生活和法律关系的复杂化,法律实践需要新的思维工具,否则,法律从业者(律师、检察官和法官)将无法承受法律文献日积月累和法律案件不断增多的重负。二是人工智能发展的需要。人工智能以模拟人的全部思维活动为目标,但又必须以具体思维活动"一城一池"的攻克为过程。它需要通过对不同思维领域的征服,来证明知识的每个领域都可以精确描述并制造出类似人类智能的机器。此外,人工智能选择法律领域寻求突破,还有下述原因:(1)尽管法律推理十分复杂,但它有相对稳定的对象(案件)、相对明确的前提(法律规则、法律事实)及严格的程序规则,且须得出确定的判决结论。这为人工智能模拟提供了极为有利的条件。(2)法律推理特别是抗辩制审判中的司法推理,以明确的规则、理性的标准、充分的辩论,为观察思维活动的轨迹提供了可以记录和回放的样本。(3)法律知识长期的积累、完备的档案,为模拟法律知识的获得、表达和应用提供了丰富、准确的资料。(4)法律活动所特有的自我意识、自我批评精神,对法律程序和假设进行检验的传统,为模拟法律推理提供了良好的反思条件。

二、人工智能法律系统的价值

人工智能法律系统的研制对法学理论和法律实践的价值和意义,可以概括为以

---

① 参见中国大百科全书总编辑委员会《自动控制与系统工程》编辑委员会等编:《中国大百科全书·自动控制与系统工程》,中国大百科全书出版社 1991 年版,第 579 页。

下几点：

一是方法论启示。在以人工智能方法模拟法律推理的过程中，法学家通过与人工智能专家的密切合作，可以从其对法律推理的独特理解中获得有关人工智能方法论方面的启示。例如，由于很少有两个案件完全相似，在判例法实践中，总有某些不相似的方面需要法学家运用假设来分析已有判例与现实案件的相关性程度。但法学家在假设的性质问题上常常莫衷一是。然而 **HYPO** 程序的设计者，在无真实判例或真实判例不能充分解释现实案件的情况下，以假设的反例来反驳对方的观点，用补充、删减和改变事实的机械论方法来生成假设。① 这种用人工智能方法来处理假设的办法，就使复杂问题变得十分简单：假设实际上是一个新的论证产生于一个经过修正的老的论证的过程。总之，人工智能方法可以帮助法学家跳出法理学方法的思维定式，用其他学科的方法来重新审视法学问题，从而为法律问题的解决提供新的途径。

二是提供了思想实验手段。童天湘先生认为："通过编制有关思维活动的程序，就会加深对思维活动具体细节的了解，并将这种程序送进计算机运行，检验其正确性。这是一种思想实验，有助于我们研究人脑思维的机理。"②人工智能法律系统研究的直接目标是使计算机能够获取、表达和应用法律知识，软件工程师为模拟法律推理而编制程序，必须先对人的推理过程作出基于人工智能理论和方法的独特解释。人工智能以功能模拟开路，在未弄清法学家的推理结构之前，首先从功能上对法律证成、法律检索、法律解释、法律适用等法律推理的要素和活动进行数理分析，将法理学、诉讼法学关于法律推理的研究成果模型化，以实现法律推理知识的机器表达或再现，从而为认识法律推理的过程和规律提供一种实验手段。法学家则可以将人工智能法律系统的推理过程、方法和结论与人类法律推理活动相对照，为法律推理的法理学研究所借鉴。因此，用人工智能方法模拟法律推理，深化了人们对法律推理性质、要素和过程的认识，使法学家得以借助人工智能科学的敏锐透镜去考察法律推理的微观机制。正是在这个意义上，尼布赖特说："一个成功的专家系统很

---

① See P. Wahlgren, Automation of Legal Reasoning: A Study on Artificial Intelligence and Law, Kluwer Law and Taxation Publishers, p. 287 (1992).

② 童天湘：《人工智能与第 N 代计算机》，载《哲学研究》1985 年第 5 期。

可能比其他的途径对法理学作出更多的(理论)贡献。”①

三是辅助司法审判。按照格雷的观点,法律专家系统首先在英美判例法国家出现的直接原因在于,浩如烟海的判例案卷如果没有计算机编纂、分类、查询,这种法律制度便无法运转了。② 其实不仅是判例法,制定法制度下的律师和法官往往也要为检索有关的法律、法规和司法解释耗费大量的精力和时间,而且由于人脑的认识和记忆能力有限,还存在检索不全面、记忆不准确的问题。人工智能法律系统强大的记忆和检索功能,可以弥补人类智能的某些局限性,帮助律师和法官从事相对简单的法律检索工作,从而极大地解放律师和法官的脑力劳动,使其能够集中精力从事更加复杂的法律推理活动。

四是促进司法公正。司法推理虽有统一的法律标准,但由于法官是具有主观能动性的差异个体,所以在执行统一标准时会产生一些差异的结果。司法解释具有的建构性、辩证性和创造性的特点,进一步加剧了这种差异。如果换了钢铁之躯的机器,这种由主观原因造成的差异性就有可能加以避免。这当然不是说让计算机完全取代法官,而是说,由于人工智能法律系统为司法审判提供了相对统一的推理标准和评价标准,从而可以辅助法官取得具有一贯性的判决。无论如何,我们必须承认,钢铁之躯的机器没有物质欲望和感情生活,可以比人更少地受到外界因素的干扰。正如计算机录取增强了高考招生的公正性、电子监视器提高了纠正行车违章的公正性一样,人工智能法律系统在庭审中的运用有可能减少某些徇私舞弊现象。

五是辅助法律教育和培训。人工智能法律系统凝聚了法律从业者的专门知识和法官群体的审判经验,如果通过软件系统或计算机网络实现专家经验和知识的共享,便可在法律教育和培训中发挥多方面的作用。例如,(1)在法学院教学中发挥模拟法庭的作用,可以帮助法律专业学生巩固自己所学知识,并将法律知识应用于模拟的审判实践,从而较快地提高解决法律实践问题的能力。(2)帮助新律师和新法官全面掌握法律知识,迅速获得判案经验,在审判过程的跟踪检测和判决结论的动态校正中增长知识和才干,较快地接近或达到专家水平。(3)可使不同地区、不同层

---

① Bryan Niblett, *Expert Systems for Lawyers*, Computers and Law, Vol. 29, p. 2(1981).

② See Pamela N. Gray Brookfield, *Artificial Legal Intelligence*, VT: Dartmouth Publishing Co., p. 402 (1997).

次的律师和法官及时获得有关法律问题的咨询建议,弥补因知识结构差异和判案经验多寡而可能出现的失误。(4)可以为大众提供及时的法律咨询,提高广大人民群众的法律素质,增强法律意识。

六是辅助立法活动。人工智能法律系统不仅对辅助司法审判有重要意义,而且对完善立法也具有实用价值。① 立法辅助系统如能应用于法律起草和法律草案的审议过程,有可能事先发现一些立法漏洞,避免一部法律内部各种规则之间以及新法律与现有法律制度之间的相互冲突。

三、人工智能法律系统研究现状

人工智能研究自1956年诞生以来,一直在朝着"知识的每个领域或智能的任何一个其他特征,都可以如此精确地加以描述,以致能够制造出一种机器来模拟它"②的宏伟目标不断迈进。经过短短60年的发展,到2016年,AlphaGo挑战世界围棋冠军三局全胜,从而引发了新一轮人工智能研究的热潮。然而,由深度学习带动的这一波人工智能热潮,也引起学者对媒体炒作、民众翘盼的担忧。人工智能虽然具有无限美好的发展潜力,但其目前所能达到的"智能"水平还很低,学习算法系统的可解释性、稳定性、稳健性等还很差。例如,就人工智能最尖端的模式识别技术而言,只要在人脸图片上加一个很小的噪声,机器的识别能力就会大打折扣;③对图片中物体的位置、方向做很小的改动,机器识别精度就会变得很差,而人眼基本上不会犯这种低级错误。④ 因此,有专家感叹,很多机器人无论外形多酷,都不过是装了轮子的iPhone——它们既不会主动感知,也不会与真实物理世界互动,其智能还不如刚出生几个月的婴儿。⑤ 因此,在这一波人工智能热潮中,不被深度学习的神话迷惑,冷静

① See Edwina L. Rissland, *Artificial Intelligence and Law: Stepping Stones to a Model of Legal Reasoning*, The Yale Law Journal, Vol. 99, p. 1957 – 1981.

② [美]P. 麦考达克:《人工智能早期史(1956年以前)》,载《科学与哲学》1981年第6、7辑。

③ See Avishek Bose and Parham Aarabi, *Adversarial Attacks on Face Detectors using Neural Net based Constrained Optimization*, arXiv:1805.12302v1, May 31, 2018.

④ See Aharon Azulay and Yair Weiss, *Why do deep convolutional networks generalize so poorly to small image transformations?*, arXiv:1805.12177v1, May 30, 2018.

⑤ 参见邸利会:《没有神迹,用不着吓唬,人工智能的真正突破还未到来》,载知乎网2018年7月12日,https://zhuanlan.zhihu.com/p/39566788。

思考智能模拟的现实困难，探索解决这些困难的具体途径，应该成为下一阶段人工智能研究的重点。

人工智能在法律领域中的应用，自1970年布坎南等发表《关于人工智能和法律推理若干问题的考察》[①]一文后，在技术进步和法律需求的双重推动下，1981年D.沃特曼等开发了“法律判决辅助系统”（LDS），这是专家系统在司法领域的第一次实际应用。[②] 之后，又经过30多年的发展，到2016年，伦敦大学学院（UCL）、谢菲尔德大学和宾夕法尼亚大学科学家研制的人工智能程序，对欧洲人权法院584个案件的英文数据集进行分析，并提出了自己的裁决。人工智能“法官”与法官裁决相同的案件达到了79%。[③]

我国人工智能法律系统研发起步并不晚，这主要归功于钱学森教授20世纪80年代倡导“法治系统工程研究”[④]所起的思想解放和理论奠基作用。此后取得的重要研究成果包括：1993年，中山大学胡钊等学生研制了LOA律师办公自动化系统；[⑤]武汉大学法学院赵廷光教授主持开发了实用刑法专家系统，[⑥]该系统具有检索刑法知识和辅助量刑的功能。在经过20多年的沉寂后，由深度学习掀起的新一波人工智能热潮也惊动了法律界。2016年，在世界互联网大会智慧法院暨网络法治论坛上，最高人民法院周强院长提出：“将积极推动人工智能在司法领域的应用。”[⑦]同年，“元典律师工作平台”开通，其定位于协助律师管理案件项目、跟进流程进度、整理文档资料、利用法律大数据提供智能支持，“致力于让机器逐渐习得法律认知能

---

① See Buchanan & Headrick, *Some Speculation About Artificial Intelligence and Legal Reasoning*, Stanford Law Review, Vol. 23, p. 40 – 62 (1970).

② *Models of Legal Decision-making Report*, R – 2717 – ICJ (1981).

③ See *Artificial intelligence "judge" developed by UCL computer scientists*, https://amp.theguardian.com/technology/2016/oct/24/artificial-intelligence-judge-university-college-london-computer-scientists.

④ 参见钱学森：《论法治系统工程的任务与方法》，载《科技管理研究》杂志1981年第4期；钱学森、吴世宦：《社会主义法制和法治与现代科学技术》，载《法制建设》1984年第3期；钱学森：《现代科学技术与法学和法制建设》，载《政法论坛（中国政法大学学报）》1985年第3期。

⑤ 参见杨建广、骆梅芬编：《法治系统工程》，中山大学出版社1996年版，第344～349页。

⑥ 参见赵廷光等：《实用刑法专家系统用户手册》，北京新概念软件研究所1993年版。

⑦ 邓恒：《人工智能技术研发与智慧法院建设》，载《人民法院报》2018年3月2日，第2版。

力”。[①] 2017 年,武侠律师“法律机器人”上线,欲借助互联网、人工智能的优势构建法律服务平台。该系统可在 1 秒内生成上万字的法律咨询意见和预判报告。[②] 最高人民法院院长周强在全国人大作《最高人民法院工作报告》中指出,2017 年人民法院将加快建设智慧法院,综合运用云计算、大数据等技术,研究构建司法人工智能系统,为审判体系和审判能力现代化注入新动力,为司法改革和法治中国建设提供有力支撑。[③] 在最高人民法院的积极推动下,北京、上海、浙江、江苏、广东、贵州等地推出了名称不同的人工智能法律系统或“智慧法院”建设计划,如北京法院的“睿法官”智能研判系统、上海法院的“206”刑事案件智能辅助办案系统、苏州法院的“智慧审判苏州模式”。[④] 可以预见,不久就会有一批人工智能法律系统或“机器人法官”问世。

人工智能法律系统研发的动力,主要得益于科技进步和司法实践的需要。但若认为人工智能技术已经成熟到可以解决智能法律系统的关键问题,则是一种“重大误解”。对人工智能法律系统研发的盲目乐观和急于求成,主要源于人们对“人工智能的本质乃功能模拟”的无知。何为功能模拟?按照控制论的思想,就是不问结构如何,只要钢铁之躯的机器能做和人一样的事情,就要承认它具有和人一样的智能。举个简单例子,你开着一辆汽车通过收费站,电子眼自动读取车牌号,电脑自动计算并扣缴过路或停车费用,电子栏杆自动抬起给车辆放行。这一套工作无须人来操作,你就不得不承认这套系统能做和人类收费员一样的事情,但是,却不能说它和人类收费员具有一样的智能。因为,人类收费员还可以处理机器不能干的很多复杂的事情。目前,工业机器人已经在很多领域代替了人的体力和脑力劳动,家庭机器人也开始进入日常生活服务领域,自动驾驶尽管饱受诟病却也不是什么永远不能解决

---

① 参见华宇元典:《法律人工智能的控索者》,载元典网,https://www. Yidianzixun. com/article/OL5fNWOW,最后访问时间:2021 年 11 月 11 日。

② 《律品创始人武侠打造法律机器人 1 秒出万字法律文书》,载搜弧网,http://www. sohu. com. cn/a/211859828_99968021,最后访问时间:2021 年 11 月 11 日。

③ 参见周强:《加快建设智慧法院 努力提供更多优质司法服务》,载人民网,http://m. people. cn/n4/2017/0312/c31 - 8551391. html。

④ 参见左卫民:《关于法律人工智能在中国运用前景的若干思考》,载《清华法学》2018 年第 2 期。

的问题。因为人工智能就是要制造"人工的、模拟的、假的"智能,[①]以代替人类自然的、原型的、真的智能,而且,这种制造愈是能以假乱真,愈能显示人的聪明智慧,愈能解放人的脑力劳动。

然而,人工智能功能模拟的优势,也是它的局限性所在。这主要源于机器缺乏七情六欲,因而难以模拟人的主体意识、主观感受和主体选择。因此,单一的功能模拟路径需要以结构模拟来补充,这催生了神经网络、脑—机接口等探索性方案。这些探索虽不会在短期内取得突破性成果,但这并不意味着,我们面对困难无所作为,只能消极等待人工智能技术的成熟。法学家可以和逻辑学家、计算机专家密切合作,深入研究法律推理的机理和方法,探索其形式化或模型化的法学解决方案,这可称为人工智能法律系统之基础理论研究。

四、法律推理模拟是人工智能法律系统的核心内容

人工智能对人类思维的模拟,对于亚里士多德所谓两类推理性思维来说,[②]其难度是大不一样的。第一类必然推理,其前提是不证自明的自然定律或定理,由于"通过证明科学而获得的知识具有必然性",人工智能在这类推理领域似乎可以纵横驰骋;第二类辩证推理,其前提却是人们"普遍接受的意见",这使它具有"辩论、讨论"等公开性论证的特点,其结构和功能更加复杂,通过这类推理获得的知识只具有或然性。人工智能法律系统的模拟对象是法律推理,涉及社会科学知识领域,其复杂性和困难程度都是第一类推理无法比拟的。

法律推理是一个法庭裁决(decision-making)过程,"前提是事实、法律和解释,结论是表述本案裁决的主张"。[③] 法律推理作为法治国家通行的审判方式,以控辩审三方为互动主体,由事实认定和法律适用构成两个阶段。弗里德曼用信息论观点分析了这个过程,将其分为原材料的输入、加工、判决输出和信息反馈等阶段。[④] 在

① 人工智能英文词组中的"artificial",就具有这样的含义。

② 参见苗力田主编:《亚里士多德全集》,中国人民大学出版社 1990 年版,卷 I 前、后分析篇和论题篇。

③ Michael S Moore, *The Plain Truth about Legal Truth*, Harvard Journal of Law & Public Policy, Vol. 26, p. 23 – 47.

④ 参见[美]弗里德曼:《法律制度》,李琼英、林欣译,中国政法大学出版社 1994 年版,第 13 ~ 14 页。

他看来,法院作为信息“加工厂”是一个控制论“黑箱”。“变为要求的社会势力从制度的一端输入,判决和规则从另一端流出。我们应该把多少功归于中间的黑盒子?机器如何操作,做些什么?”①这些问题,既反映了法律推理本身的复杂性,也反映了对法律推理微观研究的薄弱。

瑞典法学家瓦尔格伦从人工智能角度对法律推理过程进行微观研究,将其描述为一个从案情开始,历经7个阶段而作出裁决的活动过程(参见图3.4)。在由证成、法律检索、解释、规则适用、评价、学习、简述构成的7个阶段,使法律推理过程进一步细化,这对法学家具有重要启发。其中,证成是一个证据推理或事实认定的过程。经过证成的案件二分为简单案件和疑难案件,前者是案件事实清楚、法律规定明确的案件。简单案件的法律推理一般是按照“法律规则+事实真相=判决结论”的三段论方式进行的,由于案件事实简单清楚,无须经过复杂的证据推理,便可直接进入第二个阶段的法律检索;而且,由于法律规定明确,无须对规则进行解释,便可“对号入座”进入规则适用阶段。

从这个意义上说,目前国内外开发的所谓人工智能法律系统,包括赵廷光教授的实用刑法专家系统、武侠律师的“法律机器人”、最高人民法院推动的北京、上海、广东、浙江、江苏、贵州等地推出的“智慧法院系统”,以及伦敦大学学院等开发的人工智能“法官”系统,实际上都是“简单案件—法律适用量刑系统”,即初级人工智能法律系统,而不是“复杂案件—法律推理系统”。这些人工智能法律系统的特点是,没有对证成阶段的证据推理和法律适用阶段的法律解释进行模拟,而是直接把案件事实当作法律推理小前提,用三段论演绎推理方法得出裁判结论;其适用于简单速裁案件或小额法院审判,可以减轻法官耗费在简单案件上的脑力劳动,从而集中精力处理复杂疑难案件。当然,从审判之政治正当性考虑,即使是简单案件的审理,也应该是“人—机法律系统”,判决书必须由法官审核后签发。

与简单案件相比,疑难案件是事实复杂、规则模糊的案件,因而需要走完法律推理从证成到简述的完整的7个阶段,特别是要进行复杂的证据推理和法律解释。就疑难案件人工智能法律系统而言,有两点必须明确:第一,外围技术不能代替核心技

① [美]弗里德曼:《法律制度》,李琼英、林欣译,中国政法大学出版社1994年版,第16页。

术。也就是说，仅仅依靠互联网，甚至“综合运用云计算、大数据等技术”，是无法深入开展人工智能法律系统研发的，因为这些都是外围技术。人工智能法律系统的核心技术是7个阶段法律推理模拟，特别是其中最困难的证据推理和法律解释的模拟。因此，不能幻想用简单的大数据挖掘方法，或仅凭深度学习的方法，去解决高度复杂的法律推理模拟问题。第二，人工智能法律系统的研发内容不是“法律适用或量刑系统”，而是模拟法律推理全过程，制造能够通过疑难案件级别“图灵测试”的人工智能法律系统。这需要人工智能研究和法律推理研究互动，“一方面是用人工智能（通过把计算机的应用与分析模型相结合）来支撑法律推理的可能性；另一方面是应用法学理论来解决作为法律推理支撑系统的以及一般的人工智能问题”。①

概言之，在这一波人工智能法律系统研究热潮中，如果不想让“智慧法院”建设变成一场“大炼钢铁”的游戏，关键是要突破法律推理模拟的两个难题：一是证据推理模拟；二是法律解释模拟。只有扎扎实实地研究法律推理的过程和方法，找到法律推理模拟的“算法”，真正的人工智能法律系统才能出现。

五、人工智能法律系统的证据推理模拟难题

在法律推理研究中一直存在两个倾向：一是热衷探究法律适用中的实质推理问题，却忽视事实认定对法律适用的决定作用；②二是习惯把疑难案件仅仅视为法律适用的疑难案件，而无视其实际上是事实认定的疑难案件。特文宁教授对此评论说，法律从业者总是将“法律推理”局限于关于法律问题的推理，直到最近，那些对经济分析、后现代主义以及批判法学感兴趣的人，才把其注意力转移到证据问题上。③

① Edwina L. Rissland, *Artificial Intelligence and Law: Stepping Stones to a Model of Legal Reasoning*, The Yale Law Journal, Vol. 99, p. 1957 – 1981 (1990). Neil MacCormick, *Legal Reasoning and Legal Theory*, Oxford University Press, p. 86 – 97 (1978).

② 例如，麦考密克在《法律推理与法律理论》第四章开创性地讨论了“基于事实的裁决”（decisions on the facts）问题，但论述十分简单。See Neil MacCormick, *Legal Reasoning and Legal Theory*, Oxford University Press, p. 86 – 97 (1978). 其他法律推理著作对作为小前提的事实认定问题几乎只字不提。

③ ［英］威廉·特文宁（William Twining）：《证据：跨学科的科目》，王进喜译，载何家弘主编：《证据学论坛》第13卷，法律出版社2007年版，第277页。

1. 证据推理是一个发现法律推理小前提的操作

法律推理的典型逻辑形式是三段论推理，但从逻辑与历史相统一的角度看，其实际操作却不是先有法律大前提，而是先通过证据推理去发现小前提，再去寻找大前提。法律推理的小前提并非案件事实，而是经过法庭审判控辩审三方举证、质证和认证过程所获得的认识成果——事实真相。

审判中，实际发生的法律推理过程可以分为 3 个步骤：第一步是通过证据推理查明事实真相，将其作为小前提；第二步是依据这个小前提，检索或寻找法律规则（大前提）；第三步才是法律适用即从大前提到小前提而得出结论的演绎推理。从这个意义上说，没有第一步准确的事实认定，就不可能有第二步法律检索和第三步正确的法律适用。事实认定是法律推理的起点，这决定了人工智能法律系统首先要突破的难题是事实认定阶段的证据推理。但目前，法学界及人工智能专家对这一点都普遍缺乏认识，特别是对证据推理研究的困难和复杂性的估计严重不足，这难免会使人陷入盲目乐观。

如上所述，人工智能法律系统目前取得的成果，均来自简单案件的法律适用或量刑系统，这与法律推理全过程模拟的研发目标还存在较大差距。法律推理过程模拟的起点和难点是证据推理，因此应该将此作为主攻目标。证据推理模拟的困难来自两个方面：一是证据分析；二是归纳方法。就证据本身而言，其相关性、可采性、证明力和可信性是证据分析的主要内容，是证据推理的前提性步骤。证据分析模拟的难点是可采性，它是指“在听审、审判或其他程序中被允许进入证据的品质或状况”。① 可采性规则设置了两个条件：一是必要条件，即“不相关的证据不可采”，②或曰不相关证据排除规则，这对智能模拟程序来说并非高不可攀；二是其他条件，即相关证据排除规则，这才是智能模拟的难点。因为，后者是一个法官自由裁量权问题，涉及“危险性在实质上超过相关证据的证明力”的价值权衡。③ 这个“实质上超过”

---

① Bryan A. Garner, *Black's Law Dictionary*, 8th Edition, Thomson West, p. 50 (2004). Admissibility: “The quality or state of being allowed to be entered into evidence in a hearing, trial, or other proceeding.”

② 美国《联邦证据规则》402。

③ 参见美国《联邦证据规则》403（以偏见、混淆、费时或其他原因排除相关证据）规定：“如果下列一个或多个危险在实质上超过相关证据的证明力，法院可以排除相关证据：不公正的偏见，混淆争点，误导陪审团，不当拖延，浪费时间，或者不必要地提出累积证据。”

的平衡检验表明，法官只有在对一个证据的消极影响超过其证明力十分自信时，才会排除该相关证据。表5.1反映了美国法院对《联邦证据规则》403平衡检验进行实证研究所取得的成果。①

表5.1 法官在相关证据排除平衡检验中的自由裁量权

所提出的相关证据的证明力	《联邦证据规则》403所列因素的消极影响	审判法院是否会排除证据
高	高、中或低	否
中	高	否(也许是)*
	中或低	否
低	高	是
	中	否(也许是)*
	低	否

注：*如果证明力接近“中”等范围的下限，且消极影响非常高；或者，如果证明力非常低，且消极影响接近“中”等范围的上限，《联邦证据规则》403可能允许排除证据。

从表5.1可见，当相关证据的证明力分别为“高、中、低”时，《联邦证据规则》403所列因素的消极影响与其对应，法官是否排除证据取决于运用“危险性实质上超过证明力”检验标准所作的价值权衡。人能平衡相互冲突的价值，权衡对人类生存和发展重要程度不同的价值位阶。这种权衡反映了求真与公正、和谐、效率等价值的竞合，“……求真的目的与其他目的——诸如经济性、保护某些自信、助长某些活动、保护一些宪法规范——相互竞争”。② 证据推理应当追求真与善的统一，但价值推理模拟是一个弱项。在瓦尔格伦提出的人工智能5种知识表达途径中，虽包括以道义为基础的法律推理模型，③但引入道义逻辑是智能模拟的一大难题。即使把道义逻辑硬塞进计算机程序，“钢铁之躯”的机器没有生理需求，也很难自生价值观念和

---

① 参见[美]罗纳德·J.艾伦等：《证据法：文本、问题和案例》，张保生、王进喜、赵滢译，满运龙校，高等教育出版社2006年版，第175页。

② [美]波斯纳：《法理学问题》，苏力译，中国政法大学出版社1994年版，第261页。

③ See P. Wahlgren, *Automation of Legal Reasoning: A Study on Artificial Intelligence and Law*, Kluwer Law and Taxation Publishers, p. 310 – 312(1992).

主观体验。所以,要解决主观选择或自由裁量的问题,恐怕要反思人工智能传统的功能模拟单一进路,是否需要以必要的结构模拟加以补充。

如果说,可采性检验还只是证据能力或证据采纳的门槛条件,那么,证据采信还要解决证据可信性评价问题。“可信性”是使证人或证据值得相信的特性。① 在证言三角形上,观察感知能力、记忆能力、诚实性和语言叙述的歧义性是证言的4种品质。如此一来,依据何种品质的证据进行推理,就成为人工智能法律系统必须面对的一个问题(参见图3.1“证言三角形理论”)。

在证言三角形中,感知、记忆、诚实性和叙述能力是证言可信性的4种品质。听者与说者的信息传送、接收和加工,均受这4种品质影响,远比一般通信理论复杂。首先是叙述—歧义性,智能模拟不仅要考虑自然语言的模糊性,还要考虑叙事—歧义性背后起作用的心理因素。其次是诚实性,诚实与说谎是一体两面的关系,目前要造一台会说谎的机器还是天方夜谭,但从说谎及信息编码等问题反向研究诚实机理不失为一种策略。最后是记忆和感知,人的记忆随时间而衰减,感知则渗透着理论。心理学实验研究表明,目击者们对他们所见所闻的叙述经常与事件本来面目非常不同。在一项实验研究中,一场袭击教授事件的目击证人在几周后很多人都挑错了袭击者。② 因此,人工智能证据推理模拟,首先要解决输入信息的可信性评估问题,具备辨证据真伪的能力。在审判中,这个问题是通过交叉询问和弹劾证人来解决的。“交叉盘问是检验证人可信性并证明其说法可能存在另一面的有效方式。”③ 证据分析能力可以通过研究律师交叉询问策略和证人弹劾技巧、法官认证方法而获得,这是一项极为困难的研究工作,因为这些策略、技巧和能力很多属于经验智慧范畴。

2. 证据推理的经验性和归纳逻辑

(1)事实认定是一个经验推论过程。例如,证据相关性的检验就是一个经验判

---

① Bryan A. Garner, *Black's Law Dictionary*, 8th Edition, Thomson West, p. 396(2004).

② [澳]约瑟夫·P. 福加斯:《社会交际心理学:人际行为研究》,张保生、李晖、樊传明译,中国人民大学出版社2012年版,第25页。

③ [美]罗纳德·J. 艾伦等:《证据法:文本、问题和案例》,张保生、王进喜、赵滢译,满运龙校,高等教育出版社2006年版,第114~115页。

断。“相关性的核心问题是,一个证据性事实能否与事实认定者先前的知识和经验联系起来,从而允许该事实认定者理性地处理并理解该证据。”①如图3.2特文宁等证据推论链条所示,从证据到待证事实的推论,使证人证言转变为事实认定者的信念,因而是一个客体主体化的过程,转变的基础是主体的经验。证据推理的经验性决定了其逻辑形式是归纳推理。在审判中,事实认定者与事实客体之间没有任何直接联系,不能像证人那样亲眼看到案件中发生的事情,只能通过证据对过去事实发生的可能性进行推论。这是一个由证据到推断性事实(中间待证事实),再到要件事实(次终待证事实),最后与实体法要件(最终待证事实)联系起来的归纳推理过程。②

在图3.2中,E^*代表案件的证据,事实认定者只能在一定程度上从该证据推断事件E确实发生了。通过命题E、F、G和$P_{1\cdots n}$指示的一系列推论链条,才能把证据E^*与最终待证事实连接起来。例如,在“张三谋杀李四案”中,假设证人1提供证言(E^*)说:“我看见张三那天下午4时15分进入李四家。”当试图把证人1的证言和最终待证事实(李四正是被张三谋杀)连接起来时,要求对每一待证要件事实(图3.2中由$P_1\cdots P_n$所表示的每个次终待证事实)进行证明。假设,次终待证事实P_1是“张三有谋杀李四的机会”,那么,通过命题E、F、G和P_1指示的一系列推理环节,都必须基于概括($G_1\cdots G_4$)。这些概括为每一个推理环节提供了动力或正当理由,准许了从命题E到命题P的推论。例如,从证人1“我看到张三那天下午4时15分进入李四家”的证言(E^*)出发,要求事实认定者推断,张三那天下午4时15分确实去了李四家(E),该推论依据的概括4(G_4)大概是“出庭作证的证人,通常是诚实的”;而从E到F(例如,张三那天下午4时30分在李四家)的推论,则可能是基于概括3“一个家庭访客,通常会逗留15分钟”(G_3),以此类推。但是,这个推论链条中的证据支持的只是控方事实主张。事实认定者要“兼听则明”,还需通过质证程序考虑辩方的证据。例如,辩护方证人可能作证说:“那天下午4时15分,我在一家电影院碰见张三,那家电影院距离李四家10公里。”面对这些相互冲突的证据和事实主张,事实

① [美]罗纳德·J.艾伦:《证据的相关性和可采性》,张保生、强卉译,载《证据科学》2010年第3期。

② [美]罗纳德·J.艾伦等:《证据法:文本、问题和案例》,张保生、王进喜、赵滢译,满运龙校,高等教育出版社2006年版,第143页。

认定者必须对证据可信性作出评估，才能对不同事实主张成立的可能性作出判断。

(2)概括的必要性和危险性：关于社会知识库建构。归纳推理所依赖的经验知识，以“概括”的形式反映了事物的一般联系和人的一般行为方式。“反过来，这种概括又成为使我能够把特定证据与人们希望证明的一个因素联系起来的前提。”①概括在证据推理中具有双重性——“必要却危险”：②一曰必要，即证据推理离不开概括，如图3.2所示，从证据*到次终待证事实 P_1 的每一个推论步骤，都必须踩着“概括之石”(G_1、G_2、G_3、G_4)，才能从证据“此岸”到达事实认定的“彼岸”；二曰危险，因为在社会“知识库”中，从科学定律到直觉、成见、印象、神话、谚语、希望、推测或偏见，不同概括具有不同的可靠性等级。事实认定者如果依据不可靠的概括进行推论，就有产生错误判决的风险。例如，“念某投毒案”一审判决书③中法官对被告杀人动机的推论，如图3.3“念某投毒案”一审法官的证据推论链条所示。在该推论链条中，“通常，人们对抢走自己商机的人会起杀机”是一个概括。这个概括显然不合常识，这是造成法院错误判决的一个重要原因。人工智能法律系统要模拟证据推理，除法律知识库外，还要建立庞大的社会知识库来贮存概括，这涉及一系列极其复杂的问题。比如，人类文明的知识，与国家、民族的地方性知识如何安排？各国典籍(如《四书五经》《圣经》)、百科全书、官方政策文件、民俗习惯、谚语大全、群体成见和偏见、民众生活时尚，统统都要入库，或者要把一座图书馆装进去吗？要区分精华和糟粕吗？这都是人工智能知识库建设中令人纠结的问题。

(3)关于概括选择困难：关于法官个体知识库建构。与“社会知识库”的建库困难相比，更难的是“机器人法官”的个体知识库如何构建？如果遇到文明的冲突、似是而非的常识，机器如何从中作出选择？这个问题不解决，证据推理模拟就会变成空话。在审判过程中，法官个体知识库作为一种经验智慧，对其在社会知识库中选择什么作为概括起到决定性作用。个体知识库包括个人的生活经历，是理解证据、

---

① David A. Binder & Paul Bergman, *Fact Investigation From Hypothesis to Proof* (*American Casebook Series*), West Publishing Company, p. 85 (1984).

② 参见[美]特伦斯·安德森、[美]戴维·舒姆、[英]威廉·特文宁：《证据分析》(第2版)，张保生、朱婷、张月波等译，中国人民大学出版社2012年版，第346～379页。

③ 福建省福州市中级人民法院刑事附带民事判决书，(2007)榕刑初字第84号。

选择概括的基础。“事实认定者都是带着已有的知识体系、信念以及推理方式进入审判程序,而这恰恰是快捷、高效交流的前提。”①例如,《圣经》中有一个围绕“所罗门审断疑案:谁的孩子?”之争的案例,②国王在听取了两个女人的证言后,让卫兵拿来一把刀,要将孩子劈成两半,分给这两个女人。结果,一个女人哀求他留下孩子的命,另一个女人却要劈了孩子。面对这些证据,国王的推论链条如图 5.1 所示。

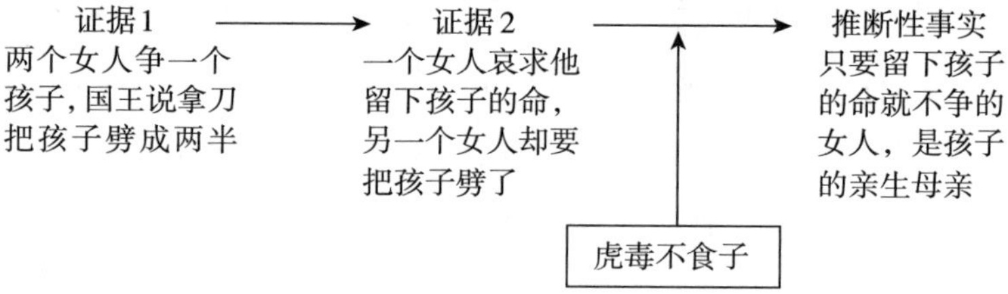

图 5.1 “谁的孩子”之争:国王的证据推论链条

在这个证据推理链条中,天下母爱的信念凝结为“虎毒不食子”这样一个概括,依据这个概括进行推论,国王得出了“谁是孩子生母”的结论。但对于人工智能证据推理模拟来说,困难还不止于此。例如,在“武则天女儿被杀案”这桩历史谜案中:“昭仪生女,(皇)后就顾弄,去,昭仪潜毙儿衾下,伺帝至,阳为欢言,发衾视儿,死矣。”③这是说,武则天(昭仪)生了一个女儿,王皇后前来探望,待王皇后走后,武则天掐死女儿,等到高宗皇帝来看女儿,武则天装作欢天喜地,高宗到床边去看孩子,却发现孩子死了。大家都说,皇后刚刚来过,武则天痛哭不止,高宗皇帝生气地说“后杀吾女”。因此,高宗决心废掉王皇后,其推论链条如图 5.2 所示。

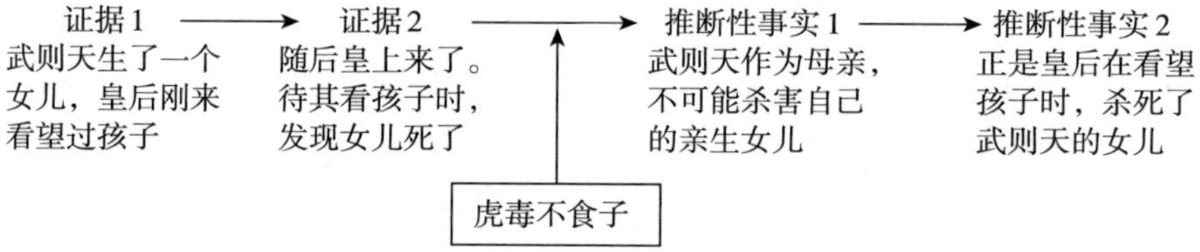

图 5.2 “谁杀了武则天女儿”之争:高宗皇帝的证据推论链条

① [美]罗纳德·J. 艾伦:《专家证言的概念性挑战》,汪诸豪译,载《证据科学》2014 年第 1 期。

② 参见《圣经》,中国基督教三自爱国运动委员会、中国基督教协会 2003 年版,第 322 页。

③ 《新唐书·卷七六·列传第一·后妃上·则天武皇后》。

高宗皇帝说“后杀吾女”，显然也是以“虎毒不食子”作为概括，来进行证据推论得出的结论。然而，假设此案由一位法官来断，用“无毒不丈夫”作为概括，其推论链条如图 5.3 所示。

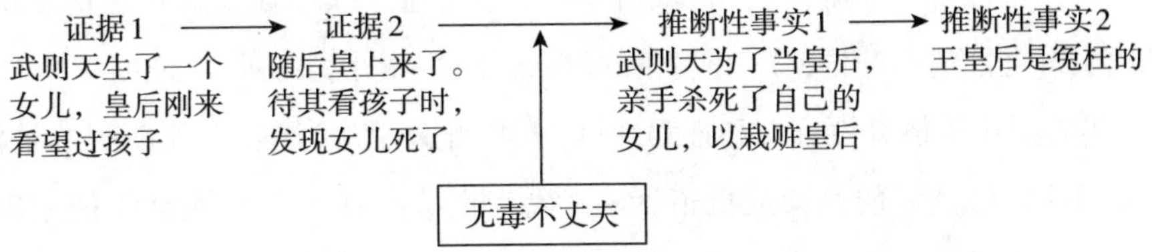

图 5.3　“谁杀了武则天女儿”之争：假设法官的证据推论链条

如图 5.2 和图 5.3 所示，在很多情况下，尽管证据是一样的，但不同“法官”选用不同的概括，却可得出完全相反的结论。这再一次提醒我们记住特文宁的名言：概括之于证据推理，必要却危险。概括的这种双重性，决定了证据推理结论的盖然性，也决定了人工智能“法官”面临概括选择的困难。

3. 证据推理模拟难题的解决途径：形式化或定量化

证据推理的复杂性，决定了人工智能法律系统必须从证据推理形式化起步，构建证据推理模型。

威格莫尔开证据推理模型化之先河。他说：“鉴于人脑无法同时处理大量的想法，因此，需要将每一组在细节要素上融贯的想法精简为单一的想法，直到人脑能够同时处理这些单一想法并且给予每个想法合理的注意，以得出唯一的最终结论。”① 他的图示法，使支持某一主张的证据简化而易于处理，在此基础上对简化的观点进行综合分析，符合分析模型应具备的条件，因而在他看来是“唯一彻底和科学的方法。”②图示法有 3 个特点：一是所有参与证明推论过程的证据、推论性主张、待证事实，都以命题形式，通过编制关键事项一览表并做数字编号，被明确表述出来；二是推论过程被描述成一个以直线和箭头连接的复杂路径图；三是从整体上观察，图示法将整个论证推理过程以较直观的形式呈现，阐明了命题之间的相互支持、反驳或

① John H. Wigmore, *The problem of proof*, Illinois Law Review, Vol. 8:2, p. 77 – 103 (1913).

② John H. Wigmore, *The Science of Judicial Proof-as given by Logic, Psychology, and General Experience and illustrated in Judicial Trials*, Little, Brown and Co, p. 858 (1937).

补强关系，易于暴露逻辑推论中的空白和弱点，有助于评估证据和论证的完整性程度。

在威格莫尔图示法中，一套复杂的符号系统用来表示不同类型的证据。例如，“□”代表肯定性言词证据；“⊓”代表否定性言词证据；“○”代表肯定性情况证据；“∩”代表否定性情况证据；“>”代表解释性证据；“◁”代表补强性证据；“>”“◁”代表被告方提出的解释性证据和补强性证据。[①] 此外，“¶”代表无须证明的被法律认可或司法认知的一般经验或推论；“∞”代表直接呈现于审判法官的任何事实；“↑”表示对肯定性证据赋予的暂时性可信力，即暂时性支持某种观念；“↑”表示对否定性证据赋予的暂时性的可信力；“↟”“↟”双箭头表示上述两类证据的可信力的增强等。在用符号表示证据、对证据可信性的判断及其证明关系后，他提出了编制图示法的步骤。[②] 他还以“合众国诉昂梅连案”为例，具体说明了图示法的运用。[③]

威格莫尔证明科学特别是其图示法，是运用逻辑方法对证据推理进行形式化的一种伟大尝试。遗憾的是，他在 20 世纪 30 年代提出的证明科学理论太超前，不仅超前于当时的司法实践，也超前于当时的科技水平（如图示逻辑学尚未成型、心理学还停留在粗糙的水平、计算机技术还不成熟、人工智能概念尚未提出）。所以，其证明科学与他的图示法一起都被人们束之高阁、几近遗忘了。直到 20 世纪 60 年代，随着“新证据学”运动的兴起，人们才开始重新挖掘他的证明科学思想。

进入 21 世纪后，英国特文宁教授、美国舒姆教授等将证据作为跨学科主题开展

① John H. Wigmore, *The Science of Judicial Proof-as given by Logic, Psychology, and General Experience and illustrated in Judicial Trials*, Little, Brown and Co. , p. 49(1937).

② See John H. Wigmore, *The problem of proof*, Illinois Law Review, Vol. 8:2, p. 77 – 103(1913).

③ See John H. Wigmore, *The Science of Judicial Proof-as given by Logic, Psychology, and General Experience and illustrated in Judicial Trials*, Little, Brown and Co. , p. 872 – 876(1937).

研究,①对威格莫尔图示法进行了改良。② 改良后的图示法将原来的符号简化为8个:(1)保留原来符号中的方块“□”表示证言性主张;(2)圆圈“○”表示情况证据或推断性命题(“推断性命题”为新增含义);(3)开度角“＞”表示为他方提出的推论提出可选解释的论证;(4)立式三角形“◁”表示补强一个推论的论证;(5)直线“——”表示所提出的命题之间推论性关系的“方向”,竖线“↑”表示“有助于支持”,横线“←”表示“有助于否定或削弱”;(6)无穷大“∞”表示,事实认定者将听到的证言主张或用其他感官感知为真的证据;(7)段落符号“¶”表示法庭将司法认知的事实,或没有证据支持而被接受的事实;(8)字母“G”表示在案件论证中可能起作用的概括。③

改良版图示法包括7步操作规程:(1)立场澄清。通过对4个问题的精确回答来澄清立场,即我是谁?我处在诉讼进程的什么阶段?什么证据材料可用作分析?我打算做什么?立场总是4个因变量——时间、目标、可用于分析的材料和角色——的函数。例如,律师必须从3种立场或角色来考察证据,一是他委托人的立场和辩护人角色;二是他对手的立场和角色;三是事实裁判者的立场和角色。问题涉及他对手可能采用的案件理论,事实裁判者将在何种程度上分享其分析的证明力以及证据整理所依赖的概括是什么。(2)精确简述潜在最终待证事实。(3)简述潜在次终待证事实。(4)简述案件暂时性理论。(5)对可用数据的记录,即时序法:一是基于个别证人、个别文件或其他证据种类的时序;二是总时序。(6)为产品做准备,包括图示法中的一个关键事项表或图示,或者概要法中的概要。(7)提炼和完成分析。④ 特文宁教授等用一个假设的谋杀案,以其中61个证据编制了关键事项表和图示(参见图5.4)。

---

① See William Twining, *Evidence as a Multi-Disciplinary Subject*, in Willian Twining, *Rethinking Evidence: Exploratory Essays*, Cambridge University Press, p. 436 – 456(2006).

② See William Twining&René Weis, *Reconstructing the Truth about the Past*, in Edith Thompson, William Twining and Iain Hampsher-monk (ed.), *Evidence and inference in history and law: interdisciplinary dialogues*, Northwestern University Press, p. 69(2003).

③ 参见[美]特伦斯·安德森、[美]戴维·舒姆、[英]威廉·特文宁:《证据分析》(第2版),张保生、朱婷、张月波等译,中国人民大学出版社2012年版,第170~171页。

④ 参见[美]特伦斯·安德森、[美]戴维·舒姆、[英]威廉·特文宁:《证据分析》(第2版),张保生、朱婷、张月波等译,中国人民大学出版社2012年版,第146~155、157~170页。

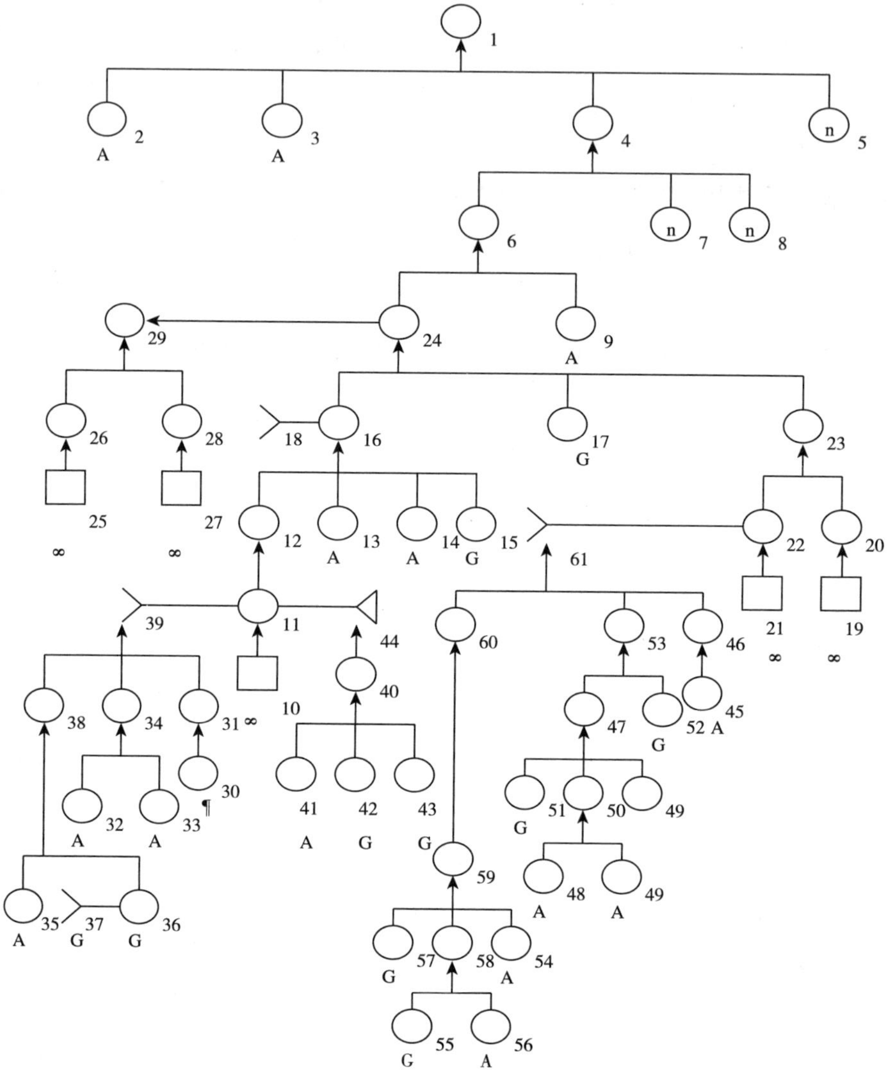

"A" = 报告给警官学校学生的一个命题并被假定为真；

"n" = 未图示。

图 5.4 改良版图示法（"一项调查"的关键事项和图示）

图示法能够从宏观视角展现证据推理的过程，通过证明关系符号展现证据之间的推论关系以及证据、概括在推论网络中发挥的作用，从而发现推论的强度和不足，可以反映制图者相信哪些主张，哪些推论的证明力不强且需要补强。特文宁等学者认为，“它可以用来图解除分析者自己确信之外的其他东西。比如，它可以被用于重构有关由其他人所制作之证据的论证或者用于预测某一未来裁判者可能的反应，它还可以被用于为庭审做准备，也可以被用来分析过去的审判。而且，它并不必然局限于法庭情景或者法律证据”。[①] 当然，笔者认为，改良版图示法还可以用来为人工智能法律系统模拟证据推理提供最佳的样板。因为，“它是一幅有关分析者内心确信的图表，既包括分析者对一群命题之间关系的确信，也包括分析者对他的暂时性结论的确信”。[②] 图示法在证据推理模型化方面所作的努力，为人工智能法律系统指明了方向。

六、人工智能法律系统旨在/不能代替法官之悖论

（一）人工智能法律系统研究：旨在代替法官

必须承认，人工智能研究的“初心”确实是要全面模拟人类智能。1956 年，美国学者麦卡锡、明斯基、罗却斯特和申农向洛克菲勒基金会提出一项“人工智能研究”建议申请。该建议说：“此项研究意图是在假说的基础上向前推进一步。这个假设是知识的每个领域，或智能的任何一个其他特征，原则上是可以如此精确地加以描述，以致能够制造出一种机器来模拟它。”[③]这里，“知识的每个领域”和“智能的任何一个其他特征”之严谨措辞表明，在这些先驱者心目中，人工智能要征服的知识领域、智能特征是没有界限的。

在人类知识领域和智能现象中，法律领域的司法过程具有稳定的对象（案件），依据明确的前提（法律规则、事实真相），遵守严格的程序，并要求得出确定的结论（判决），为人工智能研究提供了典型样本、必要条件和最佳对象，可以成为任其纵横驰骋的理想试验场；人工智能法律系统以律师（检察官）、法官和法学院师生为主要

① ［英］威廉·特文宁：《证据理论：边沁与威格摩尔》，吴洪淇、杜国栋译，中国人民大学出版社 2015 年版，第 203 页。

② ［英］威廉·特文宁：《证据理论：边沁与威格摩尔》，吴洪淇、杜国栋译，中国人民大学出版社 2015 年版，第 200 页。

③ ［美］P. 麦考达克：《人工智能早期史（1956 年以前）》，载《科学与哲学》1981 年第 6、7 辑。

用户，具有诱人的市场前景。这些因素都是当前官方和民间新一轮人工智能法律系统热潮不减的原因。尽管本章所讨论的证据推理和法律解释的难题，会让一些研究者和投资者头脑更清醒一些，或许知难而退，但也有可能激发另一些研究者挑战这些难题的热情，深入研究人工智能法律系统的关键问题和技术。

如果说，人工智能研究旨在制造出模拟人类各种智能的机器，那么，人工智能法律系统的研发目标无疑是要制造出“机器人法官”。那么，什么是判断人工智能法律系统成功的标准？从功能模拟的本质出发，还是“图灵测试”：①即在测试者与被测试者（一个人和一台机器）隔开的情况下，由测试者向被测试者提问，来判断哪一个是机器。如果测试者分不清哪个是人、哪个是机器的回答，这台机器便通过了测试，并被认为具有人类智能。显然，“机器人法官”是否具有人类法官的智能，也可借助法律版“图灵测试”，由测试者向被测试者（一个法官和一台机器）提问，如果分不清何者为法官、何者为机器的回答，这台机器便通过了测试，并被认为具有人类法官的智能。当然，“图灵测试”存在级别问题，被试人是初中生还是大学教授，对被试机器的测试水平显然不同。就人工智能法律系统的图灵测试水平而言，不仅被试人是初任法官还是资深法官不同，测试者提出的问题属于简单案件还是疑难案件也有重大区别。

“尽管征途有艰险，越是艰险越向前。”人工智能研究的“初心”，决定了人工智能法律系统研究的宗旨是代替法官，并尽可能实现“以假乱真”。

（二）人工智能法律系统应用：不能代替法官

人工智能法律系统能否通过“图灵测试”而具有人类法官智能，与机器人能否独立担任法官，是两个性质不同的问题：前者是技术问题，后者是政治问题。

像科幻电影描述的那样，将来有一天走在大街上、坐在办公室、忙碌在车间里的可能既有自然人，也有机器人，人机和平相处。问题是：本章讨论的人工智能法律系统的两个难题将来若能解决，那么通过“图灵测试”，能像人类法官一样思考、一样行

① 这是1950年图灵在《计算机与智能》一文中提出的判断计算机是否具有人类智能的标准。参见万赟：《从图灵测试到深度学习从图灵测试到深度学习：人工智能60年》，载《科技导报》2016年第7期。

动的“机器人”,能否独立担任法官？为了进一步澄清这个问题,可把它转化为两个子问题:其一,智能机器如果超过科学家,能否独立担任法官？其二,智能机器如果超过国王,能否独立担任法官？

1.“人民诉柯林斯案”的启示:智能机器即使超过科学家也不能当法官

在司法证明科学理论的发展中,对证据进行精确概率解释是一种形式化尝试。但概率论解释的问题在于,它只是针对证据片段,并试图用假设概率赋值的方法将证据模型化,这可能得出荒谬的结果。例如,1968 年“柯林斯案”后,[①]哈佛大学法学院特赖布教授明确反对将任何数字化概率运用于审判过程。[②] 他反对数学审判的第三个理由是,在诸如给无辜者定罪风险之可接受水平等问题上,量化分析在政治上是不适当的。什么是政治适当？就是只能由一个依法设立的独立而无偏倚的法院,经过公正、公开的审判,才能给一个人定罪。这是《世界人权宣言》第 10 条[③]及《公民权利和政治权利公约》第 14 条[④]规定的内容,其构成了人类对第二次世界大战期间法西斯秘密警察滥用刑罚侵犯人权之深刻反思的成果。换言之,法庭审判是法官依据法律和证据进行的法律裁判,而不是科学家根据计算结果进行的科学裁判。既然科学家不能用精确计算来代替法官的法律裁判,那么,人工智能机器即使超过科学家,也不能独立担任法官。

2. 柯克大法官的预言:智能机器超过国王也不能当法官

法官是法律的化身。“法官就是法律由精神王国进入现实王国控制社会生活关系的大门。法律借助于法官而降临尘世。”[⑤]因此,法官要通过法学院教育精通法律知识,这是成为法官的必要条件。17 世纪詹姆士一世曾质问英格兰首席大法官 E. 柯克,为什么国王本人没有作出法律判决的资格。他的理由是:法律是基于理性的,

---

① See People v. Collins(1968 Cal. 2d 319).

② Laurence H. Tribe, *Trial by Mathematics*:*Precision and Ritual in the Legal Process*, Harvard Law Review, Vol. 84, p. 1329 - 1393(1971).

③ 该条规定:“人人完全平等地有权由一个独立而无偏倚的法庭进行公正的和公开的审讯,以确定他的权利和义务并判定对他提出的任何刑事指控。”

④ 该条规定:“在判定对任何人提出的任何刑事指控或确定他在一件诉讼案中的权利和义务时,人人有资格由一个依法设立的合格的、独立的和无偏倚的法庭进行公正的和公开的审讯。”

⑤ [德]拉德布鲁赫:《法学导论》,米健译,法律出版社 2012 年版,第 120 页。

而他的推理能力同柯克法官一样好。柯克对此回答说:“不错,上帝的确赋予陛下极其丰富的知识和无与伦比的天赋;但是,陛下对于英格兰王国的法律并不精通。法官要处理的案件动辄涉及臣民的生命、继承、动产或不动产,只有自然理性是不可能处理好的,更需要人工理性。法律是一门艺术,在一个人能够获得对它的认识之前,需要长期的学习和实践。”柯克的话包括 3 个含义:第一,法律是理性,不是命令;第二,法律是一种特殊的理性而不是常识、道德哲学的运用和政策分析;第三,只有受过法律训练、有法律经历的人即懂得法律的法律从业者才能运用这种理性。①

其实,法官只掌握法律专业知识是远远不够的。因为法律只是整个社会生活的一部分,如果不掌握其他人文社会科学知识,如历史学、政治学、经济学、社会学、哲学,就不能从社会生活的整体上把握法律。博登海默指出:“如果对其本国的历史相当陌生,那么他就不可能理解该国法律制度的演变过程,也不可能理解该国法律制度对其周遭的历史条件的依赖关系。如果他对世界历史和文明的文化贡献不了解,那么他也就很难理解那些可能对法律产生影响的重大国际事件。如果他不精通一般政治理论、不能洞见政府的结构与作用,那么他在领悟和处理宪法和公法等问题时就会遇到障碍。如果他缺乏经济学方面的训练,那么他就无法认识到许多法律领域中都存在法律问题同经济问题之间的紧密关系。如果他没有受过哲学方面的基础训练,那么他在解决法理学和法学理论的一般问题时就会感到棘手,而这些问题往往会对司法和其他法律过程产生决定性的影响。”

除具备合理的知识结构外,法官还必须拥有健全的思维品质:一是法治理念和法律信仰,他们必须把自己的忠诚奉献给其为之服务的法律制度而不是个人或群体,必须从法律规范的前提出发来开始自己的思维,必须意识到自己的一言一行都代表着法律。二是公正的人格,法官应该是公正的化身。为了实现正义,法官必须将法律规范和道德规范作为自己的行为准则,主动排除来自外界的权力干扰和主观恣意。三是敏锐的思维。

既然连人类的科学家和国王都不能当或代替法官,那么,智能机器人即使超过科学家和国王,也不能独立担任或代替法官。司法是社会争端解决的最后一道防

① 参见[美]波斯纳:《法理学问题》,苏力译,中国政法大学出版社 1994 年版,第 13 页。

线,司法裁决涉及人的生命、自由、财产和人格等权利和义务,关乎人类命运,这最后一道防线还是由人类法官来把守为好,这是“政治适当性”问题的含义所在。因此,如果要给智能机器人立法,“不能独立担任法官职务”,可以成为一条最重要的禁止性规定。

人工智能法律系统的开发策略应该是“人—机系统”解决方案:一是辅助司法审判,解放律师(检察官)和法官的脑力劳动,使其专注复杂疑难案件;二是促进司法公正,缺乏七情六欲干扰的机器判决可以对人类法官的判决发挥对照作用;三是辅助法学教育和法律培训。人类法律从业者与智能机器统一体的出现,将促进司法文明、法学研究和人工智能的共同发展,具有无限光明的前景。

下篇　证据法的价值理念

第六章　推定是证明过程的中断*

内容提要

在诉讼活动中,事实认定是一个经验推论过程,证明是事实认定的基本方式,推定只是证明的一种辅助方法。作为证据法范畴,推定不是建立在相关性基础上的逻辑联系,其本质特征是在基础事实与假定事实之间创设某种法律关系。因此,运用推定认定事实时,必然造成证明过程的中断,这决定了其主要适用于民事诉讼领域,在一定程度上影响民事举证责任和说服责任。推定对准确价值的忽视和对效率等价值的追求,使其难以承载刑事证明的重任,不能替代对犯罪要件事实的证明,更不能成为确信无疑证明标准的例外。推定的滥用会危害刑事司法的公正性。

一、推定概念辨析

（一）混乱的推定概念

“推定”(presumption)作为法律术语,是一个证据法概念或规则。① 当然,在日常语言中,推定具有“经推测而断定”的含义,②所以其他部门法有时也使用这个概念,但“绝大多数推定属于证据规则”。③ 由于“推定仅仅是一个标签,法院、立法机

---

* 本章原载《法学研究》2009 年第 5 期。

① 例如,《牛津法律大辞典》和《元照英美法词典》均在“证据法上”解释推定概念。

② 参见《现代汉语词典》(2002 年增补本),商务印书馆 2002 年版,第 1280 页。

③ Bryan A. Garner, *Black's Law Dictionary*, 8th Edition, Thomson West, p. 1223(2004).

关和评论者们都把操作证明过程的不同方法附着在上面”,①从而造成了推定概念用法混乱的局面。这种混乱如此恼人,乃至有人认为:“……从法律论文中消除推定这个术语,将是可能的……这样一种改革的确是令人向往的。”②

1. 推定的种类

在推定的种类或外延上,大致存在“三种说”“两种说”“一种说”等混乱情况。《牛津法律大辞典》和《元照英美法词典》均把推定分为3种:(1)结论性(决定性)的或不可反驳的法律推定;(2)非决定性的或可反驳的法律推定;(3)事实推定。③“三种说”造成的混乱,主要是把“事实推定”视为一个推定种类,而它实际上“仅仅是一种推论”。④一些学者认为,“事实推定”作为一个法律现象是多余的,在司法实践中要避免使用该概念。⑤

“两种说”又有两种不同形式:一是将其分为可反驳的和不可反驳的推定,⑥但它们都是“法律上的”推定;二是将其分为“法律上的”和“事实上的”推定。⑦后者又模糊了与“三种说”的界限。

“一种说”也有两种形式:一是针对法律上的和事实上的推定之二分法,而主张“推定即法律上的推定,它是指根据法律的规定,基于一定的事实,应当假定另一事实的存在”;⑧二是针对可反驳的和不可反驳的推定之二分法,主张推定都是可反驳

---

① [美]罗纳德·J.艾伦等:《证据法:文本、问题和案例》,张保生、王进喜、赵滢译,满运龙校,高等教育出版社2006年版,第853页。

② [美]罗纳德·J.艾伦等:《证据法:文本、问题和案例》,张保生、王进喜、赵滢译,满运龙校,高等教育出版社2006年版,第853页。

③ 参见[英]戴维·M.沃克:《牛津法律大辞典》,李双元等译,法律出版社2003年版,第895页;薛波主编:《元照英美法词典》,法律出版社2003年版,第1084页。

④ Bryan A. Gamer, *A Dictionary of Modern Legal Usage*, 2nd Edition, Oxford University Press, 1995. 转引自龙宗智:《推定的界限及适用》,载《法学研究》2008年第1期。

⑤ See Joel S. Hjelmaas, "Stepping back from the Thicket: A Proposal for the Treatment of Rebuttable Presumptions and Inferences", 1993 Drake Law Review 431 – 432. 转引自龙宗智:《推定的界限及适用》,载《法学研究》2008年第1期。

⑥ 参见[美]罗纳德·J.艾伦等:《证据法:文本、问题和案例》,张保生、王进喜、赵滢译,满运龙校,高等教育出版社2006年版,第853页。

⑦ See Bryan A. Gamer, *A Dictionary of Modern Legal Usage*, 2nd Edition, Oxford University Press, 1995. 转引自龙宗智:《推定的界限及适用》,载《法学研究》2008年第1期。

⑧ 陈一云主编:《证据学》(第3版),中国人民大学出版社2007年版,第139页。

的，例如，“所谓推定，乃指由法律规定或者由法院按照经验法则，从已知前提事实推断未知的结果事实存在，并允许当事人举证推翻的一种证据法则”。[①]

2. 推定的内涵

从内涵上看，“推定是指基础事实与推定事实间的一种关系”。[②] 但在这种关系的性质上，存在“逻辑关系说”和“法律关系说”的分歧。

“逻辑关系说”以“常态联系”或“逻辑关系”来界定推定。例如，“推定是根据两个事实之间的一般联系规律或‘常态联系’，当一个事实存在的时候便可以认定另外一个事实的存在”。[③] 有论者说，推定“作动词时，就是指一种行为，即确立两个或两类事物之间逻辑关系的过程；作名词时，就是一种结果，即最终所确立的两个事物或两类事物之间的具体逻辑关系”。[④]

“法律关系说”主张：“推定是法院和评论者用来描述规制一种证明过程诸规则的术语，这种证明过程是在一个已证明的事实 A——导致推定的事实，和在另一个推定的事实 B 之间创设一种特定法律关系。”“推定意味着两项事实间的某种特定法律关系。”[⑤]

3. 推定与推论和证明的关系

在这种关系问题上，混乱源于人们对广义和狭义证明概念变换使用的随意性。由于人们不加界定地使用上述概念，所以造成了“并列说”“部分说”“等同说”“不同说”等观点林立的局面。

“并列说”把假定和推论一起作为推定的属概念。例如，推定是“在知晓或证明了某个或一组其他事实的基础上，得出的一个事实存在的法律推论或假定”。[⑥] 这

---

① 江伟主编：《证据法学》，法律出版社 1999 年版，第 124 页。“所谓推定，是指依照法律规定或者由法院按照经验法则，从已知的基础事实推断未知的推定事实存在，并允许当事人提出反证推翻的一种证据法则。”参见卞建林主编：《证据法学》（修订二版），中国政法大学出版社 2007 年版，第 297 页。

② ［美］史蒂文 · L. 伊曼纽尔：《证据法》（第 4 版），中信出版社 2003 年版，第 556 页。

③ 何家弘、刘品新：《证据法学》，法律出版社 2004 年版，第 273 页。“推定是指通过对基础事实与未知事实之间‘常态联系’的肯定来认定事实的特殊方法。”参见裴苍龄：《再论推定》，载《法学研究》2006 年第 3 期。

④ 王学棉：《论推定的逻辑学基础——兼论推定与拟制的关系》，载《政法论坛》2004 年第 1 期。

⑤ ［美］罗纳德 · J. 艾伦等：《证据法：文本、问题和案例》，张保生、王进喜、赵滢译，满运龙校，高等教育出版社 2006 年版，第 852 页。

⑥ Bryan A. Garner, *Black's Law Dictionary*, 8th Edition, Thomson West, p. 1223 (2004).

种主张与“部分说”相通，后者认为，只有一部分推定才具有推论的特性，“许可性推定——有时被称作‘虚弱的’推定或者推论”。①

“等同说”有两种形式：一种是把推定等同推论；另一种是把推定等同于证明。前者认为：“作为法律上的专业术语，推定通常是指一种法则或一种推论而言。”②“……从其他业已确定的事实中必然或可以推断出的事实推论或结论。”③“所谓推定，是指人民法院在无必然性证据证明待证事实的情况下，根据已知的或然性证据假定另一事实在法律上得以成立的一种推论。”④后者认为：“事实推定同利用证据进行证明一样，是诉讼证明的一种方法。”⑤“推定是一种对事实的推理判断，是证明案件事实的方法，只不过这种方法有其特殊性而已。”⑥

“不同说”则主张推定与证明不同或不需要证明。一定之事实（前提事实）经被证实时则无须任何证明，即可用以认定其他之事实（推定事实），谓之为推定。⑦ 这里的“证明”，显然是指推论或事实认定，即“以充分满足的证据，确证或确定（事实或假设）的真实性”。⑧

（二）关于推定的定义

基于上述分析，我们将推定界定为标志基础事实与假定事实之间法律关系的证据法范畴。推定包括不可反驳的和可反驳的两种形式，在一定程度上影响民事诉讼中的证明责任和说服责任。在刑事诉讼中，推定对非要件事实的证明具有补充作用。

从外延上看，作为证据法范畴的推定都是关于事实的“法律上的”假定，反映了

---

① ［美］罗纳德·J. 艾伦等：《证据法：文本、问题和案例》，张保生、王进喜、赵滢译，满运龙校，高等教育出版社 2006 年版，第 861 页。

② 江伟主编：《中国证据法草案（建议稿）及立法理由书》，中国人民大学出版社 2004 年版，第 342 页。

③ ［英］戴维·M. 沃克：《牛津法律大辞典》，李双元等译，法律出版社 2003 年版，第 895 页。

④ 王利明、江伟等主编：《中国民事证据的立法研究与应用》，人民法院出版社 2000 年版，第 822 页。

⑤ 李玉华：《刑事诉讼证明中事实推定之运用》，载《现代法学》2005 年第 3 期。这里，两个证明概念的外延似乎不同：“利用证据进行证明”似乎是狭义的推论证明，“诉讼证明”似乎是广义的推理证明。

⑥ 陈朝阳：《论推定在证据学中的运用》，载《华东政法学院学报》1999 年第 6 期。

⑦ 参见黄朝义：《刑事举证责任与推定》，载《刑事证据法研究》，台北，元照出版有限公司 2000 年版，第 273 页。

⑧ Bryan A. Garner, *Black's Law Dictionary*, 8th Edition, Thomson West, p. 1251 (2004).

基础事实与假定事实之间的法律关系。从内涵上看,推定的本质特征在于,其所规制的是一个事实与一个假定之间的法律关系,[①]而不是两个事实(基础事实与待证事实[②])之间的逻辑关系,这是推定与推论的本质区别。“推定是依法‘拟制’事实,因此其本质应为法律问题。”[③]

从作用上看,推定主要适用于民事诉讼领域,严格地说,是一个民事诉讼证据规则。推定具有影响民事诉讼证明责任和说服责任的功能。其中,强制性举证责任推定在原告满足了基础事实的证明之后,将举证责任转移至被告,被告必须提供推定事实不真实的证据,否则就会获得对己不利的裁决。强制性说服责任推定将说服责任转移至对其效力承担不利结果的当事人身上,要求反对该推定的当事人对争议问题承担说服责任。

从种类上看,推定包括不可反驳的和可反驳的两种形式,其中,结论性的或不可反驳的推定由立法机关作出,一般是实体法规定;非结论性的或可反驳的推定在司法中应用,是法院根据法律规定对证明过程加以补充的事实认定方法。可反驳的推定又分为强制性的和允许的两类,前者进一步可分为举证责任推定和说服责任推定。

(三)推定与证明、推论等相关的概念

“推理”,是“进行逻辑推理的能力和过程”,[④]是指“由一个或几个已知的判断(前提)推出新判断(结论)的过程”。[⑤] 亚里士多德对必然推理和辩证推理的论述奠定了推理学说的基础。所谓必然推理或证明的推理,主要是指三段论推理。[⑥] 辩证

---

① 《布莱克法律词典》中对法律推定(presumption of law)的解释是“一定事实被确定并且没有相反证据来反驳,法院被要求作出的一项假定”。See Bryan A. Garner, *Black's Law Dictionary*, 8th Edition, Thomson West, p. 1224(2004).

② 参见劳东燕:《认真对待刑事推定》,载《法学研究》2007 年第 2 期;何家弘:《论司法证明中的推定》,载《国家检察官学院学报》2001 年第 2 期;裴苍龄:《再论推定》,载《法学研究》2006 年第 3 期;王学棉:《论推定的逻辑学基础——兼论推定与拟制的关系》,载《政法论坛》2004 年第 1 期。

③ 龙宗智:《推定的界限及适用》,载《法学研究》2008 年第 1 期。

④ 《不列颠百科全书》(国际中文版)(第 14 卷),中国大百科全书出版社 2002 年版,第 173 页。

⑤ 《现代汉语词典》(2002 年增补本),商务印书馆 2002 年版,第 1281 页。

⑥ 参见苗力田主编:《亚里士多德全集》,中国人民大学出版社 1990 年版,卷 I 前、后分析篇和论题篇。

推理或修辞推理,[①]则是通过辩论,运用论据来证明论题的真实性的过程。推理与思维、认识基本上同义,具有推理、思维或认识能力是人类的一个特性。

"法律推理",是指"在法律论证中运用法律理由的过程",[②]同时也是运用正当理由的过程。[③] "法律推理是一个标记导致作出法律决定的一系列思维过程的集合符号。"[④]它是综合运用法律理由与正当理由而构成判决理由的法律论证或法庭决策过程,涵盖了事实认定和法律适用。

推论和事实认定。"推论",既指"推断的结果;结论",[⑤]又指"上述结论达成的过程;从证据到证明的思维过程"。[⑥] 推论与事实认定具有大致相同的内涵和外延。推论是从证据中的具体到思维中的具体这样一个事实认定过程。这是一个把"完整的表象蒸发为抽象的规定",然后由"抽象的规定在思维中导致具体的再现",[⑦]即在观念中把握认识客体的过程。"推论是对事实的一种演绎推理,该事实可以从被证据确证的另一事实或一组事实中合乎逻辑地、合理地推断出来。"[⑧]因此,事实认定是凭借证据对实际上发生了什么作出判断的推论过程。按照《布莱克法律辞典》的解释:"事实认定"(fact-finding),是指"用证据来确定关于争点之事实真相的过程"。[⑨] 按照《元照英美法词典》的解释,事实认定又称"查明事实",是"法庭对每一案件必须进行的一项程序。对案件必须先查明事实,然后才能适用相关的法律,作出判决。查明事实主要是重现已发生过的事情。在这一程序中,各方当事人提出允许提出的证据;各方当事人向对方进行交叉询问;然后各自说明其提供的证据足以

---

① 苗力田主编:《亚里士多德全集》,中国人民大学出版社 1990 年版,卷Ⅸ修辞篇。

② [美]史蒂文·J. 伯顿:《法律和法律推理导论》,张志铭、解兴权译,中国政法大学出版社 1998 年版,第 110 页。

③ 麦考密克说,法律推理应当"描述和解释在判决的正当理由上发展起来的法律辩论的要素",参见 Neil MacCormick, *Legal Reasoning and Legal Theory*, Oxford University Press, Preface, p. 62(1978)。

④ P. Wahlgren, *Automation of Legal Reasoning: A Study on Artificial Intelligence and Law*, *Computer Law Series* 11, Kluwer Law and Taxation Publishers, p. 149(1992).

⑤ 薛波主编:《元照英美法词典》,法律出版社 2003 年版,第 1084 页。

⑥ Bryan A. Garner, *Black's Law Dictionary*, 8th Edition, Thomson West, p. 793(2004).

⑦ 《马克思恩格斯选集》(第 2 卷),人民出版社 1972 年版,第 103 页。

⑧ [美]罗纳德·J. 艾伦等:《证据法:文本、问题和案例》,张保生、王进喜、赵滢译,满运龙校,高等教育出版社 2006 年版,第 79 页。

⑨ Bryan A. Garner, *Black's Law Dictionary*, 8th Edition, Thomson West, p. 629(2004).

证明某项事实;法官明示或默示地作出关于事实的裁决,指出某些事实已被证实,某些事实未被证实”。① 推论是控辩审三方共同从事的事实认定活动,或者说,事实认定是控辩审三方的推论活动。

“证明”,《现代汉语词典》解释为:“用可靠的材料来表明或者断定人或事物的真实性。”②

关于证明概念,学术界存在两种意见。通说认为,证明与推论或事实认定的区别有两点:一是其主体只包括控辩双方或诉讼当事人;二是其内容只包括举证、质证,而不包括认证。“从诉讼法的角度界定,证明就是国家公诉机关和诉讼当事人在法庭审理中依照法律规定的程序和要求向审判机关提出证据,运用证据阐明系争事实、论证诉讼主张的活动。”③“法院在诉讼中的地位和职能决定了,其作为中立的裁判一方,在诉讼证明过程中只是接受证明的主体,而不是证明主体。把法院视为证明主体,会导致法院一身二任的情况,即法院既作为证明主体履行证明责任,又作为裁判者对待证事实进行评价。这种情况不仅与控审分离的诉讼原理相悖,而且实际上必然造成法官角色的混乱与心理冲突。此外,以证明主体的构成要件来衡量,法院本身既无自己的诉讼主张,对争议中的事实也无既定看法,更不会因证明不力而承担任何败诉的风险,因而不可能成为证明主体。”④

另一种意见认为,证明与推论或事实认定没有区别,它包括举证、质证和认证。“司法活动中的证明,就是指司法人员或司法活动的参与者运用证据明确或表明案件事实的活动。这包括两层含义,其一是提出事实主张的当事人、律师、检察官等用证据向法官说明或表明案件事实存在与否的活动;其二是法官运用证据查明和认定案件事实的认识活动。”⑤

笔者认为,推论或事实认定包括举证、质证和认证 3 个阶段,而举证和质证这两个阶段构成了证明过程。图 6.1 说明了认识论相关概念之间的外延关系。其中,推

① 薛波主编:《元照英美法词典》,法律出版社 2003 年版,第 525 页。
② 《现代汉语词典》(2002 年增补本),商务印书馆 2002 年版,第 1608 页。
③ 卞建林主编:《证据法学》(修订二版),中国政法大学出版社 2007 年版,第 212 页。
④ 卞建林主编:《证据法学》(修订二版),中国政法大学出版社 2007 年版,第 214 页。
⑤ 何家弘、刘品新:《证据法学》,法律出版社 2004 年版,第 196 页。

理、思维和认识是最大的概念，人的所有智力活动都可以用推理、思维或认识来概括；法律推理是贯穿事实认定和法律适用全过程的法律论证或法庭决策活动；推论是贯穿举证、质证和认证全过程的事实认定活动；证明则是举证、质证的推论过程；推定则是介于证明与推论之间的智力活动，其中，许可性或“虚弱”的推定具有推论的某些特性，但推定的主体部分（不可反驳的推定，可反驳的举证责任推定，可反驳的说服责任推定）不是证明，而是证明过程的中断。

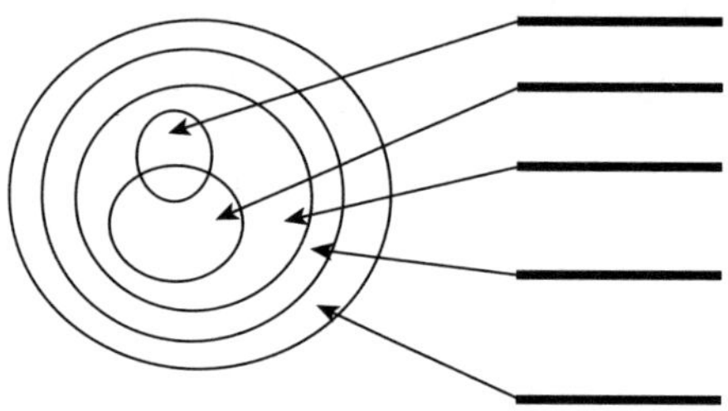

图 6.1　推定与证明、推论等相关概念间的关系

二、推定与证明、推论的关系

（一）事实认定是一个经验推论过程

事实认定与证据的相关性紧密联系在一起。相关性是一种逻辑上的证明力，它表明某个证据可以对案件事实存在与否的可能性加以证明的程度，离开相关性这个基础，事实认定便无法进行。然而，证据是否具有相关性，又需要事实认定者通过一系列推论链条来认定。

笔者用一个真实案例来说明推论链条和其中的证明环节：

“刘某杀夫案”：[①]2007 年 12 月 10 日 18 时 30 分许，丈夫杨某与其妻刘某酒后回到家中，因家庭琐事发生争执、厮打。其间，杨某用手机打电话给刘某父母，称刘某快要死了，让他们尽快过来。随后，2 人继续厮打。杨某从厨房取来一把尖刀和两把

① 参见谢洪程：《从“刘某杀夫”案看正当防卫》，载《人民法院报》2008 年 4 月 30 日，第 6 版。

菜刀，持菜刀将刘某左上臂砍伤，菜刀被刘某撕扯到地上后，杨某又持尖刀与刘某进行厮打，刘某的腹部被刺伤。刘某将尖刀夺下，持刀将杨某的胸部、腹部、左臂刺伤。刘某犯罪后，在亲属的陪同下主动向公安机关投案，如实供述自己的罪行。刘某父母随后赶到现场并拨打“120”急救电话要求对杨某进行抢救。杨某被送往医院抢救无效于次日 3 时死亡。法医鉴定：杨某系生前被单刃刺器刺切腹部致肝脏破裂失血死亡。

在审判过程中，事实认定者的推论过程，是一个由证据性事实向推断性事实、要件事实、最后与实体法要件联系起来的推论链条。其中，证据性事实是诉讼双方提供的证据；推断性事实是事实认定者对证据真实性的推断；要件事实是事实认定者认为对指控的罪行成立重要且确信的事实；要件是关于犯罪构成要件的实体法规定。① 与事实认定者的这个推论链条相适应，控辩双方作为证明主体，也会选择相同的证明环节。

首先看控诉方的证明环节。该案公诉人以故意伤害罪指控刘某，其证明环节将如图 6.2 所示。控方将试图按照事实认定者的这个推论链条来构建自己的证明环节，证明并使其确信自己主张的事实（刘某故意伤害他人身体，致人死亡）是真实的。

证据性事实 ⟶	推断性事实 ⟶	要件事实 ⟶	要件
公诉人证明，杨某被刺腹部致肝脏破裂失血死亡	杨某的肝脏确实被刘某刺裂而失血致死	刘某的行凶造成了杨某死亡	刘某故意伤害杨某，致其死亡

图 6.2　公诉人的证明环节

在图 6.2 中，相关性表现在，刘某行凶与杨某死亡之间具有一种前者引起后者的因果联系。“客观世界中到处都存在引起和被引起的普遍关系。”②休谟说：“如果有人问：我们对于事实所作的一切推论的本性是什么？适当的答复似乎是：这些推论是建立在因果关系上。如果再问：我们关于因果关系的一切理论和结论的基础是

① 参见[美]罗纳德·J. 艾伦等：《证据法：文本、问题和案例》，张保生、王进喜、赵滢译，满运龙校，高等教育出版社 2006 年版，第 149 ~ 150 页。

② 李秀林、王于、李淮春主编：《辩证唯物主义和历史唯物主义原理》（第 3 版），中国人民大学出版社 1990 年版，第 180 ~ 181 页。

什么？就可以用一句话来回答：‘经验’。”①因此，证明是一种经验推论。

我们再来看辩护方的证明环节。辩护人若为刘某作正当防卫之辩，其证明环节将如图 6.3 所示。为证明刘某的行凶属于正当防卫，需要对间接证据（刘某左上臂和腹部被杨某刺伤）与该案刘某采取防卫行为的相关性作出推断。

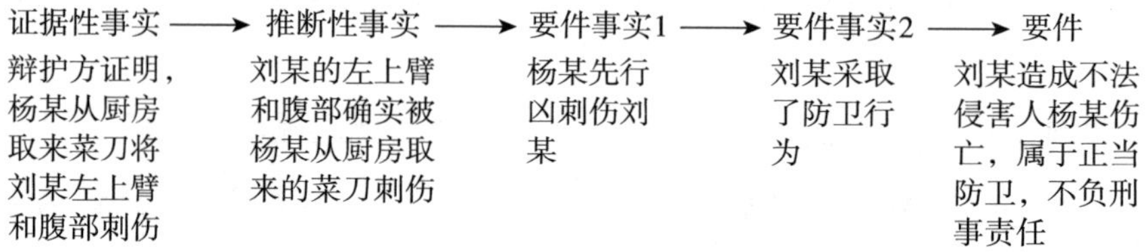

图 6.3　辩护人的证明环节

在图 6.3 中，辩护人若为刘某作正当防卫之辩，需要提供有关证据（刘某左上臂和腹部被杨某刺伤）证明“杨某先行凶刺伤刘某”，这就与我国《刑法》第 20 条“免受正在进行的不法侵害”的正当防卫要件之一联系起来，而其“采取防卫行为”也符合该条关于“制止不法侵害的行为，对不法侵害人造成损害的，属于正当防卫，不负刑事责任”的规定。

可以看到，在上述案件中，控辩双方用证据向事实认定者表明案件事实的证明活动，都是围绕事实认定者的推论链条或相关性的逻辑线索进行的。

（二）为什么说推定是证明过程的中断

在图 6.2 指控故意伤害和图 6.3 正当防卫辩护两个证明环节中，均没有推定的影子。如果推定出现，如图 6.4 至图 6.6 所示，就会造成了证明过程的中断。

1. 不可反驳的推定

不可反驳的推定一般由实体法规定。该推定的形式是：若基础事实 A 得到证实，则法院应当作出推定事实 B（成立）的裁判，对方不能提供非 B 的证据。不可反

① ［英］休谟：《人类理智研究》，载北京大学哲学系外国哲学史教研室编译：《西方哲学原著选读》（上卷），商务印书馆 1981 年版，第 523 页。

驳的推定由于其不可反驳,有时候又称为“法律拟制”①。

我们看第一个推定,“10 岁以下的儿童不能犯任何罪”;②或者,未满 14 周岁,不应当负刑事责任。③ 如果该儿童未满 10 岁/14 周岁这个基础事实得到证实,则法院应当作出其不能犯任何罪/不负刑事责任的裁判,对方当事人对此不能进行反驳,不能提供非 B 的证据。

再看第二个推定,只要通过 X 射线或其他临床证据证明某个矿工患有矽肺症(事实 A),法院就可以推定该矿工完全丧失了劳动能力(事实 B),因而作出其有权得到赔偿的裁判,而不允许矿主证明该矿工事实上可能没有全部丧失劳动能力(事实 B)。④

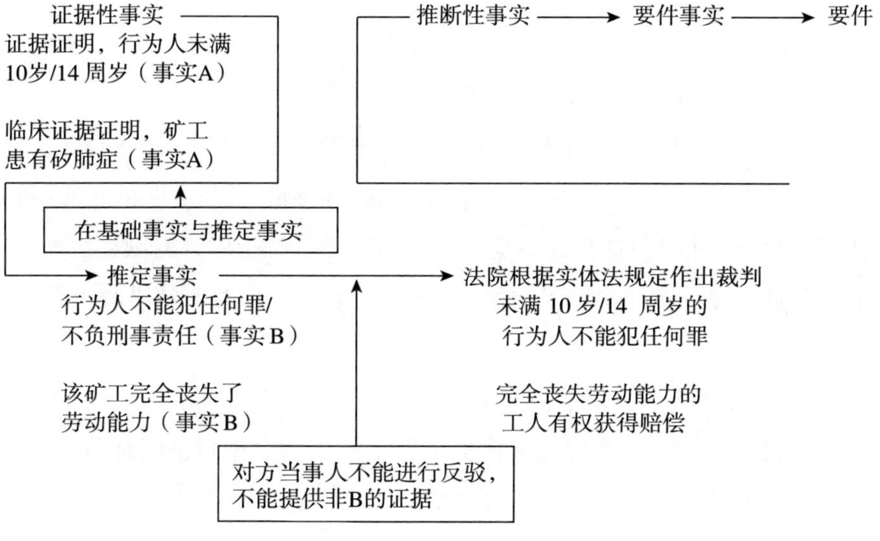

图 6.4 不可反驳的推定

---

① 法律拟制,专指对法律规则扩展性、引申性的假定、假设,与推定还有细微区别。本章对此不作专门讨论。

② 英国 1933 年《儿童和青少年法》的规定,参见薛波主编:《元照英美法词典》,法律出版社 2003 年版,第 1084 页。

③ 参见《刑法》第 17 条。

④ 美国《1969 年联邦煤矿卫生和安全法》关于丧失劳动能力的煤矿工人有权获得赔偿的规定,参见[美]罗纳德 · J. 艾伦等:《证据法:文本、问题和案例》,张保生、王进喜、赵滢译,满运龙校,高等教育出版社 2006 年版,第 854 页。

在上述两个不可反驳的推定中，基础事实与推定事实之间没有必然的逻辑或经验联系，只有一种或然的联系。因为经验告诉我们，10 岁或 14 岁以下的儿童也可能杀人（或伤害他人）。但即使如此，他们也不应负刑事责任。经验还告诉我们，在 100 个患有矽肺症的矿工中，可能只有 70 个人真的完全丧失了劳动能力。但法律可能无视这种经验事实，而推定所有 100 个矿工均完全丧失了劳动能力。因此，不可反驳的推定是证明过程的中断，它以推测的方式在基础事实和假定事实之间创设了一种法律关系。

2. 强制性举证责任推定

强制性举证责任推定，"创造了已证明的事实 A 和推定事实 B 之间的强制性关系，它仅仅影响提出证据的责任。一旦一方当事人证明了事实 A，那就必须认定事实 B，除非该推定所反对的当事人提出了非 B 的证据"。[①] 强制性举证责任推定将证明责任转移给被告，从而造成了原告证明过程的中断。

在诉讼活动中，证明过程需要证明环节把证据性事实（原告邮寄了信件）与要件事实（被告收到了信件）联系起来，从而使事实认定者确信原告主张的事实（被告收到了邮件）是"真实的"。这种联系是建立在相关性基础上的经验联系。如果原告未能履行举证责任证明其邮寄了信件（事实 A），且无其他关于被告收到信件的证据，那么，原告将会败诉。

然而，在运用推定的情况下，如果原告证明了信件已经邮寄（事实 A），举证责任就转移到被告。这种强制性举证责任推定打断了正常的逻辑证明环节，它以如图 6.5 所示的两种结果造成了证明过程的中断：

① ［美］罗纳德·J. 艾伦等：《证据法：文本、问题和案例》，张保生、王进喜、赵滢译，满运龙校，高等教育出版社 2006 年版，第 855 页。

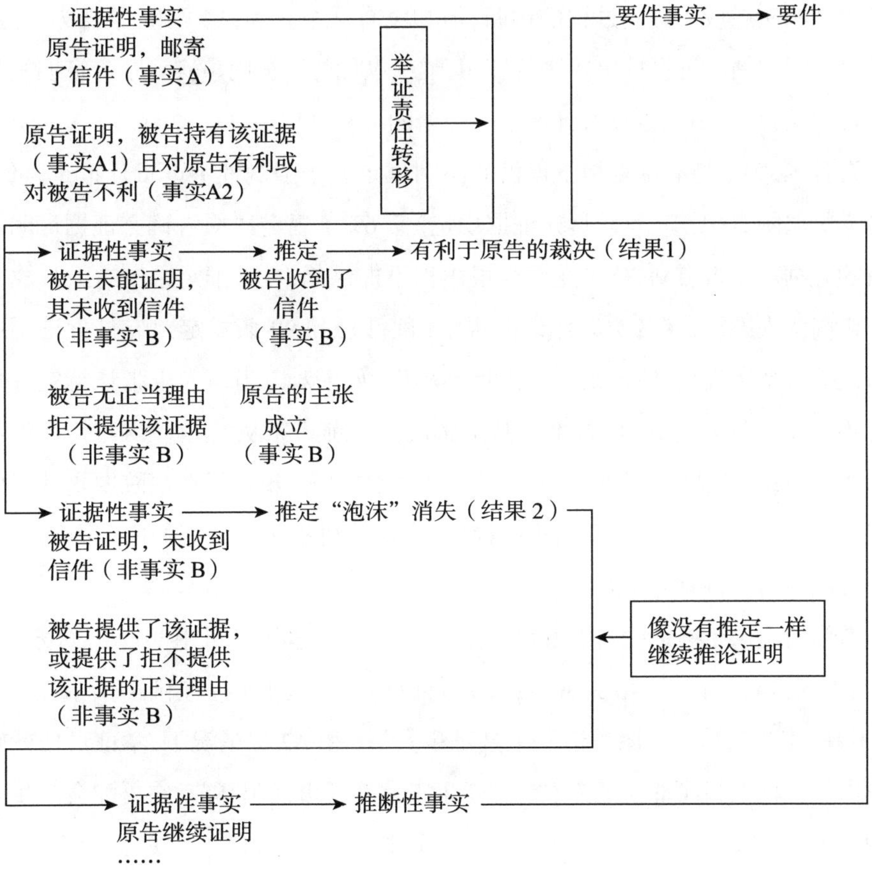

图 6.5　强制性举证责任推定

结果 1：如果被告没能提供未收到该信件的证据（未能证明非事实 B），那么，原告不用作出完整的证明，法院将推定被告收到了信件（事实 B），这是一个有利于原告的裁决。在美国，一项强制性的举证责任推定，如果被告未能履行该推定所转移过来的举证责任，不能提出反驳证据，法院就应当对不利于被告的推定事实作出指令裁决，以此来保护从该推定获利的原告当事人。

结果 2：如果被告证明了未收到该信件（证明了非事实 B），那么该推定就像“泡沫”一样消失了，或者“爆炸了”。[①] 这个案件就像最初没有推定一样，原告原来提出

① 所以这种强制性举证责任推定又被称为“泡沫爆炸”的推定。See James B. Thayer, *A Preliminary Treatise on Evidence at Common Law*, 336337(1898).

的证据性事实造成了证明过程的中断，但却没有从中获利；接下来，原告为了胜诉，需要继续提出新的证据性事实进行证明，继续以优势证据向事实认定者证明被告收到了那封信（事实B），这便又开始了一个新的证明过程。

在我国，关于持有证据拒不提供的不利推定属于强制性举证责任推定。例如，最高人民法院2001年《行政诉讼证据规定》第69条规定："原告确有证据证明被告持有的证据对原告有利，被告无正当事由拒不提供的，可以推定原告的主张成立。"北京市高级人民法院《各类案件证据规定（试行）》第99条规定："有证据证明一方当事人持有特定证据，但无正当理由拒不提供，如果对方当事人主张该特定证据的内容不利于证据持有人，可以推定其主张成立。"前一条从"于对方有利"而拒不提供的角度，后一条从"于己方不利"而拒不提供的角度，规定了在法院要求其提供的情况下，如果持有人无正当理由拒绝提供的，法院可推定该证据的内容有利于主张者一方或不利于持有者一方。

希望利用这个推定的当事方（如原告）必须证明以下基础事实：（1）对方（如被告）当事人持有该证据（事实A1）；（2）该证据对己方（原告）有利，或对持有人（被告）不利（事实A2）。在原告证明了基础事实A1和A2的情况下，举证责任就转移到被告。这种强制性举证责任推定打断了正常的逻辑证明环节，它可能会产生如下两种结果：

结果1：如果被告无正当理由拒不提供该证据（证明非事实B），那么，法院将推定原告的主张（事实B）成立，从而作出有利于原告的裁决。

结果2：如果被告提供了该证据或提供了拒不提供该证据的正当理由（证明了非B），那么该推定就像"泡沫"一样消失或"爆炸了"。这个案件就像最初没有推定一样，原告需要提出新的证据性事实，继续进行证明。

3. 强制性说服责任推定

强制性说服责任推定，"类似于一项'积极抗辩'，它直接将说服责任施加于被告人身上"。[①] 强制性说服责任推定将说服责任转移至被告，从而造成原告证明过

① ［美］罗纳德·J. 艾伦等：《证据法：文本、问题和案例》，张保生、王进喜、赵滢译，满运龙校，高等教育出版社2006年版，第858页。

程的中断，可能产生的3种结果，详见图6.6。

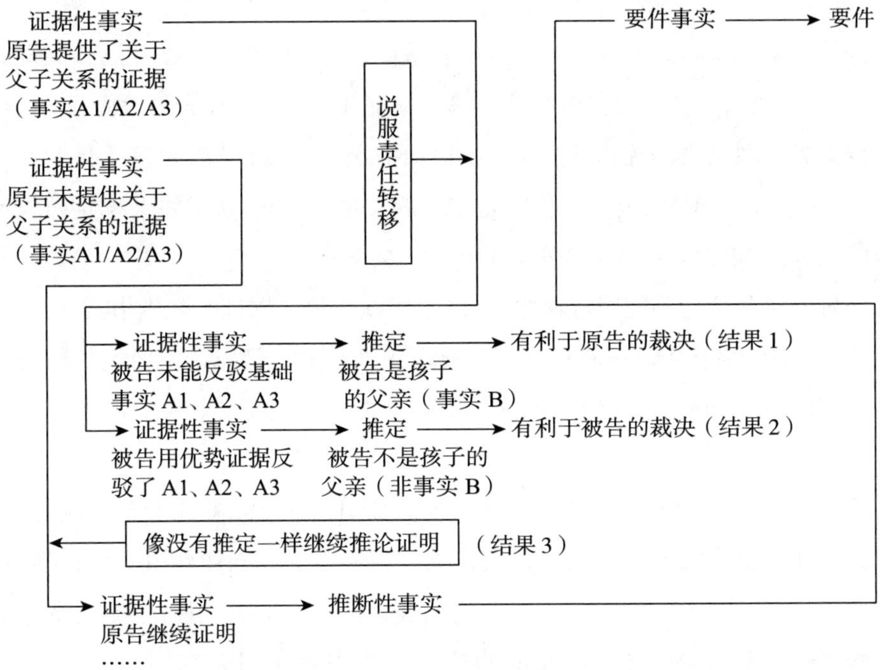

图6.6　强制性说服责任推定

图6.6描述了强制性说服责任推定造成证明过程中断的情况。在关于被告是否为孩子父亲的证明过程中，原告有责任提供关于父子关系的充分证据，也承担让事实认定者确信被告是孩子父亲的说服责任。在一般情况下，只有通过这个证明过程，原告才能使事实认定者确信被告是孩子的父亲这个要件事实。

然而，如果在诉讼发生的司法辖区有一项强制性可反驳的推定：有效婚姻关系存续期间怀孕和出生的孩子，推定为丈夫所生；[①]这个将说服责任转移至被告的推定，便打断了正常的证明环节。原告可以利用这个推定来获得一项法院裁决。原告为了利用这个推定，必须证明事实A的3个要素，即他/她：合法结婚（事实A1），与被告结婚（事实A2），怀孕或孩子出生于婚姻关系存续期间（事实A3）。如果原告履行了该说服责任，证明了事实A1、A2和A3的存在，那么，一项强制性的说服责任推

① 例如，参见《加利福尼亚州家事法典》（Cal. Fam. Code §7611）。

定,就要求该推定反对的当事人对争议问题承担说服责任,从而将说服责任转移给被告。这将会出现3种结果:①

结果1:如果被告未能以优势证据反驳基础事实(事实A1、A2和A3),那么,法院将会推定"被告是孩子的父亲"(事实B),从而作出有利于原告的裁决;

结果2:如果被告用优势证据反驳了这项推定,例如,被告提供证人证明在可能的怀孕期间他正在国外,因此不可能是孩子的父亲。那么,法院将会推定被告不是孩子的父亲(非事实B),从而作出有利于被告的裁决。

结果3:如果原告不能履行说服责任,未能以优势证据证明基础事实A1、A2和A3的存在,这个案件中就没有推定了。接下来,原告为了胜诉,需要提供新的证据性事实(如提供DNA证据等)进行证明,以便说服事实认定者认定被告是孩子的父亲。

显然,推定是法院根据法律规定作出的对证明过程加以补充的事实认定方法。其中,不可反驳的推定(见图6.4)是直接从证据性事实导向要件事实的过程,省略或中断了从证据性事实到推断性事实、再到要件事实的证明过程;强制性举证责任和说服责任推定(见图6.5和图6.6)也造成了证明过程的中断。

(三)许可性推定与证明和推论的关系

许可性推定不是强制性的,因此是一种"虚弱"的推定。② 许可性推定之"虚弱",主要表现在以下三个方面:

首先,这种推定与其他推定不同,并不是在基础事实A和假定事实B之间创设了一种政策性很强的法律关系,只是固化了一种以相关性为基础的逻辑关系。常见的许可性推定是所谓"不言自明":一般用于因疏忽而造成的损害赔偿诉讼,是指事件发生本身的逻辑已足以证明疏忽行为,所以说服责任转移给被告(详见图6.7)。

---

① 参见[美]罗纳德·J.艾伦等:《证据法:文本、问题和案例》,张保生、王进喜、赵滢译,满运龙校,高等教育出版社2006年版,第858页。

② 参见[美]罗纳德·J.艾伦等:《证据法:文本、问题和案例》,张保生、王进喜、赵滢译,满运龙校,高等教育出版社2006年版,第861~862页。

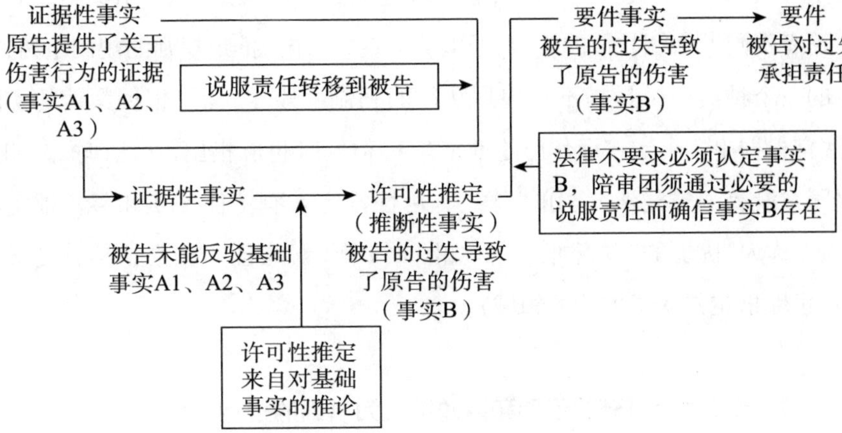

图 6.7　许可性或“虚弱”的推定

其次，由原告证明和被告反驳所提出的证据性事实导致了一项许可性推定，这种许可性推定来自对基础事实的推论，并具有与证明环节中的推断性事实相似的形式：如果原告证明，导致其伤害的行为在被告（如司机）没有过失（如其在机动车道正常行驶）的情况下通常不会发生（事实 A1），而被告（司机）绝对控制着导致该行为的手段（事实 A2），并且原告没有共同过失（如原告正在便道上正常行走）（事实 A3）。那么，事实认定者可以（而非必须）认定被告的过失导致了原告的伤害（事实 B），法律允许他们推论出事实 B。同时，法官将会告诉陪审团，在证明事实 A 的时候，法律不要求认定事实 B，陪审团仍须通过必要的说服责任而确信事实 B 是存在的。[①] 许可性推定虽然在一定程度上也转移了举证责任或说服责任，但这种转移并不是强制性的。也就是说，被告未能履行举证责任或说服责任并不必然承担对自己不利的结果，因此没有造成（原告）证明过程的中断。

最后，事实 A1、A2 和 A3 的同时存在构成了一项事实 B 的许可性推定的经验基础，如果被告司机没有因过失驶入行人便道，撞人事故通常不会发生（事实 A1），而被告司机正驾驶着撞人的车辆（事实 A2），并且原告行人在便道上正常行走没有走入机动车道（事实 A3）。那么，任何一个具有经验常识的人都可以推断该司机的过

① 参见［美］罗纳德·J. 艾伦等：《证据法：文本、问题和案例》，张保生、王进喜、赵滢译，满运龙校，高等教育出版社 2006 年版，第 861 页。

失导致了撞人事故(事实B)。因此,这种推定不是法律推定,而与事实推定有相似之处。笔者赞同龙宗智教授的观点,即事实推定“不作为推定规则的规制范畴,也不是推定的一个种类……是指不是根据法律的强制性规定,而是根据案件的实际情况,由法官根据事实酌定权而作出的推定”。① 但同时也应指出,在法律推定和事实推定之间并没有一条截然分明的界限,许可性推定兼有法律推定和事实推定的特点,因此才称为“虚弱的”法律推定,并如图6.1所示,与证明和推论具有交叉关系(正是许可性推定侵入了推论的领域)。

(四)以相关性为基础的证明和以政策性为基础的推定

在推定与证明的关系问题上,混乱的产生有两个理论来源:一是把推定视为“基础事实与待证事实之间的联系的认定”,②这混淆了“推定事实”与“待证事实”的本质区别;二是主张“推定是根据两个事实之间的一般联系规律或‘常态联系’,当一个事实存在的时候便可以认定另外一个事实的存在”。③ 这混淆了逻辑联系与法律关系的本质区别。

1.“推定事实”与“待证事实”的区别

从图6.2和图6.3描述的公诉人和辩护方的证明过程看,待证事实就是要件事实,即对指控的罪行成立至关重要且被事实认定者确信的事实。在证明过程中,由于证据性事实与待证事实之间存在相关性,诉讼双方如能通过各自的证明揭示己方提供的证据与待证事实之间的逻辑和经验联系,就能说服事实认定者相信其提供的证据使要件事实更有可能(或更无可能),从而使待证事实得到证明。

但在推定中,推定标志基础事实与假定事实之间的法律关系。原告提出证据性事实(基础事实)后就完成了证明任务。对原告来说,不存在一个与基础事实相联系的待证事实。例如,在图6.5所示的强制性举证责任推定中,原告只要证明其“邮寄

---

① 龙宗智:《推定的界限及适用》,载《法学研究》2008年第1期。

② 劳东燕:《认真对待刑事推定》,载《法学研究》2007年第2期。

③ 何家弘、刘品新:《证据法学》,法律出版社2004年版,第273页;另参见裴苍龄:《再论推定》,载《法学研究》2006年第3期。“推定是指通过对基础事实与未知事实之间‘常态联系’的肯定来认定事实的特殊方法。”

了信件”这个基础事实,就完成证明任务了;被告是否“收到了信件”,对原告来说不是一个待证事实。在图6.6所示强制性说服责任推定中,原告只要提供了关于父子关系的基础事实,就完成任务了,至于“被告是否为孩子的父亲”,对原告来说不是一个待证事实。

那么,在推定活动中,对被告来说是否存在与基础事实相联系的待证事实?从图6.5所示的强制性举证责任推定来看,一方面,当举证责任转移至被告之后,如果被告未能证明“未收到信件”这个基础事实,则推定被告“收到了信件”,这个推定事实显然不是被告所要证明的“待证事实”,而是其未履行举证责任而不得不接受的假定事实;另一方面,如果被告证明了“未收到信件”,推定“泡沫”就消失了,对被告来说也不存在一个待证事实。

在图6.6所示强制性说服责任推定中,对被告来说也不存在待证事实。一方面,当说服责任转移至被告后,如果被告未能反驳基础事实,则推定“被告是孩子的父亲”,这个推定事实显然不是被告所要证明的“待证事实”;另一方面,如果被告反驳了基础事实,则推定“被告不是孩子的父亲”,但这个推定事实也不是被告的待证事实(被告不需要证明这一点),而是由于其反驳了基础事实而“自动”得到的。

显然,把推定视为“基础事实与待证事实之间的联系的认定”,是一种将推定与证明的混淆,“推定事实”无论对原告还是对被告,都不是“待证”事实。

2.“基础事实”与“推定事实”联系的性质

基础事实与推定事实之间的联系,究竟是“一般联系规律或‘常态联系’”,还是特殊联系或“非常态联系”?这需要通过证明和推定之不同基础的比较,才能作出恰当的回答。

什么是“一般联系规律”?“规律是事物发展中本身所固有的本质的、必然的、稳定的联系。”①在事实认定过程中,证据的相关性反映了事实之间的一般联系规律,因而构成了证明的逻辑和经验基础。塞耶提出了“逻辑和一般经验……”的相关性检验标准,这是因为事实认定者运用其一般化的知识和经验去进行推断,其中包

① 李秀林、王于、李淮春主编:《辩证唯物主义和历史唯物主义原理》(第3版),中国人民大学出版社1990年版,第128页。

括对典型行为进行的归纳概括,这种归纳概括使人们能够把特定证据与其证明的因素联系起来。① 如下图 6.8 所示:

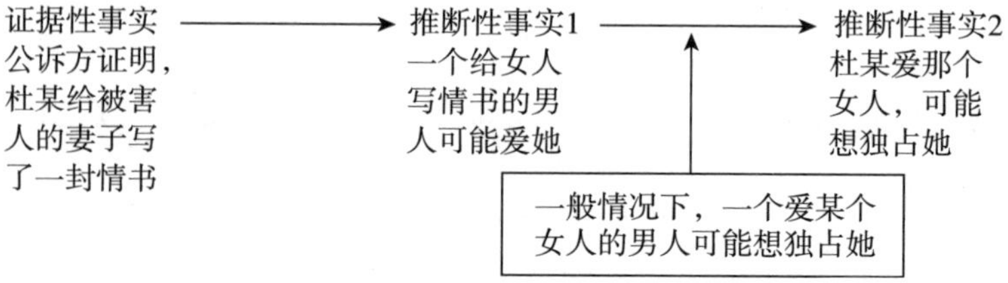

图 6.8 证明的逻辑性和常识性

在证明的背后潜藏对相关性或"常态联系"的归纳概括,例如,在图 6.7 的证明环节中,从推断性事实 1 到推断性事实 2 的跳跃就需要一个归纳概括。其中,"一般情况下"就反映了某种常态联系的经验知识。这个归纳概括虽然不能"证明"一个推论是真实的,但它构成了以下三段论推理的大前提:

大前提:爱某个女人的男人可能想独占她(潜在的归纳概括);

小前提:公诉方证明,杜某给被害人的妻子写了一封情书(证据性事实);

结论:杜某爱那个女人,可能想独占她。

这个归纳概括对事实认定者可能会产生两种影响:其一,如果事实认定者认为这是一个基于经验或"常态联系"的合理的归纳概括,而且支持证明环节中的每一个推论时,便可从常人的观点将其视为相关证据。其二,如果事实认定者对这个归纳概括的合理性表示怀疑,便可要求提供进一步的证据来加以证明。例如,法官可能问,"何以知道杜某一定想独占她?""何以知道杜某想独占她,就一定要除掉她的丈夫?"在这些步步紧逼的问题面前,公诉人必须为其主张提供更多的证据。法官需要根据归纳概括的合理性来检验证据的相关性,在"理性的事实认定者"检验标准中,

① See David A. Binder & Paul Bergman, *Fact Investigation*, 85 (1984). 转引自[美]罗纳德·J. 艾伦等:《证据法:文本、问题和案例》,张保生、王进喜、赵滢译,满运龙校,高等教育出版社 2006 年版,第 152 页。

一个归纳概括必须是真实的,而不能是“虚假的”;必须是经验事实(常态联系),而不能是推测(偶然联系)。[①] 例如,在图6.2的证明环节中,公诉人证明,杨某被刺腹部致肝脏破裂失血死亡(基础事实),与刘某的行凶造成杨某死亡(待证事实)之间具有常态联系(因果联系)。证明必须依赖证据,“所谓证据法律制度,即有关司法裁判过程中运用证据证明案件事实的法律制度,也可以称为司法证明制度”。[②] 以证据为基础的司法证明,是由直接证据(证据性事实)、间接证据(推断性事实)和事实认定者认定的证据(要件事实)等环节构成的推论过程。

相比之下,推定的基础事实与推定事实之间并不存在“一般联系规律或‘常态联系’”。例如,“10岁/14周岁以下的儿童”这个基础事实与“不可能犯罪”这个推定事实之间,即使有联系也是“虚假的”或“假设的”联系;“邮寄了信件”这个基础事实与“收到了信件”这个推定事实之间,也没有必然联系。从结论上看,推定事实是一个假定或推测。“推定是指当某一个事实得到证明时,就假定另一个事实是真实的。”[③]“假定”,是指“根据已经知道的事情来想象不知道的事情”,而“想象”在“心理学上指在知觉材料的基础上,经过新的配合而创造出新形象的心理过程”。[④] 与证明相比,推定即使以某些经验事实(常态联系)为基础,也是十分“虚弱”的。如果说,婚姻关系存续期间怀孕或者所生的子女为夫妻双方子女是一种常态联系,那么,亲子关系本身又是一种什么联系?哪一种更能反映“一般联系规律”?因此,推定不是建立在相关性基础上的逻辑联系,而是建立在政策性基础上的法律关系。在诉讼活动中,推定只是证明的一种辅助方法。“推定所解决的问题,正是证明所解决不了的问题,即虽然不能达到精确的证明,但出于某些重要的政策性考虑或出于某种重大的利益需求,还是要完成对特定事件的结论性判断。”[⑤]

推定的基础事实与推定事实之间之所以不存在“一般联系规律”,是因为推定无须凭借证据。推定事实不需要证据加以证明,没有连续的推论环节,并且可以被运

---

① 参见[美]罗纳德·J.艾伦等:《证据法:文本、问题和案例》,张保生、王进喜、赵滢译,满运龙校,高等教育出版社2006年版,第153页。
② 何家弘主编:《证据法学研究》,中国人民大学出版社2007年版,第2页。
③ 刘金友主编:《证据法学(新编)》,中国政法大学出版社2003年版,第263页。
④ 《现代汉语词典》(2002年增补本),商务印书馆2002年版,第1376页。
⑤ 邓子滨:《刑事法中的推定》,中国人民公安大学出版社2003年版,第29页。

用证据的证明所推翻。“推定意味着两项事实间的某种特定法律关系。”①例如，未达到一定法定年龄的未成年人不应当负刑事责任，某些特殊行业的工人患有某种职业病后推定为完全丧失了劳动能力，这些不可反驳的推定的价值基础是“被立法机关或法院视为社会得以存在的原则和标准”的社会政策。② 证据的政策性“要求将一般公共利益与社会福祉纳入考虑的范围”，③从而成为立法机关创设某些不可反驳的推定以及法院运用某些可反驳的推定的正当理由。

当然，所谓“常态联系”与非常态联系之间的区别也是相对的，是在证明与推定相比较意义上的区别。确实，基础事实与假定或推定事实之间的联系也有一定的经验基础。图6.4所描述的法院从矿工患有矽肺症推定矿工完全丧失了劳动能力，这个推定也有其必要的经验根据。然而，这并不能否定证明的经验基础与推定的经验基础之间存在本质差别，尽管非常态联系也有经验基础，但“常态联系”与非常态联系的经验基础有质的差别。证明具有理性逻辑、证据和理由论证的特点，其结论具有一定程度的必然性；推定则是从经验性常识直接引申出假定性、推测性结论的直觉活动，从方法上说它是一种“非论证性的推理”活动，它对作为结论的推定事实是否合乎逻辑地得自基础事实是不过问的。

三、刑事证明责任与推定的关系

从推定是证明过程的中断这一研究结论出发，笔者认为，推定作为“证明责任的修补或者调整方法”，④主要适用于民事诉讼领域，一般不能在刑事诉讼证明中加以应用，因为推定的应用将会“中断”证明过程，从而影响刑事证明的准确性和公正性。

（一）刑事推定的适用范围和条件

推定主要适用于民事诉讼领域，是因为民事诉讼以“有效解决纠纷，维护当事人

① ［美］罗纳德·J. 艾伦等：《证据法：文本、问题和案例》，张保生、王进喜、赵滢译，满运龙校，高等教育出版社2006年版，第852页。

② See Bryan A. Garner, *Black's Law Dictionary*, 8th Edition, Thomson West, p. 1196(2004).

③ 薛波主编：《元照英美法词典》，法律出版社2003年版，第1063页。

④ ［美］罗纳德·J. 艾伦等：《证据法：文本、问题和案例》，张保生、王进喜、赵滢译，满运龙校，高等教育出版社2006年版，第800页。

合法权利，从而维护社会秩序”为宗旨，①其事实认定过程亦受到当事人双方意思自治的约束。从图6.4至图6.6描述的情形来看，由于推定造成证明过程的中断，即使在民事诉讼中，一般也不允许用推测性的推定来代替运用证据的证明。只是在某些特定问题上，在遇到证明困难和考虑诉讼效率等特殊情况下，推定才是可以采取的“证明责任的修补或者调整方法”。在民事诉讼适用推定的情形中，举证责任或说服责任在当事人之间发生某种转移，使双方不断提出证据对自己的主张加以证明，从而推动了诉讼进程，也在一定程度上减少了案件事实真伪不明的情形。推定在对事实真相认识程度上存在的误差，在不影响民事诉讼纠纷最终解决的前提下是被容忍或允许的。如死亡推定（presumption of death），在美国大多数州一个人失踪满7年便可推定其死亡。但这种推定只能影响当事人的民事权利和义务，如果用这个推定来追究刑事犯罪则是绝对不允许的。假定，在“佘某林谋杀案”中，佘某林的妻子失踪7年以上，在民事诉讼中可以推定为死亡；但在刑事诉讼中，则不能推定为死亡，而让被告佘某林承担证明其未死亡（非B）的责任。因为刑事诉讼中主体的不平等性、刑罚后果的严厉性，所以“刑事程序力争得到的真实，是真正的‘实质’的真实性；相反，民事程序中视双方当事人达成一致为真实，满足于认为的‘形式’的真实性”。②

推定毕竟不是证明，而是证明过程的中断。这种性质决定了推定在刑事诉讼中具有严格的适用范围和条件。我国学者对此虽有很多论述，如设置之必要性、举证之困难性、合理之关联性、反证之容易性等，③但由于不了解推定是证明过程的中断这一根本特性，这些论述均没有触及推定适用范围和条件的实质问题。刑事诉讼中推定适用的实质问题有两个：一是不能违背无罪推定原则，不能用其代替对犯罪要件事实的证明；二是不能降低刑事证明标准，不能成为确信无疑标准的例外。

① 参见《民事诉讼法》第2条。

② ［德］拉德布鲁赫：《法学导论》，米健、朱林译，中国大百科全书出版社1997年版，第126～127页。

③ 参见陈运财：《刑事诉讼之举证责任与推定》，载《刑事证据法则之新发展》，台北，学林文化事业有限公司2003年版，第478页。

1. 刑事推定不能取代对犯罪要件事实的证明

刑事诉讼奉行无罪推定原则，且必须严格遵循举证、质证的证明程序。因此，推定的适用范围不能涉及犯罪要件事实。无罪推定原则对刑事诉讼中的证明责任进行了预先分配，国家公诉机关承担证明刑事被告人有罪的责任，"在刑事指控中，正当程序要求对构成指控的犯罪之每一项必要事实都要证明到确信无疑的程度"。① 这种证明责任是不可转移的。推定不是对证明责任的预先分配，而是在其适用过程中对证明责任在当事人之间的分配产生影响。因此，"刑事案件中的推定显然不能把举证责任和说服事实认定者的责任交给被告人"。② 举凡世界各国证据法典，均无关于刑事犯罪要件可以适用推定的规定，有的只是一些与要件事实无关的推定。例如，新西兰《1908 年证据法》第 6 条（保存 20 年的书证之推定）只提及"在任何诉讼程序中，不论是民事诉讼还是刑事诉讼，如书证经证明或声称为不少于 20 年的，可当即作出推定"。③ 这说明，在刑事诉讼中，推定只对非要件事实的证明具有补充作用。

我国一些学者认为，刑事推定的适用范围包括"人类的心理内容；被告人'独知'的事实；封闭环境或场所中发生的事件；一些特定种类的事件"。④ 还有论者列举了刑事诉讼中适用在犯罪主观方面的直接故意之推定、间接故意之推定、犯罪目的之推定等。⑤ 这些内容只要涉及犯罪要件的事实，在刑事诉讼中都是不允许进行推定的。例如，在图 6.8 的假设情杀案证明环节中，关于一个爱那个女人的男人"是否具有除掉她丈夫的犯罪动机"的证明是允许的，但如果把证明换为推定，则是绝对不允许的（详见图 6.9）。

---

① ［美］罗纳德·J. 艾伦等：《证据法：文本、问题和案例》，张保生、王进喜、赵滢译，满运龙校，高等教育出版社 2006 年版，第 821 页。

② ［美］乔恩·华尔兹：《刑事证据大全》，何家弘等译，中国人民公安大学出版社 2004 年版，第 397 页。

③ 新西兰《1908 年证据法》。

④ 参见李富成：《刑事推定研究》，中国人民公安大学出版社 2008 年版，第 19～21 页。

⑤ 参见贺平凡：《论刑事推定规则》，载《政治与法律》2003 年第 2 期。

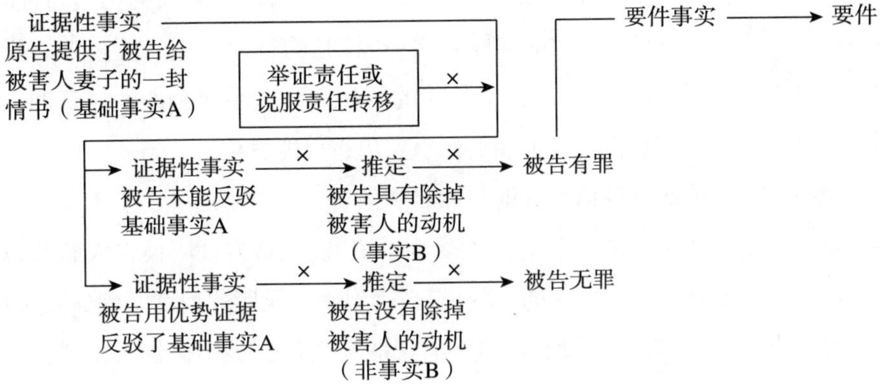

图 6.9　在刑事诉讼中不允许的推定

如图 6.9 所示，首先，原告提出证据性事实后，无论是举证责任还是说服责任，都不允许向被告转移，否则就违背了无罪推定原则。其次，被告没有证明自己有罪或无罪的义务，因此，被告未能反驳基础事实 A 的情况，或者被告用优势证据反驳了基础事实 A 的情况，都应当是不存在的，否则，不仅违背无罪推定原则，也违反了不得自证其罪原则。正如有论者所言，在刑事诉讼中，不可将推定作为认定案件事实的证据加以使用，更不能直接用来推定被告人有罪，仅可用于认定案件事实某一方面的事实。①

实际上，关于犯罪主观方面的直接故意之推定、间接故意之推定、犯罪目的之推定等议论，都混淆了“推定”与“证明”的本质区别。如果论者换一个概念说，直接故意之证明、间接故意之证明、犯罪目的之证明，那将是正确的。例如，在图 6.8 中，以证据为基础的推论证明，在直接证据（证据性事实）、间接证据（推断性事实）和事实认定者认定的证据（要件事实）之间构成了一个逻辑严谨的证明环节。这个环节始于证据性事实（公诉方证明，杜某给被害人的妻子写了一封情书），到推断性事实 1（一个给女人写情书的男人可能是爱她的）、推断性事实 2（杜某爱那个女人，可能想独占她）。其实，这个证明环节还可以再继续下去，推断性事实 3（一个想要独占那个女人的男人可能想除掉她的丈夫）、推断性事实 4（一个爱着那女人并想除掉她丈

① 参见中华人民共和国最高人民法院刑事审判第一庭、第二庭编：《刑事审判参考 5》，法律出版社 2004 年版，第 50 页。

夫的男人可能计划那样去做)、推断性事实5(一个计划除掉某人的男人可能做的是,杀掉他)。[①] 这个证明环节把证据性事实与“杜某的行凶造成了被害人的死亡”这样一个要件事实,与适用于该案的实体法的要件之一联系起来即通过证明,才能说服事实认定者相信其提供的证据使要件事实更有可能发生。

2. 刑事推定不能成为确信无疑证明标准的例外

在刑事诉讼中,“为保障无罪的人不受刑事追究,控诉方证明被告人有罪,对所指控的犯罪每一要件之必要事实的证明,应当达到确信无疑的程度。确信无疑是指同时满足以下四个条件:(一)没有任何具有说服力的证据表明被告人无罪,或存在某种影响案件真实性的情况;(二)从常识上看,不存在任何无罪或影响案件真实性的可能性;(三)各种证据之间、证据与案件事实之间不存在对被告人有罪产生怀疑的矛盾;(四)对被告人实施犯罪行为的事实认定,合理地排除了其他可能性”。[②]

在刑事诉讼的证明标准中,“确信无疑”与“排除合理怀疑”,仅译法不同而已。[③] 与民事诉讼仅须证明一项事实真实之可能性大于非真实之可能性的优势证据标准相比,刑事诉讼的证明标准是确信无疑,如果不是那么“确信”或存在合理怀疑,就必须以证据不足而推定或假定被告人无罪并作出无罪判决。在刑事诉讼中,国家公诉机关作为“原告”总是承担证明责任,必须对指控犯罪的所有实质性要素都达到确信无疑的证明。因此,强制性举证责任推定是绝对不能适用的。

在这个问题上,有学者主张,把“承认推定构成排除合理怀疑规则的例外”作为解决刑事推定与确信无疑证明标准之间矛盾的第三种解决模式,并认为第三种模式是合理的选择。它承认排除合理怀疑的规则可以突破,认为推定设立的正是该规则的例外,所以其本身无须满足排除合理怀疑的要求。[④] 这里可能有一个误解,即把“排除合理怀疑”理解为是对包括一些细枝末节事实的证明标准,所以又引出下面一段补充性话语:“这种模式必须设立一个前提,即不允许例外颠覆所服务的价值。倘

---

① 参见[美]罗纳德·J. 艾伦等:《证据法:文本、问题和案例》,张保生、王进喜、赵滢译,满运龙校,高等教育出版社2006年版,第149~150页。

② 张保生主编:《〈人民法院统一证据规定〉司法解释建议稿及论证》,中国政法大学出版社2008年版,第332页。

③ “确信无疑”和“排除合理怀疑”是“beyond reasonable doubt”的不同译法。

④ 参见劳东燕:《认真对待刑事推定》,载《法学研究》2007年第2期。

若容许例外肆意地践踏排除合理怀疑规则所代表的价值，则无罪推定原则将被架空。这意味着，推定的适用应该是有节制、有限度的，在何种情形下方允许创设推定（或者说构建排除合理怀疑规则的例外）是一个应当认真对待的问题。”①

不得不说，上述观点的问题在于未意识到“排除合理怀疑”标准仅适用于检控方“对构成指控的犯罪之每一项必要事实”或要件事实的证明，并不适用于刑事案件中一些细枝末节事实的证明。从刑事被告人的自由权益、免于污名的权益以及公众对刑事法律的信心这 3 项考虑因素出发：第一，使犯罪的规定要素不可反驳的推定是违宪的；第二，向被告人转移关于犯罪要素说服责任的推定也是违宪的；第三，如果根据案件中的证据，在已证明的事实和推定事实之间的关系符合“比不可能更可能”的标准时，许可性推定是合宪的。② 因为许可性推定是事实认定者“可以”而“非必须”认定的事实，如图 6.7 所示，许可性推定类似证明环节中的一个推断性事实，被告未能履行举证责任或说服责任并不必然承担对自己不利的结果，因此没有造成原告证明过程的中断。

我国实行社会主义法治，珍视每个公民的自由权益、免于污名的权益，也需要公众对刑事法律的信心。在刑事诉讼中，确信无疑或排除合理怀疑的证明标准不能有例外，控诉方对所指控的犯罪每一要件之必要事实的证明，都应达到确信无疑的程度，不能降低标准而得出“结论 1：只有在满足相应的实体与程序标准时，才允许适用将提出证据的责任或说服责任转移给被告人的刑事推定，后者构成排除合理怀疑的例外”。③ 因为在这里，“满足相应的实体与程序标准”是一个模糊、抽象的前提，它并没有说明究竟在什么情况下，“才允许适用将提出证据的责任或说服责任转移给被告人的刑事推定”。实际上，对构成指控的犯罪要件事实的证明，在任何情况下都不允许有“排除合理怀疑的例外”。“因为刑事法律在处置犯罪嫌疑人、被告人的时候，涉及对他们重大权益的剥夺，所以，审慎、精确应当是刑事案件承办机关追求

① 劳东燕：《认真对待刑事推定》，载《法学研究》2007 年第 2 期。

② 参见［美］罗纳德·J. 艾伦等：《证据法：文本、问题和案例》，张保生、王进喜、赵滢译，满运龙校，高等教育出版社 2006 年版，第 870 页、第 874 页。

③ 劳东燕：《认真对待刑事推定》，载《法学研究》2007 年第 2 期。

的目标,而推定恰恰不具有这种确定性。”①

(二)推定的价值追求使其不能承载刑事证明责任的重任

关于推定创设的理由,我国有学者概括:“推定的主要作用,是减少不必要的证明和避免难以完成的证明……推定具有降低诉讼成本,提高诉讼效率,维护社会法律关系的稳定等功能。”②例如,在关于邮寄和收到信件的推定中,双方当事人都有可能知道信件是否收到的信息,无论哪方承担一般举证责任,都会使诉讼复杂化,推定的使用则简化了这个证明过程。显然,推定的重要价值基础之一是效率。

关于婚生子女推定的正当理由在于,可以“安定身份关系,保护出生子女的合法权益,有利于树立家庭观念,稳定业已存在的婚姻关系所产生的既存状态,强化父母对在婚姻关系存续期间所生子女所应承担的社会义务与责任”。③ 同样,在劳动关系存续期间,劳动者在工作场所发生的人身伤害,推定为工伤,除非资方能够证明劳动者的伤害是由自己故意造成的。这个推定保护了处于弱势地位的劳动者的利益。

证据所要解决的是事实认定问题,准确和真实是其基本要求,只有准确认定事实,才能有效解决争端,维护诉讼各方的合法权益。我国2018年《刑事诉讼法》第2条对“准确”“查明犯罪事实”作出了明确规定,并从“惩罚犯罪分子,保障无罪的人不受刑事追究”两个方面强调了准确性的意义。以相关性为逻辑和经验基础的举证、质证是证明的两个阶段,它们是准确性的可靠保证。准确、公正、和谐与效率构成证据法的四大价值支柱,但这些价值的位阶是不同的。如果说准确是实现司法公正的前提,公正是证据制度的首要价值,那么,和谐和效率与准确、公正相比仍属相对次要的价值。因此,在这些价值发生冲突时,应当通过价值权衡,区分轻重予以兼顾。

在不同诉讼活动中,对事实的认定必须达到一定的证明标准,这是准确性的要求。准确性在民事和刑事诉讼证明标准中的程度有所不同,民事诉讼的证明标准一般仅需要达到事实之真实性的概率较大的程度;而在刑事诉讼中,国家公诉机关作

---

① 邓子滨:《刑事法中的推定》,中国人民公安大学出版社2003年版,第18~19页。
② 何家弘:《论司法证明中的推定》,载《国家检察官学院学报》2001年第2期。
③ 江伟主编:《中国证据法草案(建议稿)及立法理由书》,中国人民大学出版社2004年版,第347页。

为“原告”不仅总是承担证明责任，而且对指控犯罪的所有要件事实的证明，都要达到确信无疑的程度。从追求事实真相的角度看，推定的主要作用是减少不必要的证明，在准确、效率和和谐这些价值中其偏重的是效率与和谐，对准确性则有所忽略，而推定的滥用毋宁说就是牺牲准确性来换取效率与和谐。例如，就强制性可反驳推定来说，“创造特殊证明责任规则的目的一般是为了精细地调整证明过程，提高理性和准确事实认定的目标或分配证明责任的其他目标”。“然而，由于推定分析中的复杂性和混乱性，使用推定经常转移而不是提高了这些目标。”①因此，从提高事实认定的准确性和公正性来说，确信无疑的证明标准在刑事诉讼中发挥极其重要的作用，是任何推定都不能逾越的一条底线。如果过分追求效率与和谐，甚至把刑事推定当作确信无疑证明标准的例外而滥用，在理论和实践上都可能会误入歧途。因为，刑讯逼供可能比推定更有效率，②但却不能为了追求效率而退回刑讯逼供。

综上所述，证明是一种事实的推导，是对证据性事实与要件事实之间相关性联系的确证或断定，是一个逻辑地推想和论证的过程，其结论必须具有一定程度的必然性。推定则是推测和想象，一般并不特别关注基础事实与推定事实之间是否具有相关性、合逻辑性，而是基于某些社会政策而创设一种法律关系，因此是一种暂时性假定，是逻辑证明过程的中断。从效力上看，证明是履行证明责任的行为，受到证明标准的限制，一旦证成，便直接决定了案件的判决结果；而推定仅仅免除或转移了对假定事实的证明责任。因此，可反驳的推定一旦被反驳证明推翻，便烟消云散了。在刑事诉讼中，推定虽非绝对不允许使用，但其适用范围和条件应当受到以下两个方面的严格限制：一是不能违背无罪推定原则，不能替代对犯罪要件事实的证明；二是不能降低刑事证明标准，不能成为确信无疑证明标准的例外。

本章所述基本观点，可以从推定分类、推定主体、推定性质、基础事实与假定事实之间的关系以及适用范围这五个方面来综合把握，详见表 6.1 推定综述。

---

① [美]罗纳德・J. 艾伦等：《证据法：文本、问题和案例》，张保生、王进喜、赵滢译，满运龙校，高等教育出版社 2006 年版，第 855 页。

② 日本法学家棚濑孝雄认为，如果以“一定人力或物力为基数平均所解决的纠纷件数”作为标准来衡量，恐怕近代的司法制度会被视为最无效率的纠纷解决方式。参见[日]棚濑孝雄：《纠纷的解决与审判制度》，王亚新译，中国政法大学出版社 1994 年版，第 26 页。

表 6.1　推定综述

推定分类		推定主体	推定性质	基础事实与假定事实的关系	适用范围
结论性的或不可反驳的推定，或法律拟制	立法或法律规定的不可反驳的推定	立法者	实体法规定或立法推定，“于法于权的推定”	强制性 法律关系	民事诉讼 刑事诉讼
非结论性的可反驳的推定	强制性举证责任推定	法官	证据法的法律推定或司法推定	强制性 法律关系	民事诉讼
	强制性说服责任推定	法官	证据法的法律推定或司法推定	强制性 法律关系	对刑事诉讼中非要件事实的证明具有补充作用
	许可性或“虚弱”的推定	事实认定者（法官或陪审团）	事实推定或推论	许可性 逻辑关系	民事诉讼

第七章　证据合法性调查中的控辩平等*

内容提要

“两院三部”《严格排除非法证据规定》有关侦查办案人员出庭作证的规定，是对 2012 年《刑事诉讼法》证据合法性调查程序的重大发展，它有效促进了控辩平等。根据直接言词原则，侦查办案人员无论以何种证人身份（目击证人、程序证人或辨认鉴真证人）出庭，都应以“问—答”方式作证，由控方直接询问提供证言，并通过辩护人交叉询问和被告人对质的方式接受辩方质证。随着以审判为中心的诉讼制度改革深入推进，侦查办案人员出庭作证应当超越证据合法性调查程序，使警察和办案人员出庭作证成为常态。优化司法职权配置，应当与以审判为中心的诉讼制度改革同步推进并纳入后者的轨道，适当调整由控辩审三方法律地位和相互关系所决定的诉讼构造，向以审判为中心的控辩审三方互动关系转变。为实现控辩平等，应当对侦查权和检察权的行使依法予以限制，大力加强辩方权利保障，确立以被告人为主体的辩护权利保障体系。

一、辩方申请侦查办案人员出庭作证的权利得到保障

2012 年《刑事诉讼法》第 57 条第 2 款规定了侦查办案人员出庭的 3 种启动程序，即检察院提请的通知程序、法院的通知程序、侦查办案人员的要求程序。它们仅赋予检察院、法院和侦查办案人员的程序启动权，却未规定辩方申请侦查办案人员

---

* 本章第一节、第二节内容源自《非法证据排除与侦查办案人员出庭作证规则》，载《中国刑事司法》2017 年第 7 期；本章第三节、第四节、第五节源自《审判中心与控辩平等》，载《法制与社会发展》2016 年第 3 期（总第 129 期）。

出庭的权利,这有违控辩双方权利平等原则。控辩双方权利不平等,是我国刑事诉讼存在的一个问题。《世界人权宣言》第 10 条关于"人人完全平等地有权由一个独立而无偏倚的法庭进行公正和公开的审判",以及《公民权利和政治权利国际公约》第 14 条第 1 款"所有的人在法庭和裁判所前一律平等"的规定中,而且已成为世界各国刑事诉讼立法和司法实践所秉承的一项基本原则。当代刑事司法的一个重要特征是,诉讼程序"赋予当事人双方同等权利"。①

基于上述控辩平等之现代司法理念,"两院三部"《严格排除非法证据规定》第 27 条规定:"被告人及其辩护人申请人民法院通知侦查人员或者其他人员出庭,人民法院认为现有证据材料不能证明证据收集的合法性,确有必要通知上述人员出庭作证或者说明情况的,可以通知上述人员出庭。"该规定在我国刑事司法史上第一次赋予辩方申请法院通知侦查办案人员出庭作证的程序启动权,这是对 2012 年《刑事诉讼法》第 57 条第 2 款规定的重大发展,其法治意义在于维护了控辩双方诉讼权利的平等。在现代诉讼制度中,尽管控辩审三方扮演不同的诉讼角色,"控诉、辩护、审判三方面人员在诉讼上的地位是平等的",②诉讼任务要靠三方的共同努力才能完成。实现向以审判为中心的控辩审三方互动关系的转变。在这种新型互动关系中,法律赋予控方的一切权利须同等地赋予辩方。控辩双方对于事实调查的范围、内容和方法,均享有平等的请求权、证明权和辩论机会。在法庭审判的证据合法性调查程序中,被告人及其辩护人申请侦查办案人员出庭的程序启动权,就是一种与控方同等享有的诉讼权利。

进一步分析可以发现,在程序启动权或请求权问题上,控辩双方的权利和义务又都是统一的。检察院提请法院通知侦查办案人员出庭,从表面上看是一种诉讼权利,本质上却是一项证明义务。相比而言,被告人及其辩护人申请法院通知侦查办案人员出庭,从表面上看是一种举证义务,本质上却是一项诉讼权利。

首先,控方提请法院通知侦查办案人员出庭,既是一种诉讼权利,又是履行证据合法性证明责任的行为。2012 年《刑事诉讼法》第 57 条第 1 款规定:"在对证据收

① 参见[德]拉德布鲁赫:《法学导论》,米健译,法律出版社 2012 年版,第 144 ~ 146 页。
② 程荣斌主编:《中国律师制度原理》,中国人民大学出版社 1998 年版,第 244 页。

集的合法性进行法庭调查的过程中,人民检察院应当对证据收集的合法性加以证明。”因此,检察院提请法院通知侦查办案人员出庭,与其说是一种权利,不如说是履行证据合法性证明责任的一项义务。从立法条文来看,由检察院提请的通知程序分为两个步骤,即“人民检察院提请”和“人民法院通知”。就第一个步骤来说,由于提请程序与通知程序分属不同的司法机关,且有先后顺序,可见检察院在侦查办案人员出庭问题上享有启动权。对此,最高人民检察院《人民检察院刑事诉讼规则(试行)》第446条将“提请”解释为“申请”,即“申请法庭通知侦查人员或者其他人员出庭说明情况”。第449条将“提请”解释为“建议”,即“对于搜查、查封、扣押、冻结、勘验、检查、辨认、侦查实验等侦查活动中形成的笔录存在争议,需要负责侦查的人员……出庭陈述有关情况的,公诉人可以建议合议庭通知其出庭”。就第二个步骤来说,随后的法院通知程序应视为批准权,属于法官审判指挥权或自由裁量权的范畴,而检察院作为控诉方的提请、申请或建议权则属于一种诉讼权利。然而,一旦辩方提出排除非法证据的申请并提供了相关线索或材料,履行了初步证明责任,那么,证明取证合法性的证明责任就转移至控方,检察院就不得不履行提请法院通知侦查办案人员出庭的义务。因此,2012年《刑事诉讼法》第56条和第57条第2款“检察院可以提请人民法院通知”中的“可以提请”,须改为“应当提请”。就是说,在“现有证据材料不能证明证据收集的合法性的”的情况下,检察院应当提请法院通知侦查办案人员出庭,以履行“人民检察院应当对证据收集的合法性加以证明”的义务。

其次,辩方申请侦查办案人员出庭,既是履行初步证明责任的行为,更是在行使一项诉讼权利。从义务角度说,被告人及其辩护人是存在非法取证行为的主张方,按照“谁主张,谁举证”的一般诉讼原则,其应履行申请法院通知侦查办案人员出庭的义务。2012年《刑事诉讼法》第56条第2款规定:“当事人及其辩护人、诉讼代理人有权申请人民法院对以非法方法收集的证据依法予以排除。申请排除以非法方法收集的证据的,应当提供相关线索或者材料。”对此,“两院三部”《严格排除非法证据规定》第20条进一步规定:“犯罪嫌疑人、被告人及其辩护人申请排除非法证据,应当提供涉嫌非法取证的人员、时间、地点、方式、内容等相关线索或者材料。”根据上述规定,辩方有提供侦查办案人员非法取证相关线索或材料的义务,该义务一旦履行,取证合法性的证明责任便转移至控方。实际上,辩方的这种申请启动权与其说是一种举证义务,不如说是一种基本诉讼权利,即要求侦查办案人员出庭接受质证的权利,它具体包括两种权利:一是被告人与侦查办案人员对质的权利;二是辩护人对侦查办案人员交叉询问的权利。例如,第 31 条第 2 款规定:“被告人及其辩护人可以出示相关线索或者材料,并申请法庭播放特定时段的讯问录音录像。”如果法院批准播放申请,被告人便可针对录音录像内容与出庭的侦查办案人员对质,辩护人则可对侦查办案人员进行交叉询问。值得一提的是,“两院三部”《严格排除非法证据规定》第 23 条第 1 款:“人民法院向被告人及其辩护人送达起诉书副本时,应当告知其有权申请排除非法证据”的规定,使 2012 年《刑事诉讼法》第 56 条第 2 款“当事人及其辩护人、诉讼代理人有权申请人民法院对以非法方法收集的证据依法予以排除”的规定得以激活,使其有了可操作性。

当然,在辩方申请人民法院通知侦查办案人员出庭的情况下,“两院三部”《严格排除非法证据规定》第 27 条仍沿用人民法院认为“确有必要通知上述人员出庭作证或者说明情况的,可以通知上述人员出庭”的规定,这是一个遗憾。既然是“确有必要通知”,合乎逻辑的规定应是人民法院“应当通知”,而不是“可以通知”上述人员出庭作证。也就是说,法官在这个问题上的自由裁量权,应被一项刚性立法规定取代,这才能切实维护辩方申请排除非法证据的诉讼权利。

二、侦查办案人员出庭的证人身份与方式

(一)侦查办案人员出庭的证人身份

侦查办案人员,是指从事刑事案件侦查的警察,以及反毒、反贪或监察等部门的办案人员。在普通法系刑事审判中,警察(policeman)和探员(detective)是控方证人出庭作证的基本群体。他们的出庭身份,是作为案件侦查活动知情证人提供证言,支持公诉。我国 2012 年《刑事诉讼法》第 57 条第 2 款“有关侦查人员或者其他人员出庭说明情况”的规定,在侦查办案人员出庭身份或诉讼角色上的表述,遭到很多质疑和批评。从立法语言来看,规定侦查办案人员“出庭说明情况”而非“出庭作证”,彰显的是“侦查中心”的诉讼制度特征。

值得高度评价的是,根据党的十八届四中全会《决定》关于“推进以审判为中心

的诉讼制度改革"的精神,"两院三部"《严格排除非法证据规定》第 27 条明确规定侦查办案人员出庭的身份是"出庭作证或者说明情况"。这里虽然仍留下了一句"说明情况"的"尾巴",但这已无足轻重,因为前文"出庭作证"已明确无误地将他们的出庭身份界定为证人。因为在法庭审判的 4 个角色中,无论是大陆法系庭审的当事人、证人、诉讼律师(含检察官)和法官,还是普通法陪审团审判中的证人、诉讼律师(含检察官)、法官和陪审团,侦查办案人员出庭都只能归属于证人角色。根据 2012 年《刑事诉讼法》第 60 条"凡是知道案件情况的人,都有作证的义务"的规定,侦查办案人员作为案件侦查情况的知情人,显然负有证人之一般作证义务,但具体而言,又可分为目击证人、程序证人、辨认鉴真证人 3 种情况:

第一种情况,警察作为案件事实目击证人作证,如 2012 年《刑事诉讼法》第 187 条第 2 款规定:"人民警察就其执行职务时目击的犯罪情况作为证人出庭作证。"但实际上,警察作为犯罪目击证人的情况,即使存在,也十分罕见。

第二种情况,侦查办案人员作为程序证人,就侦查事项作证。"英美法系国家普遍建立了警察作证制度,在一定程度上是出于对检警分立模式的缺陷的补救。当检察机关起诉时使用的证据受到质疑时,警察为支持公诉出庭作证就成为必然。"①例如,在美国,"进行侦查的警察必须以证人的身份出庭就侦查事项作证"。② 因此,"两院三部"《严格排除非法证据规定》第 27 条所说的"出庭作证或者说明情况",显然是指出庭证明"证据收集的合法性",即讯问、勘验、检查、搜查、扣押、羁押等诉讼活动的合法性。侦查办案人员作为知情人,对"程序性事实(如获取口供和提取物证的过程等情况)……如参与或目击抓捕嫌疑人和审讯嫌疑人的过程"③等情况出庭作证,便具有了"程序证人"④的身份。

第三种情况,侦查办案人员作为辨认鉴真证人,对实物证据来源的可靠性与合法性作证。辨认鉴真是在实物证据提出之后、被采纳之前的一种证据铺垫程序。它

① 何家弘:《论警察出庭作证的程序保障——以〈波士顿警察局规则与程序规则 320〉》,载《犯罪研究》2010 年第 4 期。

② 杨宇冠:《非法证据排除规则研究》,中国政法大学 2002 年博士学位论文,第 13 页。

③ 何家弘:《对侦查人员出庭作证的实证研究》,载《人民检察》2010 年第 11 期。

④ 陈瑞华:《论侦查人员的证人地位》,载《暨南学报》2010 年第 2 期。

通常由物证、书证等实物证据的提取者、制作者或保管者出庭，对实物证据的同一性、真实性或保管链条即其来源的可靠性作证。实物证据辨认或鉴真的目的，是确认其未被调换、掺假或篡改，防止侦查办案人员事后造假和作伪证。[①] 当然，侦查办案人员在证据合法性调查程序中出庭，与实物证据辨认鉴真程序中出庭既有共性又有差别。共性在于，二者都是运用亲身知识作证；差别在于，前者是对实物证据来源的合法性作证，后者是对实物证据来源的可靠性作证。"两院三部"《严格排除非法证据规定》第31条第1款规定："公诉人对证据收集的合法性加以证明，可以出示讯问笔录、提讯登记、体检记录、采取强制措施或者侦查措施的法律文书、侦查终结前对讯问合法性的核查材料等证据材料，有针对性地播放讯问录音录像，提请法庭通知侦查人员或者其他人员出庭说明情况。"这里，所谓公诉人出示各种证据材料，其实是由侦查办案人员以辨认鉴真证人的身份出庭作证来实现的，因为公诉人对这些证据材料并无亲身知识。即使是播放讯问录音录像，由于公诉人既不是讯问者，又不是讯问录音录像的制作者、保管者，也没有资格对其合法性作证。

在侦查办案人员以证人身份出庭对取证合法性作证时，法庭的告知程序和作证宣誓程序也很重要。无论是警察还是其他办案人员，都不应该享有任何与其他证人不同的特权，更不应该有任何凌驾于法庭之上的优越感。因此，法官在证据合法性调查开始前，同样应注意两个程序性问题：一是根据2012年最高人民法院《刑诉法解释》第211条第1款"证人、鉴定人到庭后，审判人员应当核实其身份、与当事人以及本案的关系，并告知其有关作证的权利义务和法律责任"的规定，告知出庭警察等办案人员，其作为证人拥有哪些权利，负有何种义务和法律责任；二是根据该条第2款关于"证人、鉴定人作证前，应当保证向法庭如实提供证言、说明鉴定意见，并在保证书上签名"的规定，要求侦查办案人员在作证前向法庭保证其如实提供证言，并在保证书上签名。根据2012年《刑事诉讼法》第59条"法庭查明证人有意作伪证或者隐匿罪证的时候，应当依法处理"的规定，侦查办案人员出庭作证或说明情况，必须承担作伪证的法律后果。

---

① 关于辨认鉴真规则，参见张保生主编：《证据法学》（第2版），中国政法大学出版社2014年版，第193～209页。

（二）侦查办案人员出庭作证的方式

根据直接言词原则和2012年《刑事诉讼法》第189条关于“公诉人、当事人和辩护人、诉讼代理人经审判长许可，可以对证人、鉴定人发问”的规定，侦查办案人员无论是以何种证人身份（目击证人、程序证人或辨认鉴真证人）出庭，都应该以“问—答”方式作证，先由控方以直接询问方式提供证言；然后，根据2012年《刑事诉讼法》第59条关于证人证言都必须经过双方质证的要求，通过辩护人交叉询问和被告人对质的方式接受辩方质证，其具体规则如下：

1. 对侦查办案人员的直接询问规则

（1）公诉人通过对侦查办案人员的直接询问，对证据收集的合法性加以证明。根据2012年最高人民法院《刑诉法解释》第212条的规定，对证人发问，一般“应当先由提请传唤的一方进行”直接询问。但是，在证据合法性调查这个特殊程序中，实际上无须确定谁是“传唤方”，而一律由公诉人进行直接询问。也就是说，无论是2012年《刑事诉讼法》第57条第2款规定的3种启动程序，还是“两院三部”《严格排除非法证据规定》第27条规定的辩方启动程序，均由检察官对侦查办案人员进行直接询问。因为，2012年《刑事诉讼法》第57条第1款规定了检察院对证据收集的合法性加以证明的责任，公诉人直接询问是履行证据收集合法性证明责任的行为。

（2）直接询问不得提出诱导性问题。直接询问的规则是：不得提出证人可以用“是”或“否”来回答的诱导性问题。根据“两院三部”《严格排除非法证据规定》第31条第1款、第2款，对侦查办案人员的直接询问包括如下内容：

第一，对侦查办案的取证过程进行直接询问。第31条第1款规定：“公诉人对证据收集的合法性加以证明，可以出示讯问笔录、提讯登记、体检记录、采取强制措施或者侦查措施的法律文书、侦查终结前对讯问合法性的核查材料等证据材料，有针对性地播放讯问录音录像，提请法庭通知侦查人员或者其他人员出庭说明情况。”出示上述证据材料的目的，除证明其收集过程的合法性外，还可以起到对其真实性进行核实、鉴真，刷新出庭侦查办案人员记忆，说明这些证据材料形成的背景信息等作用。

第二，对辩方质疑的非法取证情况进行直接询问。第31条第2款规定：“被告人及其辩护人可以出示相关线索或者材料，并申请法庭播放特定时段的讯问录音录像。”对此，公诉人的直接询问应围绕上述线索、材料或讯问录音录像，让出庭的侦查办案人员对其作出说明。

2. 对侦查办案人员的交叉询问规则

（1）辩护人对侦查办案人员进行交叉询问。2012 年最高人民法院《刑诉法解释》第 212 条规定，在公诉人直接询问后，“经审判长准许，对方也可以发问”。这里的对方发问，就是“两院三部”《严格排除非法证据规定》第 31 条第 4 款规定的被告人及其辩护人对侦查办案人员的质证方式之一。质证包括交叉询问（cross-examination）和对质（confrontation）两种方式。交叉询问，一般是指辩护律师的质证，对质则是被告人对侦查办案人员的质证。目前，我国刑辩律师在交叉询问时，还存在缺乏询问技巧和策略等方面的问题。例如，“辩护律师发问的技巧极为简单，一般直接提出‘你说没有刑讯逼供，那么被告人身上的伤是怎么形成的’之类的问题”。[①] 因此，针对律师进行交叉询问技巧和策略以及证人弹劾技术等方面的培训非常必要。

（2）交叉询问的规则：一是可以提出诱导性问题；二是可以对侦查办案人员证言的可信性提出质疑。美式交叉询问只能询问范围内的问题，这具有较大局限性，第一，吸收英式交叉询问内容开放的优点，允许询问与合法取证相关的任何问题，旨在限制公诉人在直接询问过程中人为控制询问内容的权力；第二，应该遵循交叉询问的一般规则，允许询问与弹劾证人可信性有关的问题，以发挥交叉询问对查明取证是否合法之真相的作用。

值得注意的是，我国 2012 年《刑事诉讼法》第 59 条虽然确立了未经质证的证言不可采信的规则，但对如何质证却语焉不详。2012 年最高人民法院《刑诉法解释》第 213 条关于任何询问都“不得以诱导方式发问”的规定，实际上否定了交叉询问。殊不知，不得以诱导方式发问是直接询问的证据规则，而允许诱导方式发问恰恰是交叉询问的本质特征。正因有此特征，交叉询问才能成为“揭示事实真相之最伟大的法律引擎”。[②] 在交叉询问中，对律师提出的诱导性问题，证人必须考虑其陈述的

---

① 参见牟绿叶：《侦查人员出庭作证的中国模式》，载《新疆警官高等专科学校学报》2012 年第 1 期。

② ［美］威格莫尔：《论普通法审判中的证据制度》，转引自［美］罗纳德 · J. 艾伦等：《证据法：文本、问题和案例》，张保生、王进喜、赵滢译，满运龙校，高等教育出版社 2006 年版，第 114 页，脚注 4。

一致性，避免陷入自相矛盾和作伪证的风险等，这些都是迫使证人说实话的动因。因此，为保障辩方对侦查办案人员质证权，建议修订交叉询问“不得以诱导方式发问”的规定。

(3)证据合法性调查的质证环节涉及的大量专门知识和技术问题，往往给被告人对质或律师交叉询问带来了一定困难。警察为避免所获证据被法庭排除，有时也会“作伪证”(police perjury)。[1] 因此，美国近年来出现了所谓“过度使用暴力专家”(excessive force expert)出庭作证的实践，受过专业教育培训且经验丰富的警务专家，可出庭为证明“警察不端行为”(police misconduct)提供专业意见。[2] 其作证范围涉及侦查办案人员疏于监管、不端行为、非法拘留、非法监禁和过度使用暴力等方面。[3] 我国证据合法性调查可以借鉴这些经验，探索建立“非法证据专家辅助人”制度，参照2012年《刑事诉讼法》第192条第2款“有专门知识的人出庭”的规定，允许辩方申请法庭通知有专门侦查经验的人(如退役警官)出庭，对侦查办案人员的证言进行交叉询问。

3. 被告人与侦查办案人员的对质规则

被告人与侦查办案人员在法庭上对质，既是一种质证方法，也是一项诉讼权利。根据联合国《公民权利和政治权利国际公约》第14条的规定，被告人面对刑事指控时享有与证人对质的权利。鉴于中国已正式签署联合国《公民权利和政治权利国际公约》，我国2012年《刑事诉讼法》第59条关于“证人证言必须在法庭上经过……被告人……质证”的规定，也完全符合对质的定义，应当将被告人与侦查办案人员的对质权作为一项基本人权加以保护。在证据合法性调查程序中，当侦查办案人员接受公诉人直接询问和辩护律师交叉询问之后，法庭还应告知被告人享有与其对质的权利，即对非法取证的事实进行面对面的质问。然而，《人民检察院刑事诉讼规则(试行)》第438条第4款关于“被告人、证人对同一事实的陈述存在矛盾需要对质的，公诉人可以建议法庭传唤有关被告人、证人同时到庭对质”的规定，却将对质程序的启

---

① See Charles M. Sevilla, *The Exclusionary Rule and Police Perjury*, San Diego Law Review, Vol. 11, p. 1973 – 1974.

② See *Defense of a Police Misconduct Suit*, Am. Jur. Trials, Vol. 38(2013).

③ See http://www.crimedoctor.com/loss-prevention-expert.htm, 5/19/2013.

动权授予了公诉人，这是对被告人对质权的一种损害，是我国司法改革应当进一步解决的问题。

（三）以“两院三部”《严格排除非法证据规定》实施为契机，让警察等侦查办案人员出庭作证成为常态

第一，“两院三部”《严格排除非法证据规定》确立的侦查办案人员出庭作证规则，具有重要的法治意义。从非法证据排除规则之立法宗旨和发展趋势来看，侦查办案人员出庭作证，不仅有助于规范取证行为，加强司法人权保障，促进司法文明。近年来，美国非法证据排除规则的适用出现一个新动向，即非法证据排除“例外规则”的适用范围越来越宽。[①] 也就是说，对非法证据不再是简单排除，而是在“排除证据的同时一定要有助于对违法警察产生震慑作用”。[②] 从另一角度看，联合国《禁止酷刑公约》第 15 条和许多国家的非法证据排除规则，在严格禁止采纳非法口供的同时，对非法取得的物证、书证和“毒树之果”则采用法官自由裁量排除方法，这就要求警察和其他办案人员作为取证知情证人出庭，经过必要的宣誓程序，对证据收集的合法性加以证明，同时接受被告人及其辩护人的质证，这对提高警察等办案人员的证据法治意识可以起到积极的教育作用。

第二，侦查办案人员作为一般辨认鉴真证人出庭作证应该常态化。随着以审判为中心的诉讼制度改革逐步推进，警察等侦查办案人员出庭作证应超越证据合法性调查程序，向一般辨认鉴真证人转变，这对建设更高水平的社会主义司法文明具有重大实践意义。在刑事审判中，公诉人应以直接询问方式传唤证人来履行控方证明责任。但由于刑事犯罪一般比较隐蔽，难以找到目击证人，根据不得自证其罪的原则，口供的使用又受到越来越严格的限制，因此，提供物证、书证、电子证据等间接证据来证明犯罪，将会成为检控方的主要证明手段。然而，实物证据多属“哑巴证据”，它们能够记录案件事实，却不能主动“诉说”案情。所以，证据法有一个普遍原则，即证据提出者必须首先进行证据铺垫，即通过实物证据的提取者、制作者、保管者作为

---

① See Herring v. United States，555 U. S. 135（2009）.

② 郑曦：《观往知来：美国第四修正案非法证据排除规则的新发展对中国的启示》，载《证据科学》2011 年第 5 期。

辨认鉴真证人出庭，对证据的同一性、真实性作证，这种辨认、鉴真是基于侦查办案人员的亲身知识对实物证据来源可靠性的一种证明。如果警察和其他侦查办案人员作为辨认鉴真证人出庭作证成为常态，将减少我国法庭上检察官宣读证言笔录、出示实物证据的情形，助推庭审实质化的实现。

第三，警察和其他办案人员应树立以出庭作证为本职工作的观念。我国警察等侦查办案人员往往将出庭作证当作分外之事，在以侦查为中心的诉讼制度下制定的《警察法》，其第二章“职责和权力”一共设置了36条职责和权利，但其中完全没有关于出庭作证职责的规定。基于以上理由，为推进以审判为中心的诉讼制度改革，建议在该法该章第26条（采取刑事措施）之后增加一个新的第27条（出庭作证），明确规定：“人民警察应根据法院通知，对侦查活动中提取、制作和保管实物证据的过程和情况，以及对讯问、采取强制措施或者侦查措施的过程和情况，出庭作证并接受被告人及其辩护人的质证。”警察须增强作证意识或证人责任感，在其入职培训时就必须告知，警察职业包括作为证人，对每一次侦查执法活动的情况出庭作证。这不仅有利于刑事审判控方证明责任的落实，也会极大地提高警察依法侦查办案的法治意识。未来《监察法》的进一步完善也可明确规定出庭作证是监察人员的重要职责，即“监察人员应根据法院通知，对侦查活动中提取、制作和保管实物证据的过程和情况，以及对讯问、采取留置措施或者侦查措施的过程和情况，出庭作证并接受被告人及其辩护人的质证”。

三、控辩平等是审判中心应有之义

党的十八届四中全会《决定》提出的“推进以审判为中心的诉讼制度改革”，是我国下一步司法改革的主要任务，具有极其深远的法治意义。它与“优化司法职权配置”的要求是一致的，目的都是“保证公正司法，提高司法公信力”。

以审判为中心的诉讼制度是法治国家司法制度的基本特征，从某种意义上说，也是世界反法西斯战争胜利的重要成果。第二次世界大战中，德国拥有无须法庭审判而剥夺一个人生命和自由的生杀特权。因此，在对第二次世界大战期间法西斯践踏人权进行深刻反思的基础上，《世界人权宣言》第10条明确规定：“人人完全平等地有权由一个独立而无偏倚的法庭进行公正的和公开的审讯，以确定他的权利和义务并判定对他提出的任何刑事指控。"《公民权利和政治权利国际公约》第14条第1款也作了类似规定:"所有的人在法庭和裁判所前一律平等。在判定对任何人提出的任何刑事指控或确定他在一件诉讼案中的权利和义务时,人人有资格由一个依法设立的合格的、独立的和无偏倚的法庭进行公正的和公开的审讯。"上述规定确立了法治国家以审判为中心的诉讼制度,它针对的是人治国家以侦查为中心的诉讼制度和警察专权。

我国诉讼制度"包括审判制度、检察制度、侦查制度以及律师制度"。[①] 在诉讼制度中,控辩审三方是刑事诉讼的活动主体。"刑事诉讼构造是由一定的诉讼目的所决定的,并由主要诉讼程序和证据规则中的诉讼基本方式所体现的控诉、辩护、裁判三方的法律地位和相互关系。"[②]其中,控辩平等是对司法职能配置的基本要求,是指控辩双方平等武装、平等对抗,它必然触及诉讼制度的构造。有学者认为,实现控辩平等,是刑事诉讼制度史上的第三次重大革命。[③] 根据我国2012年《刑事诉讼法》确定的诉讼目的、诉讼程序和证据规则,刑事诉讼构造控辩审三方关系中的控辩平等至少包括以下含义:

首先,控辩平等,是指诉讼双方拥有平等的诉讼权利。《世界人权宣言》第7条规定"法律之前人人平等,并有权享受法律的平等保护,不受任何歧视"。在平等的诉讼权利中,最重要的是质证权利。质证权包括交叉询问和对质的权利。

其次,控辩平等体现为审判程序中控辩审三方的互动关系。现代诉讼是控辩审三方共同从事的司法活动,它们是不同的认识主体,扮演着不同的诉讼角色。诉讼任务要靠三方的共同努力才能完成,因此,维护控辩平等是一个基本要求。"控诉、辩护、审判三方面人员在诉讼上的地位是平等的"。[④] 我国1996年《刑事诉讼法》引入了对抗制因素;2012年《刑事诉讼法》修订进一步强化了控方举证责任和辩护方质证的权利,第59条强调了"双方质证"。这表明,在我国已经形成了具有对抗制因素的诉讼构造,控辩审三方是"一个中心、两个基本点"的互动关系。一个中心即审

① 陈光中等:《中国司法制度的基础理论问题研究》,经济科学出版社2010年版,第17页。

② 李心鉴:《刑事诉讼构造论》,中国政法大学出版社1992年版,第7页。

③ 参见冀祥德:《论司法权配置的两个要素》,载《中国刑事法杂志》2013年第4期。

④ 程荣斌主编:《中国律师制度原理》,中国人民大学出版社1998年版,第244页。

判,法院居中裁判;两个基本点,则是控诉方和辩护方。现代诉讼活动特别是法庭审判,是由控辩审三方平等参与的法庭论证或辩论活动,反映了一个"法庭工作群体"(court group)的认识互动过程(参见图7.1)。

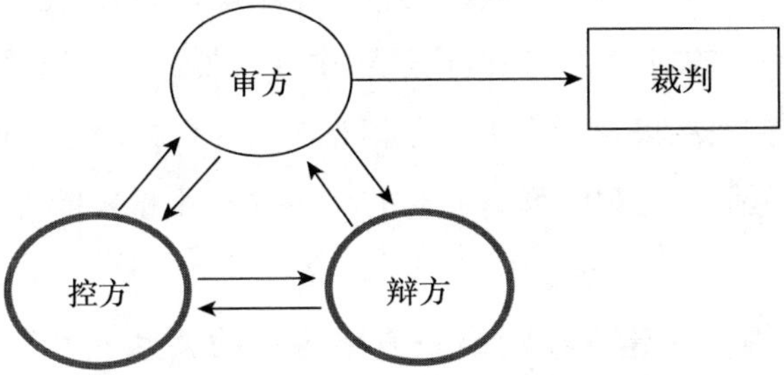

图7.1　"法庭工作群体"三方互动关系

最后,司法审判是一个平等对论的法律推理过程。如图7.1所示,司法审判实际上是一个"法庭工作群体"的法律推理过程。在这个过程中,检察官、辩护律师和法官的法律推理形成了具有如下特点的互动关系:其一,理由论证和平等对论。"论证(辩论)所描述的是形成理由、得出结论以及将它们应用于一种正在思考的情况的活动或过程……在诉讼活动中,律师公开一种主张,提出预防性的忠告,申述理由、得出结论、适用法律是劝告的中心内容。而法官也从事着论证(辩论)活动。在寻找最好的规则或判决以及在以一种观点表达和保护规则的过程中,法官为自己所采取的立场进行论证(辩论)。"①其二,在对论过程中,检察官和辩护律师的证明,与事实认定者(陪审团、法官)的推论形成一种互动关系。互动各方都在努力影响对方的同时,自觉不自觉地接受对方推论的影响,事实认定便产生于这种相互作用的合力。作为法治国家的现代审判制度,法律推理是由控辩审三方平等参与的法庭论证或辩论活动。辩论的平等性表现为,"在进行裁判的法庭上,任何凭借强力和实力并以此对裁判施加影响与干预的情形都不能允许。利用言辞和施展口才而展开的辩论是唯一的武器"。② 因此,法治国家的法庭应当是一个论证判决理由的"论坛"。法官、

① Kent Sinclair, *Legal Reasoning: in Search of an Adequate Theory of Argument*, California Law Review, Vol. 59, p. 821－858(1971).

② [日]松浦好治:《裁判过程与法的推论》,李道军译,载刘士国主编:《法解释的基本问题》,山东人民出版社2003年版,第144页。

检察官和律师具有完全平等的地位，只能通过“讲理”的方式来说服人，“在公开的法庭上，无论当事者各自有什么样的社会属性，他们都被视为具有对等的、独立的人格，不受任何非合理力量的支配。在这种理性支配的场合，说明义务被高度地规范化，任何强词夺理以各种借口逃避说明的行为都不能被允许，完全有可能在理想状态下展开自由而理性的对论。”①在对论过程中，检察官、辩护律师和法官的推理形成一种互动关系，判决结果则产生于三方相互作用的合力。正是通过平等辩论，才使案件事实越来越清楚、法律解释越来越一致、判决理由越来越凸显。

四、控辩平等要求建立控辩审三方平等互动关系

党的十八届四中全会《决定》提出“优化司法职权配置”的要求，是在全面推进依法治国的大背景下提出的任务。这个任务的实现，应当与“推进以审判为中心的诉讼制度改革”结合起来，突破传统的“公检法三家配合、制约”格局。在这种传统的“铁三角”关系中，没有辩护方的地位，这违背了控辩平等的司法规律。因此，推进以审判为中心的诉讼制度改革，必须秉持现代法治思维，具体而言，调整传统的诉讼构造，从以侦查为中心的关系，转变为以审判为中心的控辩审三方互动关系，如图7.2所示。

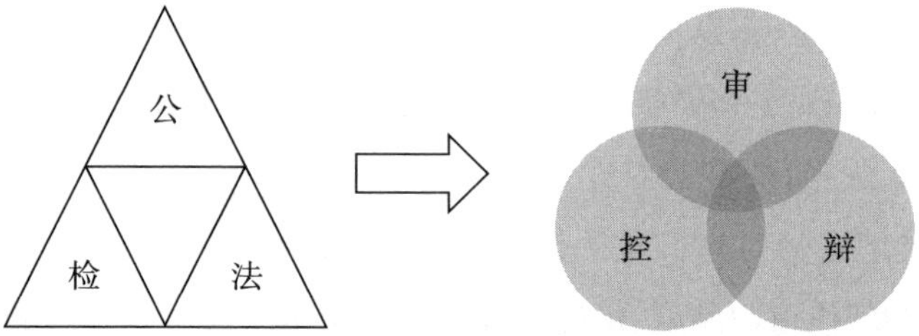

图7.2 从公检法“铁三角”关系转变为控辩审三方互动关系

李心鉴概括了审判程序中控辩平等的几个要点：②(1)对于调查的范围、顺序和方法，控辩双方享有平等的请求权；(2)控辩双方具有平等的举证权利；(3)控辩双

① [日]棚濑孝雄：《纠纷的解决与审判制度》，王亚新译，中国政法大学出版社1994年版，第127~128页。

② 参见李心鉴：《刑事诉讼构造论》，中国政法大学出版社1992年版，第257~258页。

方具有同等的问证和辩论机会；(4)公诉人的审判监督不应导致控辩双方的不平等。

随着司法改革的逐步深入，控辩不平衡的问题日益凸显，检法关系也陷入尴尬，这表现在以下几个方面：

其一，关于“警察特权”。在侦查中心的诉讼构造中，警察目前还拥有一些不受检察院和法院制约的特权。例如，在证据合法性调查程序中侦查人员出庭的身份，2012年《刑事诉讼法》第57条第2款将其规定为“出庭说明情况”。然而，警察或其他侦查人员作为程序性事实的知情人，应履行2012年《刑事诉讼法》第60条规定的“凡是知道案件情况的人，都有作证的义务”，“说明情况”显然是指对讯问、勘验、检查、搜查、扣押、羁押等的合法性加以证明。侦查人员对“程序性事实（如获取口供和提取物证的过程等情况）……如参与或目击抓捕嫌疑人和审讯嫌疑人的过程”①等情况出庭，具有“程序证人”②的身份。一旦出庭，便不能仅“说明情况”，还须遵守证人出庭作证的有关规定：一是根据2012年《刑事诉讼法》第189条，检察官以直接询问的方式让侦查人员举证自己的取证行为具有合法性（说明情况）；二是根据2012年《刑事诉讼法》第59条的质证规定，由辩护方律师进行交叉询问，或者由被告人与其当面对质。因此，2012年《刑事诉讼法》第57条第2款的未来修订应当体现如下3个要求：一是明确侦查人员出庭的证人身份；二是补充规定当事人和辩护人等提请法院通知侦查人员出庭的权利；三是参照2012年《刑事诉讼法》第187条第3款关于“经人民法院通知，鉴定人拒不出庭作证的，鉴定意见不得作为定案的根据”的规定，对拒不出庭作证的侦查人员获得的有关证据予以排除。

其二，关于控辩双方不平等的请求权。例如，在证据合法性调查程序中，2012年《刑事诉讼法》第57条第2款规定了侦查人员出庭的3种启动程序：“现有证据材料不能证明证据收集的合法性的，人民检察院可以提请人民法院通知有关侦查人员或者其他人员出庭说明情况；人民法院可以通知有关侦查人员或者其他人员出庭说明情况。有关侦查人员或者其他人员也可以要求出庭说明情况。”该款规定了检察院提请的通知程序、法院通知程序、侦查人员要求程序，却没有规定辩护方的这种启动

① 何家弘：《对侦查人员出庭作证的实证研究》，载《人民检察》2010年第11期。

② 陈瑞华：《论侦查人员的证人地位》，载《暨南学报》2010年第2期。

权，这有违控辩双方权利平等的原则。

其三，检察权凌驾于审判权之上造成控审关系失衡。刑事诉讼程序带有竞争性，诉讼双方在相对被动的裁判者面前展开竞争，这是为了让双方充分举证、质证而使案件事实的认定更准确，减少冤假错案。我国司法改革的轨迹是职权主义因素逐步减少，当事人主义因素逐步增加。“在职权主义国家，刑事诉讼程序基本上类似于一项官方调查，大部分程序活动是由官员们来推进的。而在当事人主义国家，刑事诉讼程序的原型是一场竞赛或纠纷，诉讼双方在一位相对被动的裁判者面前展开竞争，双方当事人主导着大部分的程序性活动”。[①] 根据2012年《刑事诉讼法》第217条、第221条的规定，地方各级人民检察院认为本级人民法院第一审的判决、裁定确有错误的时候，应当向上一级人民法院提出抗诉。在根据上述规定而形成的控辩审三方关系中，检察院办理自侦案件同时拥有侦查权、检察权和法律监督权三重权力。在浙江省宁波市某区的“章某受贿案”一审中，被告人说其审前有罪供述是被侦查机关刑讯逼供、诱供而作出的违心供述，并与辩护人多次向某区人民法院申请要求控方提供章某全程审讯录像并予以当庭质证。然而在庭审中，某区人民检察院明确告知法院：审讯录像涉及机密问题，当庭播放不利于保密，故不能移送法院。辩护人又向法庭申请侦查人员出庭，控方也明确表示不出庭。鉴于此，一审法院判决，公诉方提供的证据不足以证明侦查机关获取被告人章某审判前有罪供述的合法性。法庭调取了被告人的体表检查登记表，证明章某在审讯时受伤的事实，控方又不能作出合理解释。依照“两院三部”《排除非法证据规定》第11条的规定，对被告人审判前供述的合法性，公诉人不提供证据予以证明，或者已提供的证据不够确实、充分的，该供述不能作为定案的依据。被告人章某及其辩护人提出的该辩解、辩护意见予以采纳。法院认定，章某利用职务上的便利，非法收受他人贿赂6000元，其行为构成受贿罪，判处免予刑事处罚。[②] 然而，某区人民检察院认为一审判决在认定事实、采信证据、适用法律方面存在错误，导致量刑明显不当，向宁波市中级人民法院提出抗诉。2011年8月、12月，宁波市人民法院两次开庭审理“章某受贿案”。二审法院采

① ［美］米尔伊安·R.达玛什卡：《司法和国家权力的多种面孔——比较视野中的法律程序》，郑戈译，中国政法大学出版社2004年版，第5页。

② 参见浙江省宁波市鄞州区人民法院判决书，（2011）甬鄞刑初字第320号。

纳检察机关抗诉意见，终审判决确认了检察机关取证合法，以受贿罪判处章某有期徒刑二年。①

其四，将“无罪判决率”作为检察业务考评指标导致抗诉权的滥用。现在一些省级检察院把无罪判决划入“刑事错案”，而对基层检察院和检察官进行考评。与其他指标相比，对无罪判决扣分最高。例如，在审查逮捕和审查起诉时，宁夏回族自治区检察院、天津市检察院每人减10分、重庆市检察院每人扣20分、北京市检察院每出现0.01%减10分。② 又如，天津市检察院规定：“逮捕后一审判决无罪的，每人减10分，经抗诉改判有罪的除外。”宁夏回族自治区检察院规定，“无罪案件是指，起诉后法院判决无罪，提起公诉的检察院未提出抗诉；或者提出抗诉上一级检察院未予支持”。这种考评办法，对检察院积极抗诉起到激励作用。而抗诉，意味着存在改判有罪的可能性。因此，抗诉似乎成为一种必然选择，从而导致一些检察院滥用抗诉权。然而，无罪推定是法治国家的一项诉讼原则，也是国际公约保护的基本人权。法院根据无罪推定和证据裁判等原则作出无罪判决的比率，是司法文明的一个重要标志。我国2012年《刑事诉讼法》已将“保障无罪的人不受刑事追究……尊重和保障人权”规定为我国刑事诉讼法的任务之一。因此，检察院把“无罪判决率”作为检察业务考评指标，既违背无罪推定的法治原则，也是检察权干扰审判权独立行使的一种表现。

五、加强被告人辩护权利保障

实现控辩平等，除要适当抑制控方权力外，还应大力加强辩方权利保障，使司法权力与诉讼权利适当平衡。现代刑事法治的一个特点是，在通向定罪的道路上设置程序障碍，以便将无辜判罪的概率降到最小。在诉讼制度构造上，律师恰恰是这些

① 参见岳耀勇、银剑：《宁波章国锡受贿案法院采纳检察机关抗诉意见》，载正义网－检察日报，http://news.jcrb.com/jxsw/201207/t20120719_908155.html。

② 参见《宁夏回族自治区基层人民检察院考核评定办法(试行)》，2012年9月28日发布。参见《天津市检察机关侦查监督工作量化考评办法》，2013年5月14日发布。参见《天津市检察机关2013年公诉工作考评办法》，2013年5月22日发布。参见《重庆市基层检察院年度工作目标考核办法(2013年修订)》，2013年4月17日发布。参见《北京市基层人民检察院建设考评实施细则》，2013年6月26日发布。

程序障碍中最难对付的障碍之一，这是辩护制度存在的正当理由。然而，我国关于辩护制度的法律，从立法意图上看，却主要是对律师权利加以限制、对律师行为进行规范，而不是以保护律师权利为主导。这种立法理念，可能不利于建立律师与控诉方平等对抗的司法制度。另外，人们往往把辩护权仅看作律师的权利，而忽视了被告人的权利主体地位，这是不正确的。因此，需要确立以被告人为主体的辩护权利保障体系，这包括以下任务：

（一）以被告人"不得自证其罪的权利"为基础来确立律师辩护权利

我国2012年《刑事诉讼法》第50条规定，"不得强迫任何人证实自己有罪"，这是我国刑事诉讼人权保障的重要进步。但是，该规定与"不得自证其罪的权利"仍有差距，后者是刑事被告人或证人的一项诉讼权利，旨在保障一个人不被强迫提供可能导致其受到刑事指控的证言。它与无罪推定原则一起，确保国家承担刑事指控的证明责任，因而蕴含沉默权。① 因此，该权利的完整含义：一是"不得强迫任何人证实自己有罪"，即犯罪嫌疑人、被告人没有义务为控诉方的有罪指控向法庭提供任何可能对自己不利的陈述和其他证据，控诉方不得采取任何非人道或有损其人格尊严的方法强迫其作出供述或提供证据；二是不得强迫任何人证实自己无罪，即犯罪嫌疑人、被告人没有证明自己无罪的义务。确立犯罪嫌疑人、被告人不被强迫自证无罪的权利即沉默权，是中国证据法治发展的一个努力方向。"在诉讼中，原则上应当由控诉方提供证据来证明其所指控的犯罪事实成立，被告人在诉讼中不承担证明自己无罪的责任，既然如此，被告人也就没有义务在针对其进行的查找证据的活动中予以合作，他可以在诉讼过程中保持沉默，也可以明确表示拒绝陈述，即被告人在诉讼中享有反对强迫自证其罪的特权或者说沉默权，不得强迫被告人陈述与案情有关的事实，不能因为被告人保持沉默或拒绝陈述就认定其有罪或得出对其不利的结论。"②

在对抗制审判中，辩护律师的主要职责是使"不得自证其罪的权利"得以真正落

---

① See Bryan A. Garner, *Black's Law Dictionary*, 8th Edition, Thomson West, p. 1324, 1327(2004).
② 卞建林主编：《刑事诉讼法学》，科学出版社2008年版，第72页。

实。18 世纪 30 年代英格兰辩护制度兴起的主要原因,是为了对控方的伪证进行调查。在英美对抗式审判中,法官居中裁判,主要由控方承担举证责任,即控方的证据必须充实确凿。因此,在英美庭审中,在控方向法庭提出证据后,辩护律师的一项主要职能是向法官提出动议,要求审查控方证据是否充实确凿。如果法官审查后发现控方证据不充分,不能满足举证责任,则裁决审判终结,被告不需要展开辩护。"对抗式这种新型审判方式取代了'被告陈述式'庭审,几乎使被告可以一言不发。审判主要是向辩护律师提供一个机会,以查究控方事证","在普通法上,被告接受询问时并不宣誓。实际上,即使他愿意,也不能宣誓作证。普通法法院起初发展不自证其罪的原则,是用来反制各教会法院和特权法院中完全完全不同的、基于宣誓的审判程序……而新近的研究关注辩护律师的出现,刑事被告保持沉默的权利就是放弃所有抗辩的权利;在一个强调适用极刑的体制下,保持沉默的权利无疑就等于自戕权。只有到辩护律师成功地重塑刑事审判、使沉默的被告获得辩护成为可能之时,普通法审判程序中不自证其罪的权利才可能真正兑现"。①

(二)保护被告人和辩护人的质证权利

2012 年《刑事诉讼法》第 59 条规定:"证人证言必须在法庭上经过公诉人、被害人和被告人、辩护人双方质证并且查实以后,才能作为定案的根据。"该条规定不仅突出了"双方质证","必须……才能"的语法结构还强调了质证是证言采信的必要条件。2012 年最高人民法院《刑诉法解释》进一步明确了未经质证不得认证的原则,其中第 63 条规定:"证据未经当庭出示、辨认、质证等法庭调查程序查证属实,不得作为定案的根据。"

目前,质证权利的规定和实施还存在两个问题:其一,我国《刑事诉讼法》还未从被告人诉讼权利的高度对质证权作出明确规定,没有把交叉询问规定为刑事被告人的一项诉讼权利;其二,我国《宪法》还没有将被告人与证人对质的权利确立为一项宪法权利,《刑事诉讼法》中尚无"对质"概念;2012 年最高人民法院《刑诉法解释》第 199 条只规定了"必要时,可以传唤同案被告人等到庭对质",这是不够的;《人民检

① [美]兰博约:《对抗式刑事审判的起源》,王志强译,复旦大学出版社 2010 年版,第 126、257 页。

察院刑事诉讼规则(试行)》第438条关于"被告人、证人对同一事实的陈述存在矛盾需要对质的,公诉人可以建议法庭传唤有关被告人、证人同时到庭对质"的规定,则没有考虑被告人对质程序的启动权。从性质上说,对质权作为被告人的基本人权,应当由被告人单方面启动和享有,任何人不得剥夺。它是《公民权利和政治权利公约》第14条确立的被告人权利,是美国宪法第六修正案确立的被告人宪法权利。从贯彻《宪法》和《刑事诉讼法》"尊重和保护人权"的要求看,我国立法应当将刑事被告人与证人对质的权利作为一项基本人权加以保护。

就辩护人的质证权利而言,它是从被告人的质证权利派生而来,权利主体是被告人。"有了辩护律师,使得原本都由被告一人全部承担的两类事物得以厘清:一是查究控方提出的事证是否合理,二是提出足以反驳控方证据的辩护证据、包括被告人的陈述。辩护律师不仅帮助被告人询问和交叉询问证人,他通常还应在控方证据提交完毕后,提出一项指示性无罪裁决的动议,以追问法官:控方是否履行了提出充分证据的责任、以支持一项有罪裁决?只有法官驳回这项动议后,辩方才需要决定是否提出自己的证据。"①

(三)应当尽快设立律师—委托人作证特免权

作证特免权规则是一类比较特殊的证据规则,"大多数证据规则旨在促进事实认定程序,但创设证据特免权的规则与此不同。从总体上看,它们排除具有相关性的证据,这是为了促进与准确事实认定无关的外部政策。它们的主要目的,是保护法庭世界之外的特定关系和利益,这些关系和利益被认为具有充分的重要性,值得司法程序以失去有用证据的方式来承担这些成本"。② 和谐作为一项证据政策,就体现了求真与求善的这种平衡。证据法的和谐价值在作证特免权中体现得十分突出。威格莫尔认为,作证特免权存在的一个基本理由是,要表明一种法律制度重视这些特殊关系胜过制裁犯罪行为。也就是说,通过破坏这些特殊关系而获得查明事

---

① [美]兰博约:《对抗式刑事审判的起源》,王志强译,复旦大学出版社2010年版,第251页。

② [美]罗纳德·J.艾伦等:《证据法:文本、问题和案例》,张保生、王进喜、赵滢译,满运龙校,高等教育出版社2006年版,第905页。

实真相的价值，不及牺牲查明事实真相而维护这些关系的价值。[①]

律师—委托人作证特免权建立在 3 个假设基础上：(1) 由于法律的复杂性，为了保证社会成员能够遵守法律、解决争端，需要获得专业上的帮助，因此一个人获得律师的帮助是有益的。(2) 律师的法律服务和帮助，必须建立在委托人对其高度信任、对有关事实坦诚相告的基础上。如果律师对于委托人的案子没有充分的了解，就不可能有效履行职责。(3) 如果不能确保向律师披露的不利信息不会在法庭上用来反对他们，委托人就不会向律师充分披露有关信息。

有观点认为，我国 2012 年《刑事诉讼法》第 46 条关于“辩护律师对在执业活动中知悉的委托人的有关情况和信息，有权予以保密”的规定，第一次确立了刑事诉讼的律师—委托人特免权。[②] 然而，律师—委托人特免权要保护的不仅是律师为委托人保密的权利，[③]更重要的是，保护委托人的诉讼权利。因此，从这种特免权的权利主体来看，“特免权的拥有者是委托人，但该特免权可以为各种代理委托人的人代表委托人而主张。律师—委托人特免权的创设最初基于这样的理论，即律师披露与委托人的秘密交流将是违反职业准则的，因此律师是该特免权的拥有者。今天，各个司法辖区一致认可，律师—委托人特免权的存在是为了委托人的利益，因此，委托人现在是该特免权的拥有者”。[④]

（四）律师伪证罪可能是一个伪命题

要切实保障被告人“不得自证其罪的权利”和律师辩护权，就应该重新审视律师伪证罪。我国《刑法》第 306 条第 1 款规定：“在刑事诉讼中，辩护人、诉讼代理人毁灭、伪造证据，帮助当事人毁灭、伪造证据，威胁、引诱证人违背事实改变证言或者作伪证的，处三年以下有期徒刑或者拘役；情节严重的，处三年以上七年以下有期

① 参见[美]罗纳德·J. 艾伦等：《证据法：文本、问题和案例》，张保生、王进喜、赵滢译，满运龙校，高等教育出版社 2006 年版，第 906 页。

② 参见王胜明、赵大程主编：《中华人民共和国律师法释义》，法律出版社 2007 年版，第 119 页。

③ 参见最高人民检察院《关于依法保障律师执业权利的规定》，2014 年 12 月 16 日最高人民检察院第十二届检察委员会第三十二次会议通过。

④ [美]罗纳德·J. 艾伦等：《证据法：文本、问题和案例》，张保生、王进喜、赵滢译，满运龙校，高等教育出版社 2006 年版，第 918 页。

徒刑。”

律师伪证罪成立的前提是，律师为证人。因为按照逻辑，只有证人才能作伪证。然而，在诉讼过程中，证人、律师（包括检察官）、法官和陪审团，是完全不同的诉讼角色。证人一般分为两类：一类是目击证人，“是指对于案件事实有直接或亲身知识的人”，①只能对自己感官觉察到的情况作证，而不能提供意见证据；另一类是专家证人，可以基于自己所拥有的专门知识或技能提供专家意见。律师对案件事实既无亲身知识，又无专门知识。诉讼律师（包括检察官）的角色是，通过运用证人、书证和物证等，向事实认定者（陪审团或法官）提供信息。

谷口安平教授概括了律师的如下角色特征：②（1）律师是辩论专家。经过训练和长期实践，律师在其拥有的法律知识和法律推理能力的基础上，能够根据具体案情对有利于委托人的论点和证据材料加以组织，并以逻辑严密完整的样式来展开辩论。（2）律师因案件本质上属于他人的问题，而能保持一定距离，较客观冷静地把握情况，进行具有说服力的辩论，并说服陪审团接受其推断和结论。（3）律师作为从事法律职业者，接受这种职业团体的伦理规范制约。律师虽为当事人的代理人，但其利益或立场并不完全等同于当事人本身；另外，律师虽与法官同属法律职业者，但并非附属于司法机关，而是站在一种中间、独立的立场参与诉讼。

因为律师在诉讼中具有与检察官大致相当的独立诉讼角色，所以，检察官和律师都不是证人，因而都不会犯伪证罪。律师和检察官的角色是调查、访谈，通过运用证据向事实认定者提供对案件最有价值的信息。其中，律师的辩护权还是来自委托人的授权。

---

① ［美］彼得·G. 伦斯特洛姆编：《美国法律辞典》，张志铭等译，中国政法大学出版社 1998 年版，第 221 页。

② 参见［日］谷口安平：《程序的正义与诉讼》，王亚新、刘荣军译，中国政法大学出版社 1996 年版，第 78～80 页。

第八章　证据裁判是司法文明的高级阶段*

内容提要

针对传统的“神明裁判—法定证据—自由心证”三阶段理论具有偏重形式划分的局限性，陈光中教授提出了“神明裁判—口供裁判—证据裁判”新三阶段划分理论，以是否依赖口供为标志，在人治与法治的证据制度之间划出一条清晰的界限。其法治意义：一是用口供裁判重新命名法定证据制度，凸显其必然导致刑讯逼供之野蛮人治的本质特征；二是指明了我国证据制度建设必须以证据裁判取代口供裁判的未来发展方向。证据裁判原则在中国的全面贯彻，应当以保障不得强迫自证其罪的权利为重点，在继续发挥非法证据排除规则作用的同时，探索被告人口供转变为证人证言之路，以斩断刑讯逼供的制度根源，建设更高水平的社会主义司法文明。

一、司法文明三阶段传统划分理论的局限性

陈光中教授指出：“证据裁判原则不是自古有之，而是司法制度发展到一定历史阶段的产物。”他针对我国诉讼法学者通常将司法活动概括为“神明裁判、法定证据和自由心证”这种传统的三阶段理论，另辟蹊径地指出：“如不限于欧洲大陆而从世界范围来看，后面两个阶段改称为口供裁判、证据裁判似更符合实际情况。”这个论断，提出了一种关于司法文明三阶段划分的新理论，即“神明裁判、口供裁判和证据裁判”。①

* 本章原题为《陈光中司法文明三阶段新论的法治意义》，原载《证据科学》2020 年第 3 期。

① 参见陈光中：《刑事证据制度改革若干理论与实践问题之探讨——以两院三部〈两个证据规定〉之公布为视角》，载《中国法学》2010 年第 5 期。

“神明裁判—法定证据—自由心证”之正反合三段式中,法定证据制度是对神明裁判的否定,它用人的力量取代了神的力量;自由心证原则又是对法定证据原则的否定,它用法官对证据的自由评价取代了立法者对证据证明力的预设,取消了“被告人供词的优先地位”,从而“降低了人证的证明价值”,“相应提高了物证的证明价值”。[①] 正是司法制度本身这种自我否定的内生动力,才促进了人类司法文明从低级向高级的自我发展。

法定证据和自由心证作为司法文明不同发展阶段的称谓,主要是从形式上进行的一种划分,即前者“以详细的法律规定明确了其要件(一种法定证据理论):只有嫌疑人认罪或者有两个见证人证明其行为时,才应该作出有罪判决”。后者,“法律不再规定要求法官在何种前提下视有罪证明已提出或未提出”,而是“根据从整个审理所获得的自由的确信,法庭决定证据调查的结论”。[②] 由于法定证据主义忽视法官经验在事实认定中的作用,限制法官在证据运用、事实认定及司法裁判中的自由裁量权,所以,一般认为,现代意义上的证据裁判原则与法定证据制度无缘,而是根植于自由心证制度的土壤。这就使证据裁判与自由心证无论是作为一种证据制度还是作为一种理论原则,都具有了内容上的一致性。一方面,证据是法官自由心证的基础;另一方面,法官本着良心推求内心确信是证据裁判的方法。也就是说,证据裁判原则不仅要求法庭认定事实必须以呈堂的证据材料作为基础,而且要求法官在这些证据材料的基础上,就案件事实作出经验推论,从而达到以内心确信为证明标准的自由心证。但是,尽管自由心证与证据裁判有如此紧密的联系,但由于拉德布鲁赫侧重从形式方面对司法文明第二和第三阶段进行区分,还是容易使人产生一种错觉,即可能误以为今天我们如果奉行法定证据主义好像并无原则性错误,只不过就是将证据的证明力交由立法者预先规定,而非交由法官自由评价而已。由此,便可能放松对法定证据主义之人治本质的警惕,这不仅会使人忽视证据制度建设中的基本权利保障,还导致“中国证据立法遵循了一种以限制证据的证明力为核心的基本理念,即‘新法定证据主义’的理念”。所造成的结果是,“中国证据法所确立的并

---

① [德]拉德布鲁赫:《法学导论》,米健译,法律出版社2012年版,第145页。

② [德]拉德布鲁赫:《法学导论》,米健译,法律出版社2012年版,第142~144页。

不是真正意义上的自由心证原则，而是带有法定证据制度色彩的特殊证据制度”。① 因此，陈光中先生提出一种新的三阶段划分理论，揭示了第二阶段的口供裁判和第三阶段的证据裁判是两种截然不同的司法文明，它们实质上体现了人治证据制度与法治证据制度的根本区别。这种新的三阶段划分理论，对“努力创造更高水平的社会主义司法文明”②具有重要的法治指引意义。

二、口供裁判的历史进步性与野蛮性

作为神明裁判之否定形式的法定证据制度，既有历史的进步性，又有野蛮的局限性。“作为一个长足的进步，它用现代符合理性的证据，首先是证人证言，取代了旧时建立在信仰和迷信之上的证据。”③

神明裁判是发端于人类社会早期，借助超自然的力量对案件进行裁判的神示证据制度。它通过召唤神的力量介入裁判，来观察当事人行为或考验的结果，从而最终决定案件的审判结果。这种证据制度普遍存在于人类社会早期的各种文明之中。例如，形成于古希腊时期的《荷马史诗》就有大量关于决斗的记载。在古代日耳曼人统治欧洲的中世纪早期，神示证据制度更是大行其道，成为一种占统治地位的司法裁判方式。在神明裁判中实际上有 5 个主体：当事人双方、证人、法官以及神明。其中，法官常退居幕后，甚至不需要形式上的法官。神明裁判主要是通过当事人双方和证人，以各种形式与神明进行互动体现出来的。我国上古时期也存在神明裁判的痕迹。传说尧舜禹时期，皋陶作为执掌刑狱的法官，就通过神兽獬豸断案。英国哲学家乔纳森·科恩指出：“（神明裁判）证明并非用来说服扮演法官角色的上帝的证明，而是通过折磨性考验结果来说服人类法官的证明。”④

神示证据制度在欧洲大陆的兴起主要有两个背景：一是日耳曼民族的兴起为神示证据制度奠定了社会基础。神示证据制度在日耳曼民族有深远的传统，公元 5 世

---

① 陈瑞华：《以限制证据证明力为核心的新法定证据主义》，载《法学研究》2012 年第 6 期。
② 参见 2015 年中共中央办公厅、国务院办公厅《关于贯彻落实党的十八届四中全会决定进一步深化司法体制和社会体制改革的实施方案》。
③ ［德］拉德布鲁赫：《法学导论》，米健译，法律出版社 2012 年版，第 142 页。
④ ［英］乔纳森·科恩：《证明的自由》，何家弘译，载《外国法译评》1997 年第 3 期。

纪开始,日耳曼民族兴起并逐渐统治了欧洲大陆的大部分区域,其民俗法也逐渐向所占领区域逐渐渗透,这为神示证据制度的兴起提供了基本条件。二是日耳曼宗教与基督教的结合。日耳曼人在欧洲大陆占统治地位的同时,基督教也在欧洲大陆得以传播。基督教信仰和实践对日耳曼人产生了巨大吸引力,日耳曼人的习俗和信仰逐渐与基督教义融合。日耳曼宗教和基督教都认为:超自然的力量是自然界所固有的,而感官能够接近的世界只是一种面具,在面具背后才发生着真正重要的事件。①这种对存在于灵魂之外的超自然力量的信仰,为神示证据制度的兴盛打下了思想基础。

神明裁判的外在形式种类繁多,其中比较典型的是水审、火审等。水审就是以让被告人溺水的方式进行审判。在公元前18世纪颁布的《汉穆拉比法典》第2条中规定:"无故以符咒蛊惑他人时,受蛊人应至圣河;投入河中。受蛊人溺毙圣河中时,加蛊人取其房屋。圣河若以其无辜而不加伤害时,加蛊人处死刑。跳入圣河者取加蛊人之房屋。"②古代日耳曼人的水审则是将诉讼当事人的膝盖绑起来,然后用一根绳子系在腰部,慢慢放入水中。根据他头发的长度在绳子上打一个结,如果他的身体沉入水中的深度足以使那个绳结没入水中,则证明他是清白的;否则就证明他是有罪的。因为洗礼派认为,水是圣洁的,不能容纳提供虚假证言的邪恶之人。③ 火审则是通过观察火对一方当事人灼烧所产生的后果,来确定案件事实的审判方式。中世纪从事审判的牧师在进行火审时常会这样说:"噢,上帝,公正的法官,你是和平的缔造者,你作出公平的审判,我们谦卑地祈求你赐福,而这块炽热的烙铁彰显神灵,凭它对未决的争执进行公正的检验。倘若此人欲洗刷嫌疑,证明自己清白,就亲手拿起这块炽热的烙铁,他会安然无恙;倘若有罪,便让你最公正的大能在其身上昭显真相。邪恶压不倒正义,谬误永远战胜不了真理。愿主保佑。"④我国古代也存在火审,如《南齐书》记载:"无牢狱,有讼则……烧锁令赤,著上捧行七步,有罪者手皆焦

① 参见[美]哈罗德·J. 伯尔曼:《法律与革命——西方法律传统的形成》,张志铭等译,中国大百科全书出版社1993年版,第77页。

② [英]爱德华滋:《汉穆拉比法典》,沈大銈译,曾尔恕勘校,中国政法大学出版社2005年版,第26页。

③ 参见何家弘主编:《证据法学研究》,中国人民大学出版社2007年版,第4页。

④ Zeumer, Karl(ed.), *Formulae* Merowingici et Karolini aevi, MGH(Hanover, 1886), p. 700 – 701。转引自[英]罗伯特·巴特莱特:《中世纪神判》,徐昕等译,浙江人民出版社2007年版,第1页。

烂,无罪者不伤”。① 可以预见,按这种方式审判,捧着赤链散步者无一人能够幸免于罪。在古代日耳曼时期,还有一种奶酪或面包审:将一盎司(约31克)的面包或者奶酪放在被控者面前,教会人员则在一旁祈祷:“主呀,如果这个人不正当地发誓,那就闭上他的胃,使他无法咽下这块面包(奶酪)吧!”如果被控者无法咽下面包(奶酪)或者剩下面包(奶酪),那么他就是有罪的。这种审判被西方法史学家戏称为“原始测谎器”。②

司法决斗也是神明裁判愚昧性的一种体现,因为争讼双方可以决斗的胜负来展示神意。司法决斗并非私人间的武斗,而是由法庭命令或认可的裁判方式,它有法律规则的依据,具有固定仪式,以武力方式证明案件事实和诉讼请求,旨在避免或结束暴力冲突。③ 中世纪早期,随着封建制度的发展及骑士文化的兴起,司法决斗成为骑士阶层最乐衷的纠纷解决方式,且逐渐演变为某种激进的生活方式与尊严象征。司法决斗的主体是双方当事人,但有时也会涉及其他人。当事人可要求与对方证人决斗,证人也可要求与申请回避的当事人决斗,宣誓辅助人也可参与决斗,甚至不服从判决的败诉方还可要求与法官决斗。在司法实践中,司法决斗广泛运用于各种类型的案件。例如,意大利11世纪的《伦巴第法文集》列举了23种“可能导致司法决斗的行为”,包括叛逆罪、性犯罪如通奸和乱伦、纵火罪、投毒罪、证言冲突、对书证的异议、财产案件,以及一定金额以上的盗窃罪。④ 这足以说明司法决斗适用范围的广泛性。英国在1066年被诺曼征服之后引入了司法决斗,其不仅用于刑事诉讼,也用于民事诉讼,尤其是涉及不动产争议的案件。在决斗过程中,决斗双方须遵循严格的程序。⑤

与神明裁判相比,法定证据制度不再信奉超自然的神,而是依赖人类自身的力量(口供和证言)来解决社会争端。从这个意义上说,它在人类司法文明史上告别了神明裁判的愚昧时期。法定证据制度将人类争端的解决转向于依赖人,首先是证人

① 《南齐书》卷五十八列传第三十九。

② 参见[美]哈罗德·J.伯尔曼:《法律与革命——西方法律传统的形成》,张志铭等译,中国大百科全书出版社1993年版,第67页。

③ 徐昕:《司法决斗之一:从武力到决斗》,载《检察日报》2007年3月16日,第3版。

④ [英]巴特莱特:《中世纪神判》,徐昕、喻中胜、徐昀译,浙江人民出版社2007年版,第138页。

⑤ 徐昕:《司法决斗考》,载《法制与社会发展》2007年第1期。

证言,证人拥有的直接知识使其证言成为审判的信息源。

与证人证言相比,口供在司法文明发展的第二阶段之所以备受重视,除它比证言更容易获得外,还因其常被视为证明力较强的直接证据。口供作为犯罪嫌疑人、被告人就案件事实向侦查、检察、审判人员所作的陈述,至少有3个重要作用:一是可为侦查和审判活动提供重要信息,有利于确定侦查方向,收集犯罪证据,促进高效、准确的事实认定,节约司法资源。二是从自愿供述者的角度看,确实存在过失或故意犯罪后自我谴责和良心发现等情况,口供证据也给犯罪人提供了一个主动认罪、积极悔过的机会。"投案自首者表现了对法律的归服并一般表现了作案者改恶向善的意愿因而易于改造"。[①] 三是从审判的角度看,口供的证明价值不可否认,"惟自白在证据法上属于直接证据之一种,究其性质而论,乃具有不可替代之地位"。[②] 人们通常会习惯地认为,没有口供的定案证据不具有充分性,即欠缺口供的案件不具有定案的"应然性"。[③] 这种无供不敢定罪的观念正是受到口供裁判主义的影响,致使法官在司法实践中过于依赖口供,甚至造成为获取口供而刑讯逼供的现象。无论是侦查还是审判活动,在法定证据主义的影响下,获取口供往往异化为讯问和审问的唯一目的。

然而,口供既可能反映案件的真实情况,也可能是供述者的虚假陈述。因此,对口供既要重视,又不能轻信。口供能否作为定案的证据,关键在于其是否具有真实可信性。首先,应当切实保证犯罪嫌疑人、被告人供述的自愿性。只有自愿作出的口供才有可信性可言,这就要求杜绝违背自由意愿的任何刑讯逼供。其次,适用口供补强规则。被告人所处的诉讼地位决定了其口供天然地具有不可靠性,为了防止偏重口供而产生误判的危险性,必须"对于自白之证据价值加以限制,禁止自白为有罪判决唯一根据"。[④] 再次,要慎重对待共犯的口供。由于口供自身存在虚假的可能性,共犯口供也需要补强证据,若只有共犯口供没有其他证据,即使排除了串供的可能性,也不能仅凭口供之众口相印的所谓"印证"而给被告人定罪。最后,应理性

---

① 龙宗智:《论坦白从宽》,载《法学研究》1998年第1期。

② 黄朝义:《刑事证据法》,台北,元照出版有限公司2000年版,第96页。

③ 参见牟军:《口供中心主义之辩》,载《河北法学》2005年第12期。

④ 陈朴生:《刑事证据法》,台北,五南图书出版股份有限公司1992年版,第336页。

看待被告人翻供。在我国刑事司法实践中，被告人翻供的原因很复杂，有些翻供直接与刑讯逼供有关，因此不能将翻供一概视为消极因素。

陈光中教授对司法文明发展第二阶段的考察认为，随着社会发展和人类认识能力的提高，证据制度从“神判”走向“人判”，但当时实行口供主义，以采用合法的刑讯手段取得的被告人口供作为定罪的主要根据，口供被称为“证据之王”。[①] 正因如此，这个阶段不宜以“法定证据主义”这一形式特征来命名，而应以“口供裁判”来彰显这个阶段的人治之本质特征。这种把口供作为定罪主要根据的做法，不仅在欧洲从中世纪一直流行至近代，而且也为中国古代专制司法制度所奉行。例如，宋太祖建隆四年（公元963年）制定的《宋刑统》规定：“凡审理案件，应先以情审察辞理，反复参验，如果事状疑似，而当事人又不肯实供者，则采取刑讯拷掠以取得口供。”[②]清代以来，口供在审判定罪中的地位进一步得到强化，“断罪必取输服供词”，[③]罪从供定，甚至达到了无供不录案、无供不定罪的程度。

综上考察，陈光中教授用“口供裁判”重新命名法定证据制度，有助于我们通过所谓其“符合理性”的表象，看清其人治之证据制度的野蛮本质。由于法定证据主义机械地规定“只有嫌疑人认罪或者有两个见证人证明其行为时，才应该作出有罪判决”，[④]口供因此被视为一个完整的证明，两个证人证言的证明力等于一个口供（一个证人的证言仅能构成半个证明），因而刑讯逼供便成为法官一种最大的“投机取巧”行为。因为，在很多故意犯罪案件中要找到两位证人几乎不可能，所以，与其徒劳地去寻找两位证人，不如对眼前摸得着的犯罪嫌疑人刑讯逼供更有效率。“这样一来，就使法定证据理论中所有的谨慎成为可归咎于刑事程序立法者的最大轻率。”[⑤]所以，当“榨取”口供成为法官的最方便的选择时，寻求“现代符合理性的证据”之初衷便荡然无存。“毫无权利的被控人在阴暗的刑讯室里面对毫无恻隐之心的审讯者，毫无能力以其有活力的话触动法官的耳膜；而法官，虽然满腹经纶，却远

① 参见陈光中：《刑事证据制度改革若干理论与实践问题之探讨——以两院三部〈两个证据规定〉之公布为视角》，载《中国法学》2010年第5期。

② 张晋藩：《中华法制文明的演进》（修订版），法律出版社2010年版，第543页。

③ 赵尔巽：《清史稿》刑法三。

④ ［德］拉德布鲁赫：《法学导论》，米健译，法律出版社2012年版，第142～144页。

⑤ ［德］拉德布鲁赫：《法学导论》，米健译，法律出版社2012年版，第143页。

离人民，只会用毫无生命的刑讯记录和证人记录文件作出判决。”①总之，屈打成招也好，正打成招也好，很少有人能够逃脱有罪判决的厄运。

因此，“只有通过废除法定证据理论，嫌疑犯才不再仅仅是提供对自己有罪证据的客体，而转变为诉讼当事人、诉讼主体，并有权为自己辩护。”②犯罪嫌疑人、被告人作为诉讼主体地位的确立，是随着权利意识的逐渐觉醒而实现的。

三、证据裁判与人权司法保障

（一）证据裁判是法治社会的裁判方式

陈光中教授对司法文明第三阶段的考察认为，证据裁判原则发轫于资产阶级革命时期，在民主、自由、人权思想的指导下，废除刑讯逼供和法定证据制度之后确立了自由心证原则。《法国刑事诉讼法典》规定的自由心证原则，既强调事实裁决者对证据审查判断的自由裁量，又体现出内心确信的根据是提交给法庭的对被告人有利和不利的证据，即包含证据裁判原则的内涵。但是，法国、德国、意大利、俄罗斯等国的刑事诉讼法典至今只规定了自由心证原则，而未另行规定证据裁判原则。日本在法国影响下于1876年制定的《断罪依证律》中，将《改定律例》原规定的“凡断罪，依口供结案”，修改为“凡断罪，依证据”；并规定“依证据断罪，完全由法官确定”。这样一来，源于法国的自由心证原则，就在日本被分别规定为证据裁判原则和自由心证原则。日本《刑事诉讼法》第317条将证据裁判原则明确规定为：“认定事实，应当依据证据。”我国2012年最高人民法院《刑诉法解释》第61条也明确规定了“认定案件事实，必须以证据为根据”。

确立证据裁判原则的意义在于：“首先，证据裁判否定了历史上的神判，是刑事诉讼进步与文明的表现；其次，无证据不得推定其犯罪事实，是无罪推定原则的体现。”③这两点集中体现了证据裁判原则的理性主义特征，这一原则强调应该将证据

---

① ［德］拉德布鲁赫：《法学导论》，米健译，法律出版社2012年版，第143页。
② ［德］拉德布鲁赫：《法学导论》，米健译，法律出版社2012年版，第146页。
③ 陈光中主编：《刑事证据法专家拟制稿（条文、释义与论证）》，中国政法大学出版社2004年版，第128页。

而非迷信和主观臆断作为事实认定的基础，因而是法治社会文明的裁判方式。最后，用“证据裁判”取代“自由心证”来命名法治社会的裁判方式，还体现了心证要以证据裁判原则为前提，遵循“无证据，即无心证”的原则，这是对裁判自由的约束。换言之，自由心证，乃选择证据中之证据，并非证据外之证据；系判断证明力之心理要素，并非证据裁判主义之例外。①

现代证据裁判制度是以相关性为逻辑基础建立起来的。相关性是证据的根本属性，也是现代证据制度的基本原则。相关性原则的理性逻辑在于，它“禁止接受任何无相关性、逻辑上不具有证明力的东西”。② 因为，只有相关证据才有助于事实认定者通过经验推论认定案件事实，作出理性裁判。用相关性原则来衡量以往的司法文明，神明裁判是不讲相关性的，口供裁判则是用证明力代替相关性作为证据的根本属性。然而，无关联性之证据，既无从形成自由心证，亦不许以心证使证据与事实相关联；依自由心证，判断证据之证明力，并非以心证制造证据，更不得以心证作为证据。③ 这说明，只有把相关性奉为证据裁判的基本原则，才能根据证据可采性的各种标准来对事实认定过程加以规范，因而为事实认定提供正当理由。

根据证据裁判原则建立起来的自由证明制度，主要是在证明程序、证据能力或可采性等方面对事实认定加以规制，而对证据的证明力却不再作预先规定。因此，不仅口供不再能被称为“证据之王”，指纹、DNA 等科学证据也都不能再按照证据种类的划分而充当“证据之王”。证据裁判原则虽然要求法官适用证据规则，但又赋予其充分的自由裁量权，要求法官不将证据规则当作教条而刻板地“按图索骥”，而应当以自己对证据规则价值基础的深刻领悟为前提，运用“实践理性”的经验智慧对案件中具体证据的证明力进行评价，对采纳该证据是否会造成不公正的偏见影响等危险性实质上超过其证明力的具体情况进行价值权衡，从而作出准确的证据裁判或事实认定。

① 参见陈朴生：《刑事证据法》（第 3 版），台北，三民书局 1979 年版，第 554 页。
② ［美］罗纳德·J. 艾伦等：《证据法：文本、问题和案例》，张保生、王进喜、赵滢译，满运龙校，高等教育出版社 2006 年版，第 147 页。
③ 陈朴生：《刑事证据法》（第 3 版），台北，三民书局 1979 年版，第 554 页。

（二）不得强迫自证其罪是人权司法保障的重要内容

证据裁判原则旨在保证，在审判过程中，证据推理的事实前提和判决结论之间一定要有某种确证关系。这样做，“有助于巩固社会组织制度所需的智力内部结构，在此制度内争论表现为论证和反论证，而不是使用暴力的威胁”。① 证据裁判制度对口供裁判制度的否定，为赋予犯罪嫌疑人、被告人不得强迫自证其罪的权利提供了制度基础。联合国《公民权利和政治权利国际公约》第14条第3款规定：“在判定对他提出的任何刑事指控时，人人完全平等地有资格享受以下的最低限度的保证……（庚）不被强迫作不利于他自己的证言或强迫承认犯罪。”在刑事诉讼中，犯罪嫌疑人、被告人一般不承担证明责任，这也是不得强迫自证其罪原则的体现。

我国《宪法》虽然没有明确规定不得强迫自证其罪的权利，但2004年修正案明确规定了“国家尊重和保障人权”。2012年《刑事诉讼法》第50条规定了“不得强迫任何人证实自己有罪”，这是我国人权司法保障的一个重要进步。

但是，“不得强迫任何人证实自己有罪”的规定，与“不得强迫自证其罪的权利”还有一定差距。后者是犯罪嫌疑人、被告人或证人的一项诉讼基本权利，该权利旨在保障他们不被政府方强迫作证，提供会使自己深陷刑事指控的证言。它蕴含沉默权。② 就严格意义上或狭义的沉默权而言，孙长永教授说，“它是专指受到特定犯罪嫌疑的人和刑事被告人在整个刑事诉讼过程中对于来自官方的提问拒绝回答或者完全保持沉默的权利，沉默以及对于具体问题的拒绝回答原则上不得作为不利于嫌疑人和被告人有罪的证据”。③ 也就是说，“不得强迫自证其罪的权利”的完整含义是两层：不得强迫任何人证实自己有罪或无罪。一是不得强迫任何人证实自己有罪，即犯罪嫌疑人、被告人没有义务为控诉方有罪指控向法庭提供任何可能对自己不利的证据；二是不得强迫任何人证实自己无罪，“在诉讼中，原则上应当由控诉方提供证据来证明其所指控的犯罪事实成立，被告人在诉讼中不承担证明自己无罪的

① Jonathan Cohen, *The Dialogue of Reason: An Analysis of Analytical Philosophy*, Oxford University Press, 1986, p. 61.

② Bryan A. Garner, *Black's Law Dictionary*, 8th Edition, Thomson West, 2004, p. 1324, 1327.

③ 孙长永：《沉默权制度研究》，法律出版社2001年版，第4页。

责任，既然如此，被告人也就没有义务在针对其进行的查找证据的活动中予以合作，他既可以在诉讼过程中保持沉默，也可以明确表示拒绝陈述，即被告人在诉讼中享有反对强迫自证其罪的特权或者说沉默权，不得强迫被告人陈述与案情有关的事实，不能因为被告人保持沉默或拒绝陈述就认定其有罪或得出对其不利的结论”。① 所以，在上述第二个含义上确立犯罪嫌疑人、被告人不被强迫自证其罪的权利，使其在刑事诉讼中拥有沉默权，是中国证据法治发展的努力方向。

四、口供变证言是中国沉默权实现之路

“现代意义上的不被强迫自证其罪的特权必然要求在个人成为政府追究的犯罪嫌疑人和被告人时有权保持沉默，而现代法律所保障的沉默权，就其基本精神而言，也正在于禁止强迫自证其罪或供认罪行。”②也就是说，刑讯逼供与沉默权这二者是互不相容的。拉德布鲁赫说：“消灭刑讯，意味着同时要抛弃法定证据理论”。③ 这揭示了法定证据理论是刑讯逼供的根源，也是阻碍沉默权设立的理论障碍。而今，陈光中教授明确将口供裁判与法治社会的证据裁判区别开来，则进一步说明，中国司法文明建设应设立沉默权，从而在根本上告别口供裁判阶段。尽管这可能需要一个相当长的转变过程，但我们需要在理论和方法上为这种转变作好准备。

应当说，我国 1979 年《刑事诉讼法》第 35 条明确规定了口供与证据之间的区别，即“对一切案件的判处都要重证据，重调查研究，不轻信口供。只有被告人供述，没有其他证据的，不能认定被告人有罪和处以刑罚；没有被告人供述，证据充分确实的，可以认定被告人有罪和处以刑罚”。在这条规定中，供述与证据之间的关系被阐述得非常清楚，特别是最后一句话的前半句——“没有被告人供述，证据充分确实的”，已经把供述从证据中剥离出去了。而且，这条规定的内容在此后 1996 年、2012 年和 2018 年的 3 次《刑事诉讼法》修改中，都没有作只字修改，这表明，我国立法对于法定证据主义和口供本位的裁判模式，一直保持必要的警觉。

但在司法实践中，上述规定却常常被束之高阁，其实施效果并不理想。有些法

① 卞建林主编：《刑事诉讼法学》，科学出版社 2008 年版，第 72 页。

② 孙长永：《沉默权制度研究》，法律出版社 2001 年版，第 10 页。

③ ［德］拉德布鲁赫：《法学导论》，米健译，法律出版社 2012 年版，第 141 ~ 144 页。

官虽然对“不轻信口供”的规定耳熟能详,但仍有“无供不定罪”的传统司法理念,对口供持有一种信赖甚至迷信的态度。正如有学者指出的,口供可传达供述者与案件事实的关系及其行为的意志因素,因而常被法官看作定案证据中的重要成分,在法官形成内心确信的过程中,如果没有口供往往不敢定案。① 所以,为了给被告人定罪,即使通过刑讯逼供也要凑足一份认罪的口供。例如,在震惊全国的“赵某海杀人案”中,在1999年5月10日至6月18日的短短38天里,赵某海就作了9次有罪供述,但赵某海被定罪后,被害人却“亡者归来”。针对刑讯逼供的泛滥,2010年“两院三部”颁布了《排除非法证据规定》,并在2012年《刑事诉讼法》修订中制定了5条非法证据排除规则,2017年“两院三部”又颁布了共40余条的《严格排除非法证据规定》,显示了我国排除非法证据特别是遏制刑讯逼供的决心,不可谓不大。然而,尽管制定了那么多非法证据排除规则,其实施效果却不理想。反思其原因,“犯罪嫌疑人、被告人供述”在我国刑事诉讼法中仍是法定证据,这说明,“无供不定罪”的传统理念在抵销非法证据排除规则的效力方面难脱其咎。

所以,中国司法文明建设要实现从第二阶段向第三阶段的转变,须遏制刑讯逼供才能完成。要遏制刑讯逼供,继续发挥非法证据排除规则的作用固然十分重要,但也要清醒地认识到,非法证据排除规则之于遏制刑讯逼供可能只是“治标”,“治本”之策则是要彻底废除口供裁判,从而在实质上确立犯罪嫌疑人、被告人的沉默权。从另一个角度说,有了沉默权,口供就会从法定证据种类中消失,刑讯逼供才会失去意义。有人可能担心,沉默权的设置是否会阻塞犯罪嫌疑人、被告人的自愿认罪之路,不利于打击犯罪。这种担心实际上是不必要的,因为任何由法律赋予的权利都可以由权利人自愿放弃,权利主体既可以享受权利的保护,又可以放弃法律赋予的权利。所以,犯罪嫌疑人和被告人均可以放弃“不得自证其罪的权利”或沉默权,“如果嫌疑人、被告人放弃其沉默权,他可以作认罪供述,也可以作反驳指控的辩解,此时,其身份是证人,承担证人的权利义务”。② 从这个意义上说,将被告人口供转变为证人证言,可能是实现沉默权保障的必由之路。

---

① 参见张建伟:《口供主义与刑讯取证》,载《国家检察官学院学报》2006年第4期。
② 龙宗智:《论坦白从宽》,载《法学研究》1998年第1期。

将口供转变为证言，在英美等普通法系国家的证据立法和司法实践中出现较早，其初衷是保护被告人的作证权。

在普通法审判程序中，被告人成为证人，通常发生在辩方主辩阶段。在刑事诉讼中，检控方负有证明责任，如果其不能有效履行证明责任，或者达不到确信无疑的证明标准，被告人在整个法庭审判过程中可能一言不发就摆脱困境。然而，当辩方律师感觉到控方的证据和证明都比较充分，如果被告人再不为自己辩护，辩护方就等于放弃了主辩的机会而只能等待束手就擒时，就会出现被告人放弃“不得自证其罪的权利”而走上证人席这一幕。但是，在我国《刑事诉讼法》及其实施过程中，如何对待口供的问题，司法实践一直比较纠结：重视口供，容易造成刑讯逼供；完全抛弃口供，又会使某些案件的审判由于缺乏证据而难以进行。所以，可借鉴普通法的实践，在赋予被告人“不得强迫自证其罪的权利”（实质上是抛弃口供证据）的同时，允许被告人在庭审过程中放弃这种权利，将自己被告人的身份变为证人。如此一来，被告人口供就变成了证人证言，检察官既可以对被告人证人进行交叉询问，又可以运用证言三角形理论来判断证人的可信性。①

总之，我国要彻底告别口供裁判，全面贯彻证据裁判原则，进而实现从司法文明第二阶段向第三阶段的成功转变，在证据制度建设上可以将“被告人口供转变为证人证言”的改革作为一个重要途径。它包括以下几个重要建设环节：

1. 将《刑事诉讼法》关于“不得强迫任何人证实自己有罪”的规定，修订为“不得强迫任何人自证其罪”，明确其包含两层含义：一是不得强迫任何人自证有罪；二是不得强迫任何人自证无罪。从而在内容上确立犯罪嫌疑人、被告人的沉默权。伴随沉默权的确立，犯罪嫌疑人的如实回答义务也须免除。为此，建议修改2018年《刑事诉讼法》第120条关于“犯罪嫌疑人对侦查人员的提问，应当如实回答”的规定。

2. 诉讼权利告知。2018年《刑事诉讼法》将2012年《刑事诉讼法》第118条改为第120条，该条第2款修改为：“侦查人员在讯问犯罪嫌疑人的时候，应当告知犯罪嫌疑人享有的诉讼权利，如实供述自己罪行可以从宽处理和认罪认罚的法律规

① 参见《南澳地方法院陪审团审判印象》，载《法制日报》2017年7月12日、19日、26日法学院版连载。

定。”这里，“应当告知犯罪嫌疑人享有的诉讼权利”的规定首先表明，诉讼权利告知已成为我国侦查讯问的一个前置环节；从后果上看，没有这种权利告知而获得的供述应该失去作为证据的资格；此外，关于“如实供述自己罪行可以从宽处理和认罪认罚的法律规定”的告知，则在原来义务告知的基础上具有了权利告知的性质，它为犯罪嫌疑人提供了一种选择：自愿如实供述、认罪认罚而获得从宽处理的机会；或者，主张沉默权，并可在审判的任何阶段放弃这种沉默权，而走上证人席作证。就是说，沉默权的通道已经开辟，尽管尚未启用。从口供裁判向证据裁判转型的角度看，侦查人员在讯问犯罪嫌疑人时，应当告知其享有“不得强迫自证其罪”的权利。

3. 赋予被告人作证权，但要明确规定被告人只能作为辩方证人作证。“在我国，法庭上首先对被告人进行直接讯问的不是法官而是公诉人。这表明被告人不再是法庭的‘被告人’，而是控方的‘被告人’。被告人接受公诉人讯问是为了证明控方的指控，实际上，这是让被告人自证己罪，违背了无罪推定原则的精神。”①因此，根据直接询问和交叉询问规则，检控方只能通过对被告人不利证人的直接询问来履行控方举证责任，而不能把被告人当作己方证人进行直接询问，当然，在辩方律师对被告人证人进行直接询问后，检控方可以对其进行交叉询问。

4. 赋予被告人撤销供认的权利。我国证据法也可以补充一条允许撤销供认的证据规则，允许犯罪嫌疑人、被告人在刑事诉讼中“翻供”，翻供的证据不得采纳用来反对作过该供述的当事人。这样才能从根源上保护犯罪嫌疑人、被告人“不得强迫自证其罪”的权利。

5. 制定证人先前庭外陈述之传闻证据规则。根据传闻证据规则，任何人（包括被告人）在当前审判作证场合之外作出的陈述均属于传闻，在审判过程中，禁止“由一方当事人作为证据提出，以证明该陈述所断言事项之真实性”②，即证明被告人犯罪的要件事实成立。“与陈述人的证言不一致”的先前陈述，只能用于对证人的弹劾

---

① 纪虎：《为自己作证的权利及其真实义务——论英美法被告人作证权制度及其对大陆法系的影响》，载《现代法学》2011 年第 5 期。

② See Ronald J. Allen and Eleanor Swift, eds., *An Analytical Approach to Evidence: Text, Problems, and Cases*, 6th Edition, Wolters Kluwer (New York), p. 442 (2016).

目的。检控方不能直接出示被告人的先前庭外陈述或供述,来证明其所断言事项的真实性,因为这些庭外陈述是不可采的传闻证据,而只能在法庭上对放弃沉默权的被告人变为证人的证言进行交叉询问。

第九章　证据法的基本权利保障取向*

内容提要

证据法的理性主义传统,既要求通过理性证明的方式去查明事实真相,又不以追求真相为最高目的,而是将其视为实现正义的手段。这种理性主义传统,决定了法治国家的证据制度具有求真、求善的双重功能,并将公正奉为首要价值,从而奠定了其基本权利保障的价值取向。我国证据制度建设正在经历一个从义务本位向权利本位的转型,权利意识逐步觉醒。在这个转型过程中,应该将人权司法保障奉为证据法公正价值的核心内容,在贯彻无罪推定、不得自证其罪原则的前提下,确保刑事被告质证权的行使;同时,发挥非法证据排除规则、作证特免权规则对刑事被告基本权利的保障作用。

一、证据法的理性主义传统

在证据法的理性主义传统中,通过理性方式查明事实真相,无疑是其追求的重要目标之一。因为,就审判的两个阶段而言,没有准确的事实认定,就没有正确的法律适用。也就是说,在证据法的价值基础中,准确认定事实是实现司法公正的前提。艾伦教授说:"事实先于权利和义务而存在,并且是权利和义务之决定性因素。没有准确的事实认定,权利和义务就会失去意义。"①正因为权利和义务的实现取决于什么事实将被认定,才使审判活动摆脱了人治社会反复无常和任性的支配,而把法律

* 本章原载《政法论坛》2021 年第 2 期。

① [美]罗纳德·J. 艾伦:《证据法的理论基础和意义》,张保生、张月波译,载《证据科学》2010 年第 4 期。

制度锚定在事实认定准确性的基石之上。也正是在这个意义上，边沁说："证据是正义之根基。"[①]李学灯说："惟在法治社会之定分止争，首以证据为正义之基础。"[②]我国2018年《刑事诉讼法》第2条对"准确""查明犯罪事实"也有明确规定，并从"惩罚犯罪分子，保障无罪的人不受刑事追究"这两个方面强调了事实认定准确性对实现司法公正的意义。

然而，通过理性方式追求事实真相，而非诉诸神明和暴力，虽是现代司法文明进步的重要标志，却尚未揭示证据法理性主义传统的全部内涵。因为理性主义传统的另一个特征是，它同时还把追求事实真相视为实现正义的手段。在法治社会，正义乃"社会制度的首要价值"。[③] 这反映在证据法求真、求善的双重功能中，或者以准确、公正、和谐、效率等价值构成的证据法价值体系中，尽管求真和准确具有前提性，但公正却被视为证据制度的首要价值。历史上的法定证据制度曾将追求真相奉为首要价值，这导致了刑讯逼供合法化。从这个历史教训中，人们开始思考，若"鱼和熊掌不可兼得"，为了维护公正价值，也许需要在求真方面有所让步。这种理性思考，还促使人们超越诉讼法或证据法的部门法栏栅，从宪法和法理学关于基本权利保障的高度来解决不同价值的冲突。

根据张文显教授的论述，所谓基本权利有两层含义：一指宪法权利，"是人们在国家政治生活、经济生活、文化生活和社会生活中的根本权利……一般由宪法或基本法确认或规定"。[④] 二指人权，"人权指那些直接关系到人得以维护生存、从事社会活动所不可缺少的最基本权利，如生命安全、人身自由、人格尊严、基本的社会保障等"。[⑤] 本章对证据性基本权利的讨论，并不限于宪法学对其内涵和外延的界定，还试图从证据法的宪法维度延伸到人权保障的法理高度来阐释一种新的证据权利义务观。

---

① Bentham, "Rationale of Judicial Evidence"，转引自［美］特伦斯·安德森、［美］戴维·舒姆、［英］威廉·特文宁：《证据分析》（第2版），张保生、朱婷、张月波等译，中国人民大学出版社2012年版，第1页。

② 李学灯：《证据法比较研究》，台北，五南图书出版股份有限公司1992年版，序部分。

③ ［美］约翰·罗尔斯：《正义论》，何怀宏、何包钢、廖申白译，中国社会科学出版社1988年版，第1页。

④ 张文显：《法学基本范畴研究》，中国政法大学出版社1993年版，第100页。

⑤ 张文显：《法学基本范畴研究》，中国政法大学出版社1993年版，第112～113页。

二、人权是证据法公正价值的核心内容

在证据法的价值基础中,公正作为证据制度的首要价值,构成事实认定的根本目的。我国《宪法》规定的公民在法律面前一律平等、国家尊重和保障人权、公民的人身自由不受侵犯等基本权利,是证据法公正价值的基本内容。人权是法律推理目的标准和操作标准的联系环节,它以基本权利的形式将目的和手段统一起来:相对抽象正义而言,它体现了正义和利益的统一;相对实体法、程序法和证据法的具体规范而言,它又体现相对抽象的基本权利。在这个意义上,人权可以成为基本权利的同义语。由于人权体现了公正价值的核心要求,《世界人权宣言》在对第二次世界大战期间纳粹和法西斯"对人权的无视和侮蔑已发展为野蛮暴行"进行深刻反思的基础上,对"维护我们人人的尊严和正义"作出庄严承诺,即普遍承认"基本权利和基本自由是全人类固有的权利,不可剥夺,对任何人一律平等"。其序言宣称,人权"乃是世界自由、正义与和平的基础"。第 10 条强调了"人人完全平等地有权由一个独立而无偏倚的法庭进行公正的和公开的审讯,以确定他的权利和义务并判定对他提出的任何刑事指控"。第 11 条强调了刑事权利:无罪推定与罪刑法定。《公民权利和政治权利国际公约》《禁止酷刑公约》等国际公约和各国宪法也对人权司法保障作了明确规定,从而为现代证据制度的构建奠定了基本权利保障的基础。人权保障作为证据法公正价值的核心内容,主要体现在以下方面:

第一,关于平等保护与补偿原则。人权的底线是平等,人权司法保障重在坚持补偿平等原则。我国自2004 年人权入宪,2012 年《刑事诉讼法》第2 条新增了"尊重和保障人权",第50 条关于"不得强迫任何人证实自己有罪"的规定,这些都是在证据法层面落实人权保障的立法进步。

第二,证据性权利宪法化与宪法基本权利规则化。随着人权保障和司法文明的不断进步,一些证据性权利被宪法吸收为宪法性权利。例如,在普通法传统上,通常认为"常规刑事案件不涉及宪法上的是非曲直",[1]因为刑事审判必须遵循明确的实

---

① See Paul Roberts, *Criminal procedure, the presumption of innocence and judicial reasoning under the Human Rights Act*, in Helen Fenwick Gavin Phillipson and Roger Masterman: *Judicial Reasoning under The UK Human Rights Act*, Cambridge University Press, p. 377 – 378(2007).

体法规范。然而,这一传统已受到一些挑战。大陆法系国家的宪法和国际公约关于诉讼基本权利的规定,也对刑事审判产生了直接影响。例如,在德国,不仅宪法对诉讼权利作了重要规定,1950 年《欧洲人权公约》"对德国刑事诉讼程序也产生了影响。该公约在德国具有法律效力,就刑事诉讼程序而论,公约规定了比'基本法'还更为详细的重要的基本权利"。① 随着人权保障不断加强,诉讼当事人基本权利在程序法和证据法中也越来越规则化,具有了更多可操作性。例如,我国 2018 年《刑事诉讼法》第 120 条第 2 款新增了"侦查人员在讯问犯罪嫌疑人的时候,应当告知犯罪嫌疑人享有的诉讼权利"的规定。

第三,刑事司法人权保障国际化发展趋势。传统上,人们一般认为,刑事司法是主权国家的权力或国家主权的象征。但随着 1950 年《欧洲人权公约》的诞生,这一传统界限已被超越。例如,"为进一步加强《欧洲人权公约》保护的权利和自由之效力"而制定的《英国 1998 年人权法案》,开启了英国刑事诉讼法"人权革命",②不仅明确了其国内法和《欧洲人权公约》共同认可的人权条款和内容,而且细化了英国司法机关在人权保护方面的公约义务与法律程序。如其第 2 条规定,英国法院在决定涉及公约权利的问题时,必须考虑欧洲人权法院的裁决和欧洲人权委员会的决定;第 3 条和第 6 条规定,包括法院在内的公共当局实施与公约权利不相一致的行为是违法行为。自此,欧洲各国传统的证据规则和新的法律规定,都要接受欧洲人权法院的审查,英国法院审理的案件有义务遵守斯特拉斯堡欧洲人权法院广泛的"公正审判"管辖。关于人权司法保障,《欧洲人权公约》第 6 条第 2 款规定了无罪推定原则,该条第 3 款规定了凡受刑事罪指控者拥有最低限度的权利,其中与证据性权利有关的是对质权和举证权,即"(4)询问不利于他的证人,并在与不利于他的证人具有相同的条件下,让有利于他的证人出庭接受询问"。③ 上述规定使刑事审判和民事审判的制度性分野,在超国家层面上得以强调。人权保障的普适价值,使国家司

---

① 《德国刑事诉讼法典》,李昌珂译,中国政法大学出版社 1995 年版,中译本"引言"。

② Paul Roberts & Jill Hunter, *Introduction: The Human Rights Revolution in Criminal Evidence and Procedure*, in Paul Roberts and Jill Hunter (eds.), *Criminal Evidence and Human Rights: Reimagining Common Law Procedural Traditions*, Hart Publishing, p. 1 – 23 (2012).

③ [英]保罗·罗伯茨:《普通法系证据法的五个基本谬误》,阳平译,载《证据科学》2018 年第 1 期。

法主权论在欧洲成为一种过时的传统。

第四，无罪推定和被告人对质权成为证据法基本权利保障的核心内容。概观国际公约和各国宪法的人权司法保障内容，其基本权利保障的范围虽然十分广泛，但对刑事证据制度来说最重要的是两项：一是根据无罪推定原则，赋予被告人"不得被迫自证其罪"的权利；二是根据控辩平等原则，赋予被告人与政府方证人对质的权利。郑成良教授认为，根据无罪推定原则，有罪判决必须遵从具有充足理由的要求，而无罪判决并不总是需要充足的理由。"只要不存在定罪证据，就构成了在法律上认定一个人无罪的充足理由。"[①]无罪推定作为一个抽象原则要落到实处，必须体现在刑事证明责任的分配和证明标准之中。[②] 具体而言，指控犯罪的证明责任必须由检控方承担，被告人不承担证明自己有罪或无罪的责任，这个原则在证明责任通常倒置的持有型犯罪审判中也开始得到贯彻。例如，在"英国女王诉兰伯特案"中，[③]被告人被指控非法持有可卡因，尽管其一再声称对朋友交给自己的袋子里装有毒品不知情，但经陪审团审判，法院依然判处其 7 年监禁。因为在英国法传统中，"持有型"犯罪采用证明责任倒置，被告人必须证明其合法持有或不明知，否则就构成相应犯罪。因此，装在盒子、包里或其他容器里的东西，如果随后被分析出是毒品，那么持有者就是罪犯。但 1971 年英国《毒品滥用法》免除了被告对自己"不知情"的严格证明责任。该法第 28 条(3)(b)(i)规定："如果被告证明他对争议中的物质或产品不相信、不怀疑也无理由怀疑其为非法毒品……他就应该被宣判无罪。"该案被告人以其定罪违反上述规定为由提起上诉。在上诉审中，多数法官意见为驳回上诉、支持原判，并主张该法第 28 条为被告人强加了证明责任，其上诉理由只适用于积极抗辩。少数法官意见则认为，该案判决与《欧洲人权公约》第 6 条 2 规定的无罪推定原则不一致。对此，在上议院听审程序中，英国法与《欧洲人权公约》的一致性得到新的解释，即毒品持有犯罪的证明责任不应该是说服责任，而是一种提供证据的责任

---

① 郑成良：《无罪推定论》，载《吉林大学社会科学学报》1988 年第 4 期。

② See Paul Roberts, *Criminal procedure, the presumption of innocence and judicial reasoning under the Human Rights Act*, in Helen Fenwick & Gavin Phillipson & Roger Masterman: *Judicial Reasoning under The UK Human Rights Act*, Cambridge University Press, p. 381(2007).

③ R. v. Lambert(Steven)[2002] 2 AC 545;[2001] UKHL 37.

或证据责任。宾汉姆勋爵区分了证据责任和证明责任:"一项证据责任(evidential burden)并不是证明责任(burden of proof)。它是在案件中提出证据的责任。"①该案以及其他一些涉及被告人基本权利的案件,在英国产生了重要影响。"压倒性的关注是,审判必须公正,而无罪推定自始至终都是一种基本权利。"②斯帝恩勋爵强调,"任何上诉法院都不能无视公约权利"。③ 这些案例确立了人权保障在刑事诉讼中的至上性。

三、我国证据法之权利义务观转型

在法律体系中,权利和义务既是一种基本法律关系,也是法学的一对基本范畴。"权利是规定或隐含在法律规范中、实现于法律关系中的主体以相对自由的作为或不作为的方式获得利益的一种手段。义务是设定或隐含在法律规范中、实现于法律关系中的主体以相对抑制的作为或不作为的方式保障权利主体获得利益的一种约束手段。"④我国法学界 1988 年开展的权利与义务法学基本范畴大讨论,提出了"权利本位、义务先定"的理念,确定了权利义务在价值上的主次关系,即"现代法制是或应当是权利本位",⑤这对中国法治建设和法学研究具有重要意义和深远影响。30 多年来,在中国证据法学研究和证据制度建设中,权利意识逐步觉醒,但长期形成的义务本位观念仍有很大影响。下文从三个方面来对此作一些分析:

第一,侦查讯问:义务告知,还是权利告知?从义务本位的诉讼模式出发,2012 年《刑事诉讼法》第 118 条第 2 款规定:"侦查人员在讯问犯罪嫌疑人的时候,应当告知犯罪嫌疑人如实供述自己罪行可以从宽处理的法律规定。"这款规定从字面上看虽无明显的义务告知性质,但若结合该条第 1 款关于"犯罪嫌疑人对侦查人员的提

---

① Paul Roberts, *Criminal procedure, the presumption of innocence and judicial reasoning under the Human Rights Act*, in Helen Fenwick & Gavin Phillipson & Koger Masterman: *Judicial Reasoning under The UK Human Rights Act*, Cambridge University Press, p. 418(2007).

② [2005] 1 AC 264, para. 21.

③ Paul Roberts, *Criminal procedure, the presumption of innocence and judicial reasoning under the Human Rights Act*, in Helen Fenwick & Gavin Phillipson & Koger Masterman: *Judicial Reasoning under The UK Human Rights Act*, Cambridge University Press, p. 396(2007).

④ 张文显:《法学基本范畴研究》,中国政法大学出版社 1993 年版,第 82 页。

⑤ 张文显:《法学基本范畴研究》,中国政法大学出版社 1993 年版,第 87 页。

问,应当如实回答”的规定,其告知的显然不是权利,而是义务。2018 年《刑事诉讼法》将 2012 年《刑事诉讼法》第 118 条改为第 120 条,该条第 2 款修改为:“侦查人员在讯问犯罪嫌疑人的时候,应当告知犯罪嫌疑人享有的诉讼权利,如实供述自己罪行可以从宽处理和认罪认罚的法律规定。”这不仅表明,诉讼权利告知已成为我国侦查讯问的一个前置环节或前提条件,而且从后果上看,没有这种权利告知而获得的供述应该失去证据资格。正因为该款修订插入了一个权利告知规定,其后的“如实供述自己罪行可以从宽处理和认罪认罚的法律规定”告知,便不宜再理解成一种义务告知,而具有了权利告知的性质——犯罪嫌疑人可因自愿供述、认罪认罚而获得从宽处理的机会。这是我国司法文明建设的一个进步。当然,上述规定的法治意义在司法实践中的彰显还需要一个过程,目前还没有因侦查人员未作权利告知而排除相关证据的案例。

第二,如实回答义务与不得强迫自证其罪的权利。1996 年《刑事诉讼法》第 93 条、2012 年《刑事诉讼法》第 118 条第 1 款和 2018 年《刑事诉讼法》第 120 条第 1 款都规定:“犯罪嫌疑人对侦查人员的提问,应当如实回答。”①这个规定,为犯罪嫌疑人强加了如实回答的义务。陈瑞华教授指出,中国刑事诉讼制度长期以来形成了一种“义务本位主义”的诉讼模式。根据这一模式,面对国家追诉机关的调查讯问,嫌疑人负有服从和配合的义务,以协助国家机关查明事实真相。刑事诉讼法关于嫌疑人“如实回答”的义务被视为对“坦白从宽、抗拒从严”的刑事政策的立法表述。在司法实践中,拒不供认有罪、翻供或者“认罪态度不好”的被告人,可能受到从重处罚。② 随着近年来人权保障意识的觉醒,“义务本位主义”诉讼模式开始松动,2012 年《刑事诉讼法》第 50 条确立了“不得强迫任何人证实自己有罪”的权利。换言之,“不得强迫自证其罪”的权利,是指不得强迫任何人证明自己有罪或自己无罪,沉默权是该基本权利的应有之义。卞建林教授说:“在诉讼中,原则上应当由控诉方提供

① 1979 年《刑事诉讼法》第 64 条甚至把侦查阶段的“嫌疑人”直接视为“被告人”,并规定:“侦查人员在讯问被告人的时候,应当首先讯问被告人是否有犯罪行为,让他陈述有罪的情节或者无罪的辩解,然后向他提出问题。被告人对侦查人员的提问,应当如实回答。”

② 参见陈瑞华:《义务本位主义的刑事诉讼模式——论“坦白从宽、抗拒从严”政策的程序效应》,载《清华法学》2008 年第 1 期。

证据来证明其所指控的犯罪事实成立,被告人在诉讼中不承担证明自己无罪的责任,既然如此,被告人也就没有义务在针对其进行的查找证据的活动中予以合作,他可以在诉讼过程中保持沉默,也可以明确表示拒绝陈述,即被告人在诉讼中享有反对强迫自证其罪的特权或者说沉默权,不得强迫被告人陈述与案情有关的事实,不能因为被告人保持沉默或拒绝陈述就认定其有罪或得出对其不利的结论。"[①]显然,设立沉默权,将是未来中国证据法治建设的一个重要任务。

第三,禁止翻供义务与撤销供认的权利。1998 年最高人民法院《关于处理自首和立功问题的解释》(法释〔1998〕8 号)[②]第 1 条规定:"犯罪嫌疑人自动投案并如实供述自己的罪行后又翻供的,不能认定为自首。"这里,翻供不能认定为自首,除不能享有"从宽"待遇外,还会受到"从严"惩罚。随着司法文明的进步,这种供述义务观也在发生一些改变。2012 年《刑事诉讼法》第 53 条规定,"对一切案件的判处都要重证据,重调查研究,不轻信口供",强调了口供对庭审事实认定具有不充分性。当然,由于第 118 条还规定了嫌疑人在侦查讯问程序中"如实回答"的义务,且法庭审判普遍使用庭前供述,所以,翻供仍然被视为一种违反法律义务的行为,从而受到从重处罚。但是,最高人民法院《刑诉法解释》第 83 条发生了如下变化:"审查被告人供述和辩解,应当结合控辩双方提供的所有证据以及被告人的全部供述和辩解进行。被告人庭审中翻供,但不能合理说明翻供原因或者其辩解与全案证据矛盾,而其庭前供述与其他证据相互印证的,可以采信其庭前供述。被告人庭前供述和辩解存在反复,但庭审中供认,且与其他证据相互印证的,可以采信其庭审供述;被告人庭前供述和辩解存在反复,庭审中不供认,且无其他证据与庭前供述印证的,不得采信其庭前供述。"这里采取了区别对待的方法,将被告人庭审中翻供及其处理方式分为 3 种情况:(1)被告人翻供后,法院仍采信其庭前供述;(2)被告人翻供后,法院采信其庭审供述;(3)被告人翻供后,法院不采信其庭前供述。这里,后两种情况无疑是对翻供的容许,表明禁止翻供作为一种强制性义务不再是占统治地位的立法理念。

---

① 卞建林主编:《刑事诉讼法学》,科学出版社 2008 年版,第 72 页。

② 1998 年 4 月 6 日最高人民法院审判委员会第 972 次会议通过,1998 年 5 月 9 日最高人民法院公布,自 1998 年 5 月 9 日起施行。

在刑事诉讼中,根据不得强迫自证其罪和自白任意性的原则,供述不应该成为犯罪嫌疑人和被告人的义务。如是说,禁止翻供也不应该成为强加给被告人的义务。供述自愿,意味着撤回供述也是自愿的;或者说,撤销供认应该是被告人的一项权利。那么,如何维护供述的自愿性以及撤销供述的权利?美国《联邦证据规则》410(答辩、答辩讨论以及相关陈述的不可采性)规定:"在任何民事或刑事程序中,下列证据不得采纳来反对做过答辩或参加过答辩讨论的被告人:(1)曾作有罪答辩后来又撤回……(4)在与检控机关的律师进行答辩讨论中所作的、没有导致有罪答辩或导致的有罪答辩后来被撤回的任何陈述。"该规则的核心要求是,供认和撤销供认均自愿;撤销供认的证据,不得采纳并用来反对作过该供认的被告人。对此,我国《〈人民法院统一证据规定〉司法解释建议稿》第60条(撤销自认),在对允许撤销规则提出了建议。[①] 其基本要求是,允许撤销原先的供认,包括在刑事诉讼中"翻供",撤销供认或翻供的证据不得采纳用来反对作过该供述的当事人。因为根据供认自愿原则,当被告人翻供时,原供认就自动失去法律效力,如果原先的供认可以被用作对被告人不利的证据,就意味着原供认没有被撤销,供认撤销就无意义可言了。

根据全国人大常委会《关于认罪认罚从宽制度试点工作的决定》,"两院三部"《认罪认罚从宽制度试点办法》[②]多次规定"自愿认罪认罚"(第5条、第8条)、"自愿如实供述"(第9条、第13条)、"自愿认罪"(第10条)、"人民法院审理认罪认罚案件,应当……审查认罪认罚的自愿性"(第15条)。尽管有这么多关于"自愿"的规定,但如何才能确保供述或认罪的自愿性,目前仍缺乏保障机制。实际上,按照证据法基本原理,任何撤销供述或认罪的证据,都不得用来反对作过该供述或认罪的人,即赋予供述人撤销供认的权利,这才是实现供述自愿,从而使认罪认罚从宽制度有效实施的根本保障。道理很简单,如同允许消费者无理由退货旨在鼓励购物一样,[③] 撤销供认证据的排除规则,不仅会鼓励供认,还将从基本权利保障的高度维护自白

---

① 参见张保生主编:《〈人民法院统一证据规定〉司法解释建议稿及论证》,中国政法大学出版社2008年版,第221页。

② "两院三部"《关于在部分地区开展刑事案件认罪认罚从宽制度试点工作的办法》(法〔2016〕386号)。

③ 赋予消费者在缔结特定合同后享有撤回权,是经济发展到一定阶段保护消费者的需要。参见刘青文:《德国的消费者撤回权制度》,载《世界经济与政治论坛》2009年第4期。

或认罪的自愿性。

“在权利与义务的关系上,权利是目的,义务是手段,法律设定义务的目的在于保障权利的实现。”①我国证据法中遗留的传统权利义务观,需要根据法治国家权利义务之目的手段关系进行改造,无论是在证据立法、司法活动中,还是在证据法学研究中,都须完成一个从义务本位向权利本位的观念转变。

四、当前我国证据法基本权利保障的重点领域

下文以刑事诉讼为主要研究领域,选择质证权、作证特免权和非法证据排除规则这 3 个问题作为切入点,对当前我国证据法基本权利保障的重点领域作一些探讨。

(一)切实保障刑事被告的质证权

质证是一个相对中国化的概念,它涵盖了交叉询问和对质。质证权包括交叉询问和对质的权利,是人权作为抵抗权的集中体现,对辩护制度的构建具有重要意义。《世界人权宣言》第 11 条将受刑事控告者获得辩护规定为一项基本刑事权利。《公民权利和政治权利国际公约》第 14 条第 3 项将被告人辩护权规定为,在面临刑事指控时,人人完全平等地有资格享受的最低限度的保证之一。辩护权首先要对抗的是控诉权,只有控辩平等,才能实现平等对抗。平等对抗的条件是,辩方对控方证据拥有质证的权利,这是属于刑事被告人的基本权利。

质证权作为诉讼当事人的基本权利,目前在我国宪法和法律中还规定得不够明确,对交叉询问权和对质权的区分也较模糊。因此,有必要厘清两点:

第一,交叉询问是一种质证权利。作为对抗制诉讼的规定性特征之一,“交叉询问的机会是一种权利”。② 交叉询问作为质证权行使的一般方法,其价值主要在于,它为查明事实真相提供了一种理性、平和的认识手段,“至少从某种意义上,它取代了我们在中世纪占统治地位的刑讯制度……不容怀疑的是,它仍然是我们曾经发明

① 张文显:《法学基本范畴研究》,中国政法大学出版社 1993 年版,第 89 页。

② 参见[美]罗纳德·J. 艾伦等:《证据法:文本、问题和案例》,张保生、王进喜、赵滢译,满运龙校,高等教育出版社 2006 年版,第 114 页。

的揭示事实真相之最伟大的法律引擎。”[①]在我国刑事审判中，交叉询问规则还存在两个亟待完善的问题：一是我国《刑事诉讼法》尚未从诉讼权利的角度对被告人的质证权作出规定。二是最高人民法院《刑诉法解释》第213条关于“向证人发问应当遵循以下规则……(二)不得以诱导方式发问”的规定，混淆了直接询问和交叉询问的区别。直接询问的规则是“不得以诱导方式发问”，因为要让证人自己讲述亲身经历的案情。对交叉询问来说，诱导性提问恰恰是其规定性特征之一，若不准以诱导方式发问，就等于取消了交叉询问，也就剥夺了刑事被告人交叉询问的权利。

第二，对质权是刑事被告的基本权利。对质权即被告人与控方证人当面质疑、质问的权利，是《公民权利和政治权利国际公约》确定的刑事被告的基本权利，[②]也是一些国家确立的宪法权利。例如，美国宪法第六修正案规定：“在所有的刑事诉讼当中，被告人有权……与对已不利的证人进行对质。”在这个意义上，对质与交叉询问、权利与权力的分野变得模糊，即被告的对质权给予其一种对任何作证反对其利益的人进行交叉询问的权力(power)。[③] 也就是说，只有当刑事被告人有机会对控方证人进行交叉询问或对质时，该证人证言才可以采纳。我国2018年《刑事诉讼法》第61条以默示方式规定了刑事被告人的对质权，即“证人证言必须在法庭上经过……被告人……质证并且查实以后，才能作为定案的根据”。这个规定虽未明示“对质”概念，但它包含了对质的本质含义——被告人对证人进行质证，并强调了质证是证人证言被采纳为定案根据的前提。最高人民法院《刑诉法解释》第63条进一步明确了未经质证不得认证的原则，规定“证据未经当庭出示、辨认、质证等法庭调查程序查证属实，不得作为定案的根据”。

目前，我国尚未将刑事被告人与证人对质的权利明确规定为一项宪法权利，这妨碍了将对质权上升到基本权利高度予以优先保障。例如，最高人民法院《刑诉法解释》第199条关于“必要时，可以传唤同案被告人等到庭对质”的规定，在司法实践

---

① [美]罗纳德·J.艾伦等：《证据法：文本、问题和案例》，张保生、王进喜、赵滢译，满运龙校，高等教育出版社2006年版，第114页，脚注4。

② 《公民权利和政治权利国际公约》第14条第3款规定，在判定对他提出的任何刑事指控时，人人完全平等地有资格享受以下的最低限度的保证：……(戊)讯问或业已讯问对他不利的证人，并使对他有利的证人在与对他不利的证人相同的条件下出庭和受讯问。

③ 参见[美]亚历克斯·斯坦：《宪法化证据法》，郑飞、樊传明译，载《法律方法》2014年第1期。

中存在两个局限性:一是过分强调同案被告人之间的对质,即这种对质权行使的特殊情形,却忽视了被告人与控方证人对质的一般性权利,其实这才是对质权的本质所在;二是“必要时”的限制,妨碍了刑事被告人与证人对质之基本权利的保障。因为,基本权利的主张是无条件的。换言之,如果承认基本权利是“人生而有之的,不可剥夺”[①]的权利,法官就没有考量何为“必要时”的自由裁量权,否则就会造成对被告人基本权利的侵犯。也就是说,无论被告人何时主张对质权,法官都不应当附加任何条件。退一步说,即使宪法和法律尚未将对质权规定为基本权利,也不能像在某些案件审判那样,在被告要求与录像中提供对己不利证言的配偶对质时,审判长却援引 2012 年《刑事诉讼法》第 188 条第 1 款,推脱说,本庭不能强制对被告人的配偶出庭作证。[②] 为何不能作如此推脱?因为,法官不能援引《刑事诉讼法》第 188 条(2018 年《刑事诉讼法》第 193 条)这个下位条款,来抵抗第 59 条(2018 年《刑事诉讼法》第 61 条)这个上位条款赋予被告人的对质权。显然,在司法实践中刑事被告人对质权时而受到侵害的情况,是我国亟须加强证据法基本权利保障的一个重要理由。

(二)发挥非法证据排除规则对刑事被告基本权利的保障作用

在证据法的价值基础中,公正是设立非法证据排除规则的唯一正当理由。非法证据虽然具有相关性,甚至有很高的证明力,但因其通过侵犯人权这一公正价值的核心内容而获得,所以法治国家都制定了非法证据排除规则。从司法文明发展史看,一种证据制度若不将公正奉为首要价值,而是一味追求效率,势必会导致刑讯逼供,践踏人的权利和尊严。历史上法定证据制度最为人们诟病之处,即与之相伴的刑讯逼供。[③] 在法定证据制度依附的纠问式审判中,被告人只是诉讼客体,对口供的倚重和刑讯逼供的放纵,成为这种审判方式的典型特征。因此,拉德布鲁赫说:“消

---

① 张文显:《法学基本范畴研究》,中国政法大学出版社 1993 年版,第 100 页。

② 参见洪道德:《严格依法审理 实事求是判决》,载《人民法院报》2013 年 9 月 26 日,第 2 版。

③ John H. Langbein, *Torture and the Law of Proof: Europe and England in the Ancien Regime*, The University of Chicago Press, chapter 1 (2006).

灭刑讯,意味着同时要抛弃法定证据理论。"①这导致了重视间接证据的自由证明原则的确立,后者要求"法官应当对事实认定作出详细的论述,并对采信特定的证据材料进行正当性论证",②以促进理性裁判。这种理性要求,决定了自由证明制度与刑讯逼供互不相容,并奠定了非法证据排除规则的理性基础。

非法证据排除规则在维护被告人基本权利方面的作用,涉及司法公权力与当事人诉讼权利之间复杂的权利(权力)义务关系。

第一,非法证据排除规则是对受到侵犯的当事人基本权利的一种司法救济。联合国《公民权利和政治权利国际公约》规定了司法尤其是刑事司法活动中当事人享有的基本权利,包括"权利平等原则,司法补救,生命权的程序保障、禁止酷刑或施以残忍的、不人道或侮辱性的待遇或刑罚,人身自由和安全程序的保障,对所有被剥夺自由的人应给予人道或尊重人格尊严的待遇,审判独立、公正、公开,无罪推定,辩护权、获得法律援助权,反对强迫自证其罪,复审权,刑事赔偿,一事不再审等"。③ 这些权利都是为了保护诉讼当事人特别是刑事被告人享有最低限度的平等地位、安全保障和救济权利,以便与司法公权力进行起码是形式上的抗衡。最严重的侵犯刑事被告人基本权利的行为,莫过于刑讯逼供。因此,联合国《禁止酷刑公约》第 15 条规定:"每一缔约国应确保在任何程序中,不得授权业经确定系以酷刑取得的口供为证据,但这类口供可用做被控施酷刑者刑讯逼供的证据。"英国《1984 年警察与刑事证据法》第 76 条(2)规定,在任何公诉方计划将被告人供述作为本方证据提出的诉讼程序中,如果有证据证明供述是或者可能是通过以下方式取得的:(1)对被告人采取压迫的手段;或者(2)实施在当时情况下可能导致被告人的供述不可靠的任何语言或行为,则法庭不得将该供述作为对被告人不利的证据而被提出,除非检控方能向法庭确信无疑地证明该供述(尽管它可能是真实的)并非以上述方式取得。该法第 76 条(3)规定,在第 76 条(2)的诉讼程序中,法庭可以自行要求公诉方证明该供述

---

① [德]拉德布鲁赫:《法学导论》,米健译,法律出版社 2012 年版,第八章"程序法"。

② [美]达马斯卡:《比较法视野中的证据制度》,吴宏耀、魏晓娜等译,中国人民公安大学出版社 2006 年版,第 276 页。

③ 参见陈光中主编:《刑事诉讼法》(第 5 版),北京大学出版社、高等教育出版社 2013 年版,第 513 ~ 521 页。

并非采取上述(2)所提到的非法方式取得,并将此作为允许该供述在法庭上被提出的条件。[①] 可见,作为对受到侵犯的刑事被告人基本权利的一种司法救济手段,法院通过适用非法证据排除规则,对控方证据的合法性发挥"守门人"作用,检察官对口供来源合法性的证明是采纳被告人供述的前提条件。

第二,非法证据排除规则为检控方施加了证据合法性证明责任。在德国刑事诉讼中,如果就刑讯逼供发生争议,法院要中止审理,立即开庭审理刑讯逼供是否发生,且举证责任倒置,由检察官来承担证明刑讯逼供没有发生的责任,并且要达到优势证据的证明标准。[②] 我国2018年《刑事诉讼法》第59条第1款规定:"在对证据收集的合法性进行法庭调查的过程中,人民检察院应当对证据收集的合法性加以证明。"该条第2款规定,"现有证据材料不能证明证据收集的合法性的,人民检察院可以提请人民法院通知有关侦查人员或者其他人员出庭说明情况"。这规定了在侦查办案人员出庭问题上,检察院享有启动权,法院享有批准权。一旦对证据收集的合法性争议进行法庭调查,证明取证合法性的证明责任就转移至控方,检察院便不得不履行提请法院通知侦查办案人员出庭的义务。既然是义务,该法第59条第2款"检察院可以提请人民法院通知"中的"可以"就应该修改为"应当"。也就是说,在"现有证据材料不能证明证据收集的合法性的"情况下,检察院应当提请法院通知侦查办案人员出庭,从本质上说,这是在履行证据收集合法性的证明义务。

第三,控辩双方在证据合法性调查程序中应当享有同等的请求权。证据合法性调查程序,从根源上说,系因辩方主张存在非法取证行为而启动,便应当履行证明此主张的举证义务。但这种举证义务,本质上反映的是辩方的一种基本权利,即要求侦查办案人员出庭接受质证的权利,它包括两项内容:一是被告人与侦查办案人员就取证情况进行对质;二是辩护人对侦查办案人员进行交叉询问。对此,2018年《刑事诉讼法》第59条第2款规定了侦查办案人员出庭的3种启动程序,即检察院提请的通知程序、法院的通知程序、侦查办案人员的要求程序,却没有规定辩方提请法院通知侦查办案人员出庭的第四种启动程序。值得庆幸的是,这种程序启动权上

① See Police and Criminal Evidence Act 1984.
② 参见陈瑞华:《律师制度与司法改革》,载《律师与法制》2003年第2期。

的不平等，在“两院三部”《严格排除非法证据规定》中出现了重大变化，即第 27 条规定：“被告人及其辩护人申请人民法院通知侦查人员或者其他人员出庭，人民法院认为现有证据材料不能证明证据收集的合法性，确有必要通知上述人员出庭作证或者说明情况的，可以通知上述人员出庭。”但是，这个进步暂并未被《刑事诉讼法》2018 年修订案所吸收。这说明，辩方质证权仍未以立法形式予以确立。

第四，保障刑事被告人与侦查办案人员对质的权利。被告人在法庭上与侦查办案人员当面对质，不仅是一种庭审质证方式，更是被告人的一项基本权利。我国 2018 年《刑事诉讼法》第 61 条关于“证人证言必须在法庭上经过……被告人……质证”的规定，确立了中国的对质规则。按照这个规定，在证据合法性调查程序中，当侦查办案人员出庭接受公诉人直接询问和律师交叉询问后，还应就非法取证事实接受被告人面对面的质问。也就是说，被告人与侦查办案人员的对质权应作为一项基本权利加以保护。在这方面，目前的法律法规还有待完善。例如，《人民检察院刑事诉讼规则（试行）》第 438 条第 4 款规定：“被告人、证人对同一事实的陈述存在矛盾需要对质的，公诉人可以建议法庭传唤有关被告人、证人同时到庭对质。”就对质权的权利主体而言，对质程序的启动权应当由被告人享有。这是中国证据制度从义务本位到权利本位转型需要进一步解决的问题。

第五，法院在证据合法性调查程序中应该成为辩方基本权利的“守护者”。我国 2018 年《刑事诉讼法》第 56 条第 1 款规定：“采用刑讯逼供等非法方法收集的犯罪嫌疑人、被告人供述和采用暴力、威胁等非法方法收集的证人证言、被害人陈述，应当予以排除。”该条第 2 款规定：“在侦查、审查起诉、审判时发现有应当排除的证据的，应当依法予以排除，不得作为起诉意见、起诉决定和判决的依据。”但是，既然要排除非法证据，当辩方申请人民法院通知侦查办案人员出庭时，“两院三部”《严格排除非法证据规定》第 27 条却仍沿用“人民法院认为……确有必要通知上述人员出庭作证或者说明情况的，可以通知上述人员出庭”的规定。既然“确有必要通知”，合乎逻辑的规定便是人民法院“应当通知”，而不是“可以通知”上述人员出庭作证。换言之，法官在此问题上的自由裁量权，应当被一项刚性的法定义务所取代，因而才能切实维护辩方申请排除非法证据的基本权利。

（三）重新认识作证特免权对刑事被告基本权利的保障功能

与一般性权利相比，特权或特免权不仅本身可能就具有基本权利的性质，而且可以对刑事被告人基本权利发挥独特的保障作用。一般性权利是在法律规范中规定的“主体以相对自由的作为或不作为的方式获得利益的一种手段”，[①]相比之下，特权或特免权“泛指法律赋予某人或某类人的特别权利或豁免”。所以，“有特权的，指可不受一般的规则或义务约束，尤指享有豁免权及其他优先权。”[②]从性质上看，权利具有一般性或普适性，为人们普遍享有；特权或特免权具有特殊性和专属性，为特定诉讼人群专门拥有。[③] 这使特免权或特权成为可不受一般规则或义务约束的特殊性权利。由于作证特免权体现了罗尔斯“两个正义原则”中的第二原则即“补偿原则”，[④]因而可给刑事诉讼的最少受惠者——被告人，带来补偿利益。

在证据法体系中，大多数证据规则如相关性规则、传闻证据规则、意见证据规则、最佳证据规则等，都旨在求真，维护准确价值；而作证特免权规则却旨在“求善”，维护和谐价值。

作证特免权有很多种类，例如，律师—委托人作证特免权、医生—患者作证特免权、精神诊疗师—患者作证特免权、牧师—忏悔者作证特免权、婚内交流作证特免权（夫妻证言特免权）、父母—子女作证特免权、新闻记者消息来源的身份特免权、外交秘密作证特免权以及政府情报人员身份特免权等。[⑤] 但从基本权利保障的角度看，对于中国证据制度建设来说，目前急需的主要有两类：一是律师—委托人作证特免权；二是亲属作证特免权。

---

① 张文显：《法学基本范畴研究》，中国政法大学出版社 1993 年版，第 82 页。

② 薛波主编：《元照英美法词典》，法律出版社 2003 年版，第 1095 页。

③ 例如，犯罪嫌疑人或被告人“不得自证其罪”的权利（right against self-incrimination），亦称“不得自证其罪”的特权（privilege against self-incrimination），即法律赋予刑事被告这类特殊人群的特别权利或作证义务的豁免。“此项特权是对抗式刑事审判制度的核心，与无罪推定一起共同要求由国家负担控诉之责。”参见程荣斌主编：《中国律师制度原理》，中国人民大学出版社 1998 年版，第 1095 页。

④ 参见[美]约翰·罗尔斯：《正义论》，何怀宏、何包钢、廖申白译，中国社会科学出版社 1988 年版，第 57 页、第 96 页。

⑤ 参见[美]罗纳德·J. 艾伦等：《证据法：文本、问题和案例》，张保生、王进喜、赵滢译，满运龙校，高等教育出版社 2006 年版，第 905 ~ 1038 页。

在诉讼过程中，为使律师能够全面了解委托人的案情，就需要委托人毫无保留地向律师披露所有信息，以便律师能够为自己提供最佳法律服务。如果没有这种作证特免权，委托人在向律师提供对己不利的信息时就会顾虑重重。

在律师—委托人作证特免权的性质问题上，有两个问题需要进一步澄清：第一，律师为委托人保密是权利还是义务？有一种观点认为，我国2007年《律师法》第38条第2款确立了律师—委托人作证特免权。[①] 理由是，“律师就其在执业活动中知悉的有关情况和信息予以保密，既是义务，也是一种权利”。[②] 然而，为委托人保密若是律师的权利，其权利来源将会成为问题。实际上，该特免权的权利主体是委托人，其委托关系一旦确立，保护与委托人的秘密交流就成为律师的一种义务。只有把律师—委托人作证特免权理解为委托人权利与律师义务的统一，该特免权才能在被告人基本权利保障的基础上确立起来。第二，我国2018年《刑事诉讼法》第48条是否建立了律师—委托人作证特免权？2018年《刑事诉讼法》第48条关于“辩护律师对在执业活动中知悉的委托人的有关情况和信息，有权予以保密”的规定，意味着我国律师—委托人作证特免权的初步建立。所谓“初步建立”，是指由于对这种特免权的权利主体规定不明确，该条规定实施上存在一定困难。如果能够从被告人基本权利保障的角度，明确委托人是这种特免权的权利主体，那么，律师对其执业活动中知悉的委托人情况和信息予以保密，就不是行使保密权利，而是履行保密义务。但是，律师—委托人作证特免权中的这种权利和义务关系，可能与《刑法》第306条第1款关于律师伪证罪的规定[③]存在冲突，其原因在于，对律师是权利主体还是义务主体的理解存在差异。因此，若能超越律师辩护权的范围，从被告人基本权利或人权保障的高度来考虑律师—委托人作证特免权的立法理由，该特免权才能最终确立起来。

在刑事诉讼中，亲属作证特免权也有助于促进从义务本位向权利本位的回归。

---

① 2007年《律师法》第38条第2款规定：“律师对在执业活动中知悉的委托人和其他人不愿泄露的情况和信息，应当予以保密。但是，委托人或者其他人准备或者正在实施的危害国家安全、公共安全以及其他严重危害他人人身、财产安全的犯罪事实和信息除外。”

② 王胜明、赵大程主编：《中华人民共和国律师法释义》，法律出版社2007年版，第119页。

③ 《刑法》第306条第1款规定：“在刑事诉讼中，辩护人、诉讼代理人毁灭、伪造证据，帮助当事人毁灭、伪造证据，威胁、引诱证人违背事实改变证言或者作伪证的，处三年以下有期徒刑或者拘役；情节严重的，处三年以上七年以下有期徒刑。”

2018年《刑事诉讼法》第193条第1款规定："经人民法院通知，证人没有正当理由不出庭作证的，人民法院可以强制其到庭，但是被告人的配偶、父母、子女除外。"该规定有积极的一面，即第2款规定了相应的强制性措施："证人没有正当理由拒绝出庭或者出庭后拒绝作证的，予以训诫，情节严重的，经院长批准，处以十日以下的拘留。"这种强制措施，有助于缓解证人"出庭难"的情况。但其消极性也较明显，即它并非"亲属作证特免权"。因为，2018年《刑事诉讼法》第62条规定："凡是知道案件情况的人，都有作证的义务。"这一规定表明，在我国没有任何人拥有作证特免权。因此，第193条并未确立我国的亲属作证特免权，也并没有免除其在侦查和审查起诉阶段提供庭外证言的义务，而仅仅免除了强制被告人亲属的到庭义务。

我们可以不无自豪地说，中国是"亲属作证特免权"的发明者，早在两汉时期就出现了"亲亲相隐"的司法制度。中国传统法律文化的一个重要内容是"亲不为证"。儒家本于周礼亲亲之义，形成了"亲亲相隐"思想。这个传统将容隐义务化了，直到清末变法修律，才受西方法律思想的影响，演变为拒绝作证权。① 但是，这个继承古代"亲亲相隐"传统所确立的亲属拒绝作证权，是以亲情伦理为基础的，它与现代亲属作证特免权还有本质差别。现代亲属作证特免权是建立在被告人基本权利保障基础上的，它不是简单的拒绝作证权，即它并非证人的权利，而是证人因应权利主体亲属被告人的权利主张，而履行一种法律上免于作证的义务。例如，《日本刑事诉讼法》规定了反对陷配偶于罪的特免权。② 澳大利亚《1995年证据法》第18条第2款规定："当一个人作为检控方的证人被要求作证时，如果该人是被告人的配偶、事实上的配偶、父母或子女，则该人可以反对该(a)作证之要求；或者(b)就该人与被告人的交流作证之要求。"在美国，一些司法辖区规定了婚内交流特免权或婚姻证言特免权。《德国刑事诉讼法典》第52条第1款也有类似规定。从证据法价值基础看，以夫妻作证特免权和父母—子女作证特免权为核心内容的亲属作证特免权，

---

① 参见李学灯：《证据法比较研究》，台北，五南图书出版股份有限公司1992年版，第588～595页。

② 《日本刑事诉讼法》第147条规定："任何人，都可以拒绝提供有可能使下列的人受到刑事追诉或者受到有罪判决的证言：一、自己的配偶、三代以内的血亲或二代以内的姻亲，或者曾与自己有此等亲属关系的人；二、自己的监护人、监护监督人或者保佐人；三、由自己作为监护人、监护监督人或者保佐人的人。"

对我国司法文明建设具有重要意义。因此,我国证据立法应当在发扬“亲亲相隐”文化传统的基础上,以亲属被告人基本权利保障为宗旨,建立现代法治国家通行的亲属作证特免权制度。

五、我国证据法从义务本位向权利本位的转型

在全面依法治国大背景下,我国证据法学理论和证据法律制度正经历一个从义务本位向权利本位的现代转型,权利意识逐步觉醒。但是,要完成这个转型,还需要在以下方面作出不懈努力:

首先,深入开展证据法学理论研究,充分认识现代证据裁判制度所立足的理性主义传统,一是必须通过理性方式(而非诉诸神明和暴力)查明事实真相,因而与愚昧的神明裁判和野蛮的口供裁判相区别;二是把追求真相视为实现正义的手段,因而把公正视为目的。正是这种以公正为目的的理性主义传统,奠定了证据法基本权利保障的价值取向。在刑事诉讼中,犯罪嫌疑人、被告人在人身安全、精神压力和社会资源等方面均处于相对弱势地位,因而需要罗尔斯正义第二原则带来的补偿利益,证据性权利宪法化与宪法基本权利规则化也就成为人权司法保障的发展趋势。

其次,坚持理论与实践相结合,积极推动证据立法理念和司法实践从义务本位向权利本位转型。近年来,我国证据制度建设步伐逐步加快,权利保障逐步增强,但长期形成的义务本位理念仍未完全消除,因而需要继续努力推动这种转型:一是在侦查讯问程序中,推动从传统的如实供述义务告知,向诉讼权利告知的转变;适时取消犯罪嫌疑人对侦查人员提问如实回答的义务,切实保障其“不得强迫自证其罪”的基本权利。二是在侦查、审查起诉和审判程序中,适时取消犯罪嫌疑人、被告人的禁止翻供义务,制定供认自愿的证据规则,赋予其撤销供认的权利,切实保障其自白任意性的基本权利。三是在2018年《刑事诉讼法》第61条已默示刑事被告人对质权的基础上,进一步将其上升为宪法权利,并在《刑事诉讼法》中作出明确规定,以保障被告人与不利证人对质的基本权利。

再次,通过非法证据排除规则的有效实施,保障刑事被告人的基本权利。排除非法证据是对诉讼当事人基本权利的一种司法救济,也为检控方证据合法性证明施加了证明责任。这里需要推动的观念转型有:一是在2018年《刑事诉讼法》第59条

规定“现有证据材料不能证明证据收集的合法性的”情况下，“检察院可以提请人民法院通知侦查办案人员出庭”中的“可以提请”，须修改为“应当提请”，以履行“人民检察院应当对证据收集的合法性加以证明”的义务；二是对于“两院三部”《严格排除非法证据规定》第 27 条“被告人及其辩护人申请人民法院通知侦查人员或者其他人员出庭，人民法院认为现有证据材料不能证明证据收集的合法性，确有必要通知上述人员出庭作证或者说明情况的”，应该将其中“可以通知上述人员出庭”的规定，修改为“应当通知上述人员出庭”，以保障被告人在证据合法性调查程序中拥有与侦查办案人员的对质权。

最后，发挥作证特免权规则对刑事被告人基本权利的保障作用。一是创设律师—委托人作证特免权，明确其权利主体是委托人，律师保护与委托人的秘密交流是履行保密义务。只有将律师—委托人作证特免权理解为委托人权利与律师义务的统一，该特免权才能在被告人基本权利保障的基础上确立起来。二是创设亲属作证特免权，明确夫妻、父母子女关系中的亲属被告人是权利主体，潜在亲属证人被法律免于作证只是在履行相对法定义务。家庭关系是社会稳定发展的基础。以牺牲亲属关系为代价而追求事实真相，不仅侵犯了亲属被告人的基本权利，也偏离了人类法治文明的发展方向。

第十章 证据规则的价值基础和理论体系*

内容提要

中国现代证据制度的建构遇到两大理论障碍：一是大陆法系传统问题；二是三大诉讼的特殊性问题。然而，大陆法系传统不能证明证据法不能单独立法，三大诉讼的特殊性也不能否定各种案件事实认定的共性和规律性。中国现行诉讼法和有关司法解释中证据规则大量重复的现象，恰恰反证了制定统一证据规则的必要性和可行性。证据法的理论体系，应当反映证据规则背后起支撑作用的正当理由、基本理念、法律原则或价值基础，其中，准确、公正、和谐与效率构成了证据法的四大价值支柱。中国证据规则的理论体系可以概括为：以相关性为逻辑主线，以准确、公正、和谐与效率为价值基础的举证、质证和认证过程。这些价值之间的相互冲突也决定了证据法的双重功能：一是促进事实真相的发现，即求真；二是维护普遍的社会价值，即求善。这两种功能具有竞争关系。

一、证据制度是法治国的一项基本制度

证据法在中国正在成为显学。这有 4 个标志：一是近年来有大量证据理论研究著作和论文出版发表；①二是研究机构和学科建设取得重要进展；②三是最高人民法

---

* 本章原载《法学研究》2008 年第 2 期，本书收录时有文字修订。

① 2000 年以来，有关证据的各类著作已达几十种，论文每年数百篇，载《证据学论坛》开始连续出版。

② 中国人民大学证据学研究所 2005 年 4 月成立；证据科学教育部重点实验室（中国政法大学）2005 年底被批准立项建设；中国政法大学证据法学研究院 2006 年 5 月成立，7 月全国第一个证据法学博士学位点在国务院学位办新增备案，该博士点下设证据法学和法庭科学两个研究方向。

院颁行了两个证据规定,①一些省市高级人民法院也颁行了地方性证据法规;四是一批推动证据立法的学者建议稿问世。②

证据法在中国迅速发展有两个主要动力:一是法治国家与和谐社会建设的需要;二是本土司法实践发展的需要。“证据法是法治的基石。证据对于任何创造了权利和义务的法律制度来说都是基础性的。”③证据制度是法治国的一项基本制度,它处于诉讼制度中的核心地位。④ 随着我国司法改革的深入,“打官司,就是打人情”的陈腐观念正逐渐为人们所摒弃,“打官司,就是打证据”的司法理念日益深入人心。从“佘某林案”“杜某武案”“黄某案”“邱某华案”“马某爵案”到“高某莺案”,司法审判中出现的问题全都指向证据。因此,司法公正呼唤着我国证据法的发展。目前我国有接近1/4的省高级人民法院制定了地方性证据规则,⑤一方面促使司法机关和诉讼各方证据意识的提高,另一方面也激励证据法学者深刻反思中国证据制度建设存在的问题。

与司法实践的需要相比,我国现行证据制度存在两方面问题:一是规则少;二是无体系。前者表现在,三大诉讼法中的证据规则条文较少,过于原则性,缺乏可操作性,不能满足审判实践的需要;后者表现在,证据立法缺乏价值基础和理论体系方面的设计,数量有限的证据规则处于一种彼此缺乏逻辑联系的离散状态,这不仅不利于司法人员从整体上掌握证据法的宗旨和基本要求,而且也影响证据法的学科建设和理论发展。

---

① 最高人民法院《民事诉讼证据规定》(2002年4月1日起施行)和最高人民法院《行政诉讼证据规定》(2002年10月1日起施行)。

② 例如,毕玉谦等:《中国证据法草案建议稿及论证》(2003年);陈光中主编:《中华人民共和国刑事证据法专家拟制稿(条文、释义与论证)》(2004年);江伟主编:《中国证据法草案(建议稿)及立法理由书》(2004年)。

③ [美]罗纳德·J.艾伦:《刑事诉讼的法理和政治基础》,2005年在中国政法大学的演讲。

④ 参见江伟:《证据法若干基本问题的法哲学分析》,载《中国法学》2002年第1期。他提出了“证据制度在民事诉讼制度中的核心地位”。

⑤ 参见房保国:《现实已经发生——论我国地方性刑事证据规则》,载《政法论坛》2007年第3期。文中谈到北京、江苏、湖北、四川、山东、广东等省市高级人民法院颁行地方性证据规则的情况,认为产生这种情况的原因,归根结底还是与全国性证据立法的不完善有关。另据统计,在最高人民法院颁布两个证据规定之前有9个省市颁布了自己的证据规定,之后有5个省市颁布了自己的证据规定,其中主要为刑事证据规定。

我国证据制度的建构目前遇到两大理论障碍：一是所谓大陆法系传统问题；二是三大诉讼的特殊性问题。

应当承认，到目前为止，大陆法系确实还没有哪个国家制定单独的证据法典，这似乎成为一种无须说明理由的传统。但若从该传统不证自明地得出大陆法系国家证据不能单独立法的结论，那是缺乏说服力的。因为传统只能说明以往的状态，对未来实践并没有强制约束力，“它们为人们所承认和接受，但是仅具习惯和惯例的效力”。① 大陆法系国家过去没有单独的证据法，不能证明现在和将来也不能这么做。② 传统为什么是这样而不是那样，这是由历史的实践决定的。考虑到我国自1996年庭审制度改革已引入对抗制等当事人主义因素，并初步确立起“抗辩式”的庭审方式，我国诉讼制度实际上具有明显的混合法系特征，③应该在诉讼模式重构中摆脱所谓大陆法系传统的包袱。

受大陆法系传统影响，我国证据法无论在学科分类还是在立法上一直被视为诉讼法的一个组成部分。有学者解释说，大陆法系国家如德国，“由于是职业法官认定案件事实，故采用自由心证，证据规则较少”，“而美国由外行组成的陪审团审理事实，为了正确地引导他们，则建立了复杂的证据规则”④。如是说，两大法系证据法的区别主要取决于事实裁判者的知识结构。然而，证据所要解决的是事实认定问题，它是一个经验推理过程，准确和真实是其基本要求。就这些要求而言，事实认定者是否为法律内行其实并不重要。因为，事实具有共性，事实认定具有规律性。作为一个普遍概念，事实认定实际上并不限于法庭上的案件事实审理，或者说，案件事

① [英]戴维·M. 沃克：《牛津法律大辞典》，李双元等译，法律出版社2003年版，第1114页。

② 最高人民法院原副院长、大法官沈德咏认为：“众多法律法规中的条文以及司法解释条文之间存在不够协调，不够有序等问题，这种状况已在一定程度上造成了司法实践中运用诉讼证据规则的混乱，比如证人不出庭现象比较普遍，重复鉴定问题突出，电子证据的运用无法可依等，诉讼证据制度的改革与完善已成为当前中国司法改革的一项重要而迫切的任务。”他认为，在加强证据立法方面有两条路可以选择：一是在三大诉讼法中修改有关诉讼证据制度的规定；二是制定一部独立的、综合的诉讼证据法典。参见《首席大法官肖扬：中国不断加大证据制度改革力度》，载新华网2006年5月30日，http://big5. gov. cn/gate/big5/www. gov. cn/jrzg/2006 – 05/30/content_295901. htm。

③ 参见李心鉴：《刑事诉讼构造论》，中国政法大学出版社1991年版，第1页。他认为，诉讼制度可分为英美法系国家的当事人主义和大陆法系国家的职权主义，以及日本、意大利等国实行的结合式诉讼模式。

④ 樊崇义主编：《证据法学》（第3版），法律出版社2003年版，第2页。

实认定与科学事实(如火星上是否有水)、社会事实(如某国是否拥有核武器)、日常生活事实(如某人婚姻是否陷入危机)等的认定,并没有本质上的差别。社会生活中的各种争端只有一小部分不能通过非诉讼方法解决,因此才转移到法院来裁判。因此,法庭上的案件事实认定,实际上采用的仍然是人们在社会生活中惯用的经验方法。每个正常人在日常生活和工作实践中都掌握了很多运用证据认定事实、辨别真伪的经验和能力。这也是英美法系为何让陪审团成员这些法律“外行”来认定案件事实的原因。在这个问题上,夸大案件事实认定与其他事实认定活动的差别,就否定了事实认定的一般认识论基础,事实认定要以马克思主义认识论为指导[①]就会成为一句空话。因为,“证据法是一个规制在法律程序中向事实裁判者提供信息的规则体系。一个更好的定义是‘法庭认识论’”。[②] 认识论对法庭审判的指导作用必须建立在承认事实认定具有共性或规律性的基础之上。

证据规则发挥促进事实认定的作用,这是因为它在很大程度上反映了经验推理的认识论法则。例如,证据裁判原则、直接言词原则、相关性规则、传闻规则、辨认和鉴真规则、鉴定规则以及举证、质证和认证的规则,都源于人们在日常生活中惯用的发现事实真相的经验法则。因此,证据规则有助于提高事实认定的准确性,事实认定者无论是普通法系的陪审团成员,还是大陆法系的法官,只要遵循这些规律便能提高辨别真伪和发现事实真相的能力。也就是说,案件事实认定的一般法则或证据规则在两大法系之间没有本质差别,两大法系证据规则不仅在主要内容上具有共性,其首要目的都是准确认定事实。不同法系或国家证据法的差别,主要在一些例外规定上,如规定哪些作证特免权,这些例外是由特定的诉讼制度或证据政策决定的,它们不是证据法的普适性方面,而是其特殊性方面。在这个问题上,江伟教授的意见值得考虑,他认为,在两大法系的证据制度中,全盘接受任何一种显然都不是理性的选择,应结合我国的具体国情和两大法系证据规则的特点,在证据制度的不同方面,分别借鉴两大法系的有益部分。[③]

---

① 参见樊崇义主编:《证据法学》(第3版),法律出版社2003年版,第2页。

② David P. Bergland, Value Analysis in the Law of Evidence, *Western State Law Review*, p. 162 – 184 (1973).

③ 参见江伟:《证据法若干基本问题的法哲学分析》,载《中国法学》2002年第1期。

第二个理论障碍是所谓三大诉讼的特殊性问题。中国法院刑事审判庭、民事审判庭、行政庭的划分非常细致,证据规则也受其影响而分别规定在刑事诉讼法、民事诉讼法和行政诉讼法中。但这样规定有两个弊端:一是内容重复;二是不利于法官把握证据规则的一般原则和证据法的基本原理。证据规则内容的重复比例很高,不能说不是一个缺陷;同时,它也反证了制定统一证据规则的必要性和可行性。因此,建议把重复的内容进行归纳、梳理,提炼为在三大诉讼中通行的证据法通则或基本原则、一般原理,而对不同的部分以分则或但书的形式作出特殊规定,这不仅有利于进一步完善我国的证据制度,也有利于为法官、检察官和律师提供统一的证据标准。

证据法概括了人类事实认定的一般经验和公正司法的一般要求,规定了案件事实认定的方式,因此,它对实现司法公正具有基础性作用。肖扬指出:“证据是实现司法公正的基石。加强证据科学研究,对有效维护广大人民群众的合法权益,保证国家司法机关公正行使自己的权力,实现社会主义民主和法治具有特别重要的意义。”①

二、证据规则的四大价值支柱

人的一切活动都是在追求某种价值。价值是“可能对立法、政策适用和司法判决等行为产生影响的超法律因素”。② 它们由一些理想观念或普遍原则组成,体现了人们对某种价值目标的追求,并且对人们关于事物的判断产生重要影响。因此,只有理解证据规则背后的价值基础,才能更好地制定或运用证据规则来维护这些价值。进一步说,证据法不仅应当反映社会价值观的现状,而且应当反映它的发展,只有这样才能指导旧规则的修订和新规则的创制,从而更好地服务于我们共同信仰的社会价值。对于诉讼的参与者特别是审判人员来说,只有了解证据法的价值基础,才能以“会当凌绝顶”的视野俯瞰和理解具体证据规则的含义、渊源和目的,从证据制度、证据价值的高度来审视具体的案件事实。

证据规则以一个社会大多数人共享的价值为基础,反映了社会的价值观。这些

① 时任最高人民法院院长、首席大法官肖扬2006年5月20日给中国政法大学证据科学研究院成立大会的贺信。

② [英]戴维·M.沃克编:《牛津法律大辞典》,李双元等译,法律出版社2003年版,第1152页。

价值因素包括公平理想、共同利益、公民自由、伦理道德等。

我们并不否认存在与人类生存和发展息息相关的一般价值，但同时也应当承认，任何价值观的形成和发展都有其特定的社会和文化背景，各个国家的价值观既存在共性又存在差异。因此，在当今价值多元化的社会，要想把社会所有的价值都概括在证据法中是不可能的，证据法只能反映社会上大多数人共享的价值或者对社会发展至关重要的价值。笔者认为，其中最具普遍意义的价值是准确、公正、和谐与效率，它们构成了证据法的四大价值支柱。

（一）准确

准确认定事实是实现司法公正的前提。只有准确认定事实，才能有效解决争端，维护诉讼各方的合法权益。2018 年《刑事诉讼法》第 2 条对“准确”“查明犯罪事实”作出了明确规定，并从“惩罚犯罪分子，保障无罪的人不受刑事追究”两个方面强调了准确性的意义。“权利和义务取决于准确的事实认定……因而事实认定是更基础性的。没有准确的事实认定，权利和义务就变得毫无意义。”①准确性旨在促进事实真相的发现，使审判人员避免作出错误的事实认定。

在准确性问题上，不同法系证据法的共性一目了然。大陆法系证据法的直接言词原则和英美法系的传闻证据规则，都服务于准确的事实认定，二者有“异曲同工”之处。两大法系都要求，事实认定者应当对审判具有亲历性，所有物证、书证都要在法庭上出示，证人应以亲身知识在法庭上以口头的而不是书面证言的方式作证，否则，其真实性就会受到怀疑。

制定品性和倾向证据规则，也是为了增强事实认定的准确性。因为，品性和倾向证据有可能误导事实认定者以情绪、偏见或任性来取代合理性，从而增加错误认证的风险。这种风险，无论是对英美法系的陪审团成员还是大陆法系的法官都不例外。

辨认、鉴真和鉴定规则对于准确的事实认定也具有重要意义。作为可采性的先

① ［美］罗纳德·J. 艾伦：《刑事诉讼的法理和政治基础》，张保生、李哲、艾静译，载《证据科学》2007 年第 1、2 期合刊。

决条件，物证、书证、音像、电子证据及其示意证据在法庭上出示之后、被采纳之前，如果对方提出异议，应当通过辨认确定其同一性或通过鉴真确定其真实性。辨认和鉴真是由熟悉特定证据的外行知情人，根据自己的亲身经验对其同一性和真实性提供的外行意见，例如，儿子辨认或鉴别父亲笔迹的真伪；鉴定则是法定鉴定机构或鉴定人根据科学知识，通过技术检验对其同一性和真实性所提供的专家意见。这些确保事实认定准确性的措施，也称为证据铺垫要求，没有这种铺垫，事实认定就难以进行。

准确性价值还体现在证明标准中。在不同诉讼活动中，对事实的认定必须达到一定证明标准，这是准确性的要求。

（二）公正

公正是证据制度的首要价值。① 证据制度作为法治国家的一项基本制度，其作用在于减少证据的误用、滥用和人为操纵，保证事实得到公正的认定，因此它构成了一个社会司法公正的基石。以在大陆法系证据制度中地位十分重要的证据裁判原则为例，这个原则就体现了“在证据面前人人平等”的公正价值。为了维护公正审判的要求，大陆法系国家一般都在证据法中规定了证据裁判原则，如日本《刑事诉讼法》第317条规定：“认定事实，应当依据证据。”我国《刑事诉讼法》关于“对一切案件的判处都要重证据”，以及《民事诉讼法》关于“人民法院审理民事案件，必须以事实为根据”，都是对证据裁判原则的概括。陈光中教授认为，确立证据裁判原则的意义在于：它否定了历史上的神明裁判、刑讯逼供等非理性的事实认定方法，是刑事诉讼文明进步的表现。“无证据不得推定其犯罪事实，是无罪推定原则的体现。”②

公正性是一个证据制度设立非法证据排除规则的唯一正当理由。“以侵害他人合法权益或者违反法律禁止性规定的方法取得的证据，不能作为认定案件事实的依

① 罗尔斯说，正义是“社会制度的首要价值”。[美]约翰·罗尔斯：《正义论》，何怀宏、何包钢、廖申白译，中国社会科学出版社1988年版，第1页。

② 陈光中主编：《刑事证据法专家拟制稿（条文、释义与论证）》，中国政法大学出版社2004年版，第128页。

据。"①因为,证据来源的合法性原则体现了法治社会人权保护的最高价值,采纳非法证据将严重侵犯宪法和法律赋予的公民权利和当事人的合法权益。当不同法律原则发生冲突时,体现人类更高价值的原则往往会贬抑次高价值的原则。从一项法律推理的结果来看,如果对无罪者治罪就等于经济成本加上道德成本,其成本更高;而如果是未对有罪者治罪只等于经济成本。所以,我们总是对无罪者治罪的情况给予负评价,以便防止出现无罪者治罪错误。②

公正性也是相关证据排除规则的主要理由。美国《联邦证据规则》403 把"在实质上超过其证明价值"的"不公正偏见"作为排除相关证据的主要理由,法官在采纳证据之前需要进行平衡检验。这种关于公正性和证明力的价值平衡检验能力,是法官的一项基本能力。这些基于司法公正的排除规则,都把矛头指向可能对当事人产生严重不公正影响的相关性证据。在审判实践中,法官通过价值权衡,如果相信产生不公正偏见的危险性超过其证明价值,便可行使排除证据的自由裁量权。品性证据排除规则也是基于公正理由,无论是良好品性还是不良品性,都可能使事实认定者产生先入为主的偏见,如果将品性视为具有证明力的东西,会给无辜者带来错误定罪的危险。

法治社会公正审判的原则要求法官为判决提供理由,这是法治社会审判制度赋予法官的一种强制性义务,如果逃避这种义务就可能导致司法腐败。按照证据裁判原则,判决结论必须以证据为根据,因此,在事实前提和判决结论之间必须有确证关系。诉讼各方对法官的认证持有的异议及其理由,法官支持还是驳回这些异议,采纳还是排除特定证据,都应当说明法律理由或正当理由,并在判决书中载明。这样做,"有助于巩固社会组织制度所需的智力内部结构,在此制度内争论表现为论证和反论证,而不是使用暴力的威胁"。③

① 最高人民法院《关于民事诉讼证据的若干规定》第 68 条。

② 参见[美]迈克尔·D. 贝勒斯:《法律的原则》,张文显、宋金娜、朱卫国、黄文艺译,中国大百科全书出版社 1996 年版,第 29、32 页。

③ [英]L·乔纳森·科恩:《意义的多样性》,伦敦,梅休恩 1966 年版,第 68 页。

（三）和谐

和谐理念作为一项证据政策，体现了人们在求真与至善之间的价值选择。苏格拉底把正义视为一种崇高的道德，他说："正义就是以善待友，以恶对敌的艺术。"①这同"善有善报，恶有恶报""己所不欲勿施于人"的儒家伦理如出一辙。证据法中的和谐价值主要体现在两个方面：一是被称为不能用于证明过错或责任的相关性证据。例如，修桥补路、产品召回制度等事后补救措施，和解和要求和解，支付医疗或类似费用，这些证据对证明过失或过错虽然具有相关性，但不能采纳用来证明行为人的责任。这些证据排除规则旨在促进有利于社会公益事业的行为，不能因人们做好事或行善而使其受到惩罚或损害，因而是和谐社会的证据规则。建设社会主义和谐社会，应当鼓励人们采取不断增加安全的措施；应当鼓励在赔偿责任或数额问题上的和解；应当鼓励支付因伤害而引起的医药、住院或类似费用的行善行为；应当促进达成调解协议，鼓励采用非诉讼方法解决社会争端。二是所谓作证特免权。"大多数证据规则旨在促进事实认定程序，但创设证据特免权的规则与此不同。从总体上看，它们排除具有相关性的证据，这是为了促进与准确事实认定无关的外部政策。它们的主要目的，是保护法庭世界之外的特定关系和利益，这些关系和利益被认为具有充分的重要性，值得司法程序以失去有用证据的方式来承担这些成本。"②特免权的范围可以十分广泛，例如，律师—委托人、医生—患者、牧师—忏悔者、夫妻证言、新闻记者消息来源的身份、外交秘密以及政府情报人员身份等。威格莫尔教授对设立特免权的正当理由作了系统论述。③ 作证特免权存在的一个基本理由，是要表明一种法律制度重视这些特殊关系胜过制裁犯罪行为。也就是说，这种证据制度认为，通过破坏这些特殊关系而获得查明事实真相的价值，不及牺牲查明事实真相而维护这些关系的价值。

---

① Plato, *The Republic and Other Works*, Anchor Books, p. 14 (1973). 转引自张乃根：《西方法哲学史纲》，中国政法大学出版社 1993 年版，第 10 页。

② ［美］罗纳德·J. 艾伦等：《证据法：文本、问题和案例》，张保生、王进喜、赵滢译，满运龙校，高等教育出版社 2006 年版，第 905 页。

③ See John Henry Wigmore, *Evidence* § 2285, at 527 (John T. McNaughton rev. 1961).

（四）效率

公正和效率作为人类活动的两种价值，彼此存在一定的冲突。这表现在，当人们一味追求公正时可能牺牲效率，而当人们一味追求效率时可能产生不公正。面对这种冲突，罗尔斯没有采取同等兼顾的态度，而是主张效率应当服从于正义。他说："某些法律和制度，不管它们如何有效率和有条理，只要它们不正义，就必须加以改造或废除。"①与此相反，经济分析法学则更加重视效率，主张"效率或财富极大化应是法律的唯一目的"。② 罗尔斯把正义当作牺牲效率的绝对理由，与波斯纳把效率视为法律的唯一目的，都有一定的片面性。实际上，公正和效率并非完全势不两立，追求效率有时也可以用于实现公正的目的。证据规则在注重司法公正的同时兼顾诉讼效率主要出于两个原因：一是政府要用纳税人的钱提供诉讼补贴，而诉讼当事人不会考虑保护这些司法资源，所以，证据制度要使证明活动受到合理限制，避免造成不必要的浪费。二是富人和穷人在诉讼中并不处于完全平等的对抗地位，有钱的当事人可能通过无休止地举证而使没钱的对方当事人处于不利地位，从而影响实质的司法公正。贝勒斯认为，"法律的主要目的之一是避免诉讼（为了合理而及时解决争端所必要的诉讼除外），因为诉讼是负值交互行为"。③ 所谓负值交互行为，就是说诉讼具有负价值。在错误成本与直接成本大于程序利益的情况下，尽管个别被告能获得损害赔偿和其他救济而从诉讼中受益，但从社会或潜在原被告的立场来看，诉讼是一种需要成本的活动。无休止地举证、无终局的审判造成效率低下，稳定的财产制度便难以保持，个人利益也不能得到及时的保护。

因此，效率成为相关证据排除规则的一个重要理由。法官可以通过对证明力和效率的权衡，排除某些浪费诉讼资源的相关性证据。这对实现社会财富最大化的目标具有重要意义，也是我国《刑事诉讼法》规定的可以排除证据的情况。④

---

① ［美］约翰·罗尔斯：《正义论》，何怀宏、何包钢、廖申白译，中国社会科学出版社1988年版，第1页。
② ［美］迈克尔·贝勒斯：《法律的原则》，张文显等译，中国大百科全书出版社1996年版，第1页。
③ ［美］迈克尔·贝勒斯：《法律的原则》，张文显等译，中国大百科全书出版社1996年版，第85页。
④ 《刑事诉讼法》第2条规定："中华人民共和国刑事诉讼法的任务，是保证准确、及时地查明犯罪事实。"

综上,证据规则的四根支柱并不是一般粗,因此,在准确、公正、和谐与效率这些价值之间发生冲突时,应当通过价值权衡,分别轻重予以兼顾。在上述四大价值支柱中,公正是首要的价值,效率是证据制度的次要目的。过分追求效率在理论和实践上都会出问题。

三、中国证据法的理论体系

证据法理论体系的构建,应当反映各种证据规则背后起支撑作用的正当理由、基本理念、法律原则或价值基础。这里以《〈人民法院统一证据规定〉司法解释建议稿》①为例,试将中国证据法的理论体系概括为:以相关性为逻辑主线,以准确、公正、和谐与效率为价值基础的举证、质证和认证过程。

准确、公正、和谐、效率作为证据法的四大价值支柱,决定了证据法的目的是指导准确、公正、和谐与及时的事实认定。这些价值之间的相互冲突也决定了证据法的双重功能:一是促进事实真相的发现,即求真;二是维护普遍的社会价值,即求善。这两种功能具有竞争关系。"……求真的目的与其他目的——诸如经济性、保护某些自信、助长某些活动、保护一些宪法规范——相互竞争。"②求真只是证据法的基本价值之一,证据规则应当追求各种价值目标的统一。《〈人民法院统一证据规定〉司法解释建议稿》第 1 条"准确认定案件事实,实现司法公正,保障人权,规范证据的运用,提高诉讼效率"的规定,就体现了这一宗旨。这与最高人民法院两个证据规定关于"准确认定案件事实,公正、及时地审理"③案件的宗旨是一致的。

(一)相关性是证据法的一条逻辑主线

相关性既是证据的根本属性,④也是证据法寻求事实真相这一基本功能的动因。

---

① 《人民法院统一证据规定(司法解释建议稿)》由最高人民法院研究室于 2006 年 7 月委托中国政法大学证据科学研究院起草,2007 年 10 月完成。

② [美]波斯纳:《法理学问题》,苏力译,中国政法大学出版社 1994 年版,第 261 页。

③ 参见最高人民法院《行政诉讼证据规定》。最高人民法院《民事诉讼证据规定》关于"为正确认定案件事实,公正、及时审理民事案件"的规定与此类似。

④ 参见龙宗智:《"大证据学"的建构及其学理》,载《法学研究》2006 年第 5 期。他认为,"相关性是事实的基本属性"。

相关性，是指一种逻辑上的证明力，即某个证据可以对某个事实存在与否的可能性加以证明的程度。《〈人民法院统一证据规定〉司法解释建议稿》第 11 条规定：“相关证据，是指对案件事实的认定具有证明力、有助于审判人员审查判断案件事实存在可能性的证据。”相关性服务于准确性价值，反映案件事实存在的可能性，因此是一个概率问题。“我们的相关性规则旨在向事实裁判者展现将有助于作出决定的全部信息。对不相关证据的排除也遵从于发现事实真相的价值，因为它使事实认定者的注意力集中于适当的信息，且仅仅集中于适当的信息。另外，这些规则还通过排除对事实裁判者裁断实质问题没有帮助的信息。”①

证据相关性，是指信息的相关性，它不是哲学意义上的普遍联系，而是一种经验意义上的特殊联系。因为，“事实不是普遍的、抽象的概念，而是特殊的、具体的概念”。② 因此，不能用普遍联系的哲学观点推测特定证据与事实之间关联的可能性。证据是否具有相关性，需要通过一系列经验推论来加以证明：一是从证据性事实（证据提出者主张的事实）得出推断性事实（事实认定者推断的事实）；二是由此推出要素性事实（事实认定者经推论确信且对该争端的法律解决至关重要的事实），三是由此推出其与实体法规定相联系的要件事实。③ 这绝不是一个朦胧的“自由心证”过程，笔者不赞成再使用“自由心证”这个模糊的概念来概括经验推论的证明过程。

证明作为一个经验推论过程，实质上是按照相关性线索把一片片证据“拼合”在一起的工作。法官在做这种“拼合”工作时需要注意两个问题：首先，相关性是可采性的必要条件，《〈人民法院统一证据规定〉司法解释建议稿》第 12 条规定：“所有相关证据均具有可采性，法律和本规定另有规定的除外。不具有相关性的证据不可采纳。”其次，相关性决定了证据的证明力，证据由于具有相关性而具有证明力，由于相关性的高低而具有高低不同的证明力。因此，所谓“证据规格”都是由相关性规定的，例如，其第 16 条关于原始证据优先的规定，乃因原始证据比派生证据更具相关性，因而具有更大的证明力；物证、书证等证据的辨认、鉴真及鉴定，质证与认证，都

---

① David P. Bergland, Value Analysis in the Law of Evidence, *Western State Law Review*, p. 162 – 84(1973).

② 龙宗智：《“大证据学”的建构及其学理》，载《法学研究》2006 年第 5 期。

③ 参见［美］罗纳德·J. 艾伦等：《证据法：文本、问题和案例》，张保生、王进喜、赵滢译，满运龙校，高等教育出版社 2006 年版，第 149 页以下。

是相关性这条逻辑主线的自然展开。

（二）政策性是社会价值的集中反映

作为证据规则的价值支柱，准确、公正、和谐、效率之间可能存在冲突。在相互竞争的价值发生冲突时，证据规则的构建应当作出必要的调和，这就是证据政策应当发挥的作用。证据政策一般表现为对证据可采性所作的一些例外规定。《〈人民法院统一证据规定〉司法解释建议稿》所体现的主要证据政策包括：

（1）证据的合法性。它体现为非法证据的排除规则，这是司法公正的基本要求。通过非法手段获取证据，是审判活动背离公正价值而追求效率目标的一种扭曲，应当予以纠正。非法证据应当排除，不得作为认定案件事实的根据。历史上，刑讯逼供是封建司法制度的一种合法取供手段。刑讯逼供的效率性可能使审判者维护正义审判的内在动力日益萎缩。《〈人民法院统一证据规定〉司法解释建议稿》对非法证据排除规则作了全面规定，第 22 条和第 23 条规定了刑事非法证据的绝对和相对排除，第 24 条规定了检控方对刑事非法证据排除的证明责任，第 25 条规定了民事、行政诉讼的非法证据排除，第 26 条规定了不能用以证明被诉具体行政行为合法的证据。这些规定搭建了一个较完整的非法证据排除规则体系。

（2）和谐社会理念。它体现了求真与求善的价值平衡，是和谐社会的证据政策。《〈人民法院统一证据规定〉司法解释建议稿》规定了 4 种不能用于证明过错或责任的相关性证据。第 35 条（事后补救措施）规定："在伤害或者损害发生后，行为人采取了如果事先采取将降低该伤害或者损害发生的可能性的措施，这些事后补救措施不得采纳作为证明过错、产品瑕疵、产品设计瑕疵或者未尽警示义务的证据。"第 36 条（和解和要求和解）规定："在赔偿责任或者数额问题上，当事人先前为达成和解而作出妥协所涉及的对案件事实的认可，不得在诉讼中采纳为对其不利的证据。"第 37 条（支付医疗或类似费用）规定："有关支付或者承诺支付因伤害而引起的医药、住院或者类似费用，不得采纳作为支付者或者承诺支付者对该伤害负有责任的证据。"第 38 条（为达成调解协议而作出的自认）规定："在民事和行政赔偿诉讼中，当事人为达成调解协议而对案件事实作出的自认，不得在其后的诉讼中作为对其不利的证据而被采纳，但当事人主动放弃该权利的除外。"在民事诉讼活动中，排除上述相关性证据,旨在鼓励诚信和行善,有利于促进和谐社会建设。

(3)作证特免权。证据制度应当在发现事实真相与辩护制度、隐私权保护以及亲情伦理之间寻求价值平衡。《〈人民法院统一证据规定〉司法解释建议稿》第68条规定了律师—委托人特免权,虽然它可能阻碍事实的查明,但如果破坏律师与委托人之间的信赖关系,将会“从根本上动摇被告人对辩护律师的信任感,进而导致对整个辩护制度的否定”。① 第69条规定了精神诊疗师—患者特免权,因为患者如果对自己与精神病和心理医生之间交流的保密性缺乏信赖,就不会坦诚披露自己的真实病情而影响诊治。第70条规定了夫—妻和父母—子女特免权,因为家庭是社会的细胞,家庭关系是一切社会关系的基础,它的稳定是社会稳定的前提。家庭成员之间亲情关系的维系是和谐社会的重要指征,家庭关系若遭到破坏,人类社会就会面临崩溃的危险。在中国证据法体系的构建中,有选择地创设上述3项特免权,将表明中国和谐社会的证据制度开始重视这些证据政策。

(三)价值权衡与审判人员的自由裁量权

证据规则不是一堆“死”的概念,它反映的是“活”的事实认定活动。证据规则只是对审判人员运用证据查明事实活动的经验总结或理论概括。“法定证据主义之证据法则,若详细加以观察,其实不外乎,将法官于认定事实时通常所用之若干经验方法,加以定型化而变为法律而已。”②

然而,证据规则一旦法典化,就会产生僵化的危险。历史上,法律形式主义由于死守规则,无视社会现实生活中不同价值观念的冲突,不能适应复杂情况和变化,因而造成部分实质不正义的判决。所以,审判人员在适用证据规则时,应当运用“实践理性”的经验智慧,不能把证据规则当作教条,刻板地“按图索骥”;而应当以自己对证据规则价值基础的深刻领悟为前提,把证据规则当作行动指南,具体案情具体分析。因此,《〈人民法院统一证据规定〉司法解释建议稿》第6条强调了“审判人员是案件事实的认定者,在举证、质证和认证程序中,有权依法采纳和排除特定证据”。

---

① [美]乔恩·R.华尔兹:《刑事证据大全》,何家弘等译,中国人民公安大学出版社1993年版,第158页。

② 江伟:《证据法若干基本问题的法哲学分析》,载《中国法学》2002年第1期。

酌情排除相关证据一般存在两种典型情况：一是如果采纳某个证据，可能对当事人造成不公正的严重伤害或者对判决结果造成不公正的影响，并且这种伤害或者影响的危险性将在实质上超过其证明价值的情况；二是重复举证造成时间拖延的情况。相关性是采纳证据的必要条件，而不是充分条件，因此，并非所有相关证据都必须采纳。第一种情况中的斟酌因素主要是人权保障、司法公正和隐私权保护等价值，例如，性犯罪案件中有关被害人性癖好的证据，“调查该证据显然会对他方当事人造成严重的心理或精神上的伤害”；①再如，在刑事诉讼中，非法证据的采纳将严重侵犯宪法和法律规定的公民权利和当事人合法权益，审判人员在权衡采纳的利弊后，如果判断这种危险性超过其证明价值，便可以行使排除该证据的自由裁量权。“人们为了其他一种价值，还可能牺牲一部分证据资料。例如为了法治与人权保障的利益，而将某些非法获取的证据资料排除于证明过程之外，即使这些证据资料仍然具有证明价值。”②

审判人员权衡上述利弊的价值评价能力，是一种基本的审判能力。在各种价值发生冲突的情况下，证据规则的制定者和适用者要通过一定的权衡作出价值选择。这种选择，往往表现为各种价值相互作用的一种平衡或妥协的结果。“证据规则以这些各式各样且常常相互冲突的观念为基础，是这些观念的具体化。要理解这些规则，就需要理解它们在相互竞争的信念与利益之间所作出的妥协……”③

需要强调的是，《〈人民法院统一证据规定〉司法解释建议稿》第 13 条虽然是对相关证据一般排除规则的规定，但却是鼓励审判人员采纳证据的规则。因为，就事实认定的准确性来说，采纳的证据不是越少越好，而是越多越好。因此，所谓“审判人员可以酌情排除”证据，是指在作出伤害或者不公正影响的危险性是否超过证明价值的判断后，不得不行使排除证据之自由裁量权的情况。而且，审判人员作为案件事实的认定者，在拥有采纳和排除证据之认证权的同时也负有很大责任，《〈人民法院统一证据规定〉司法解释建议稿》第 9 条关于错误认证后果的规定，就是对这种

---

① 江伟主编：《中国证据法草案（建议稿）及立法理由书》，中国人民大学出版社 2004 年版，第 5 页。

② 龙宗智：《“大证据学”的建构及其学理》，载《法学研究》2006 年第 5 期。

③ ［美］罗纳德 · J. 艾伦等：《证据法：文本、问题和案例》，张保生、王进喜、赵滢译，满运龙校，高等教育出版社 2006 年版，第 49 页。

自由裁量权所设的限制。

(四)法定证明程序和证明标准

证明程序法定是《〈人民法院统一证据规定〉司法解释建议稿》所构建的中国证据法体系与英美证据法的一个重要区别。其第 4 条规定:“举证、质证和认证以及人民法院取证,应当遵循法律和本规定所规定的程序。”第 8 条规定:“只有被审判人员实际采纳的证据,才能作为定案的证据,被排除的证据不能作为定案的证据。”第 157 条规定:“所有证据均应当在法庭上出示,由诉讼各方质证;未经质证的证据,不能采纳作为认定案件事实的依据,但法律和本规定另有规定的除外。”对于这些程序性的规定,可以从以下方面来理解其意义:

首先,事实认定是一个证明过程,它可以分为 3 个阶段:第一个阶段举证,其特点是各自举证,没有辩论或对抗;法院取证是对各自举证的补充,具有一定的被动性。第二阶段质证,其特点是对质或对抗,是对各自举证的质疑,其中交叉询问是质证的基本方法。虽然“滥用和幼稚总是与交叉盘问联系在一起”,但“至少从某种意义上,它取代了我们在中世纪占统治地位的刑讯制度……不容怀疑的是,它仍然是我们曾经发明的揭示事实真相之最伟大的法律引擎”。① 第三阶段认证,是综合审查判断证据的过程,需要考量证据的相关性和可采性,合法性、可靠性和真实性等各种因素,辨别真伪、去伪存真。这 3 个阶段构成了一个完整的证明过程,它们依次展开,顺序不能颠倒,而且缺一不可。这种法定证明程序保证了事实认定的准确性。

其次,证明程序法定是程序正义的要求。“人民法院应当根据经过法定程序调查的、具有证据能力的证据,以及法庭辩论的情形,认定案件事实。”②程序正义是通过法律程序本身而不是其所要产生的结果得到实现的价值目标。③ 其价值在于:第一,保证被裁判者受到公正对待;第二,以一种操作性规范保证裁判结果的正当性;

---

① John H. Wigmore, *A Treatise on the System of Evidence in Trials at Common Law*, 1697, p. 1904.

② 陈光中主编:《刑事证据法专家拟制稿(条文、释义与论证)》,中国政法大学出版社 2004 年版,第 128 页。

③ 参见陈瑞华:《程序正义论》,载《中外法学》1997 年第 2 期。

第三,对社会公众接受裁判的公正性具有保障作用。① 在事实认定过程中,如果证明程序不能做到对一切人不偏不倚、一视同仁,判决的公正性就没有保障。

最后,证明程序法定包含证明标准法定。证明程序法定体现了证据裁判原则的内在要求,即“据以作出裁判的证据必须达到法律规定的相应的要求”。② 这意味着,刑事诉讼、民事诉讼和行政诉讼的证明都必须达到一定标准,才能作为定案根据,同时也意味着不同的诉讼活动由于目的不同而在证明标准上存在差别。为此,《〈人民法院统一证据规定〉司法解释建议稿》第131条规定了刑事诉讼证明的确信无疑标准;第133条规定了积极抗辩的证明标准;第141条规定了民事诉讼证明的高度盖然性标准;第148条规定了“对被诉具体行政行为合法性,应当证明达到确信无疑的程度”;第148条规定了行政诉讼中应当达到高度盖然性的程度的4种情况。证明标准的不同反映了不同诉讼活动的特殊性。

四、《人民法院诉讼证据规定适用指南》的理论逻辑和要点分析*

《人民法院诉讼证据规定适用指南》(以下简称《证据指南》),以相关性为一条逻辑主线,以准确、公正、和谐、效率为价值基础,通过对三大诉讼法和最高人民法院司法解释中的证据规定进行系统梳理和重新编纂,实现了三大诉讼证据规定的“三证合一”,建构起一个统一的中国证据法理论体系。这对推动我国证据立法的完善,“推进以审判为中心的诉讼制度改革”,都具有重要意义。

(一)《证据指南》的理论体系

我国现行证据规则较分散,分散在三大诉讼法、最高人民法院三大诉讼法解释和两个证据规定以及“两院三部”三个证据规定中,总共514条。③ 然而,虽然证据规则的数量虽然如此之多,人们却普遍感到我国证据制度并不健全。因为,众多证

---

① 参见[美]昂格尔:《现代社会中的法律》,吴玉章、周汉华译,中国政法大学出版社1994年版,第186页。

② 陈光中主编:《刑事证据法专家拟制稿(条文、释义与论证)》,中国政法大学出版社2004年版,第127页。

* 本部分原载《法律适用》2021年第1期。

③ 参见沈德咏主编:《人民法院诉讼证据规定适用指南》,中国政法大学出版社2020年版,第13~14页。

据规则存在冲突，且不成体系，不便于法官理解、掌握和适用。所以，由最高人民法院研究室、中国应用法学研究所和中国政法大学证据科学研究院联合申请成功，由最高人民法院常务副院长沈德咏大法官作为首席专家承担的国家社会科学基金重大项目“诉讼证据规定研究”（11&ZD175），正是直面现行证据法理念、原理、内容、逻辑和适用不统一的问题，对司法实践中有关证据规则的迫切需求作出的积极回应。为积极稳妥地推进证据规则的体系化，减少各方面争议，该项目研究主要采取“软件升级”的方法，对立法和最高人民法院司法解释中的现行证据规则进行系统编纂，并提出了3个具体目标和方法：一是建构体系，以解决理念缺失问题；二是合并同类项，以解决重复问题；三是正本清源，以消除一些明显的原理性错误和法律冲突。应该说，《证据指南》的出版基本上达到了上述目标。

反思起来，立法和最高人民法院司法解释中的证据规则之所以达到514条的规模，主要是对证据制度建设采取了一种临时“修补”策略。然而，由于我国证据制度的基础比较薄弱，简单靠增加条文的“权宜之计”并不能有效解决问题。这种“打补丁”的做法，会使补丁越打越多，甚至补丁摞补丁。所以，在全面依法治国的大背景下，上述项目高度重视证据法律体系建设。积极地看，这些年证据规则的完善确实取得了很多成果，就像是满地“珍珠”一样很有价值，只不过彼此之间存在冲突、重复等问题。因此，上述课题研究的一个主要任务，就是要用相关性这样一条逻辑主线，把这满地“珍珠”穿成一条美丽的“项链”。用学术语言说，就是构建中国证据法体系。

为实现这个目标，就需要将具有普适性的证据法学理论与中国审判实际结合起来，形成具有中国特色的诉讼证据规定理论体系。对此，该课题组达成一个共识，即证据法学与证据法律的理论体系应该是统一的。证据法本身就是一个规制在法律程序中向事实裁判者提供信息的规则体系。① 证据法理论体系的构建，应当反映证据规则背后起支撑作用的证据法学基本原理。因此，在起草《证据指南》时，坚持以相关性作为证据法的一条逻辑主线，将证明责任和证明标准作为证明过程的两个端

① 参见［美］戴维·伯格兰：《证据法的价值分析》，张保生、郑林涛译，载何家弘主编：《证据学论坛》第13卷，法律出版社2007年版，第247页。

口,将事实认定分为举证、质证和认证3个阶段,准确、公正、和谐与效率为证据法的4个价值支柱(参见图10.1)。

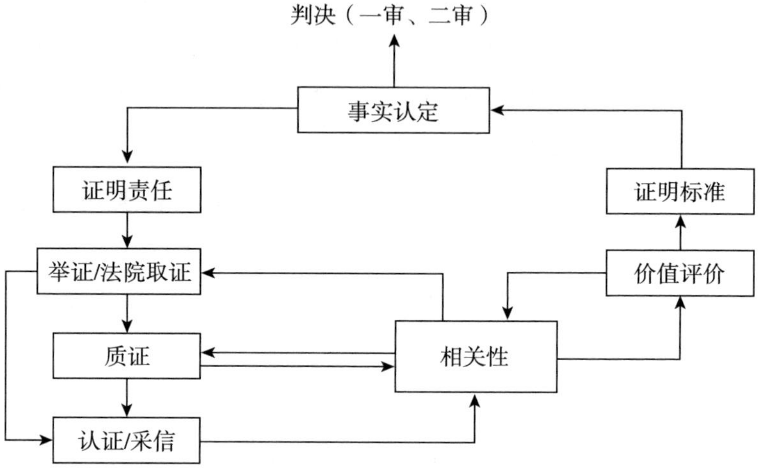

图10.1 证据法的理论体系

根据图10.1的证据法理论体系,《证据指南》共分为9章。第一章"总则",共6条,确定了证据规定适用于法院三大诉讼的宗旨,规定了证据相关性,证据裁判原则、程序法定原则,以及证据采信要求。这6条起到"总纲"的作用。

第二章、第八章"一头一尾"是两个证明端口。第二章"证明责任",共18条;第八章"证明标准",共5条。这两章在"统分结合"的证据法体系中呈现"分"的特点,对刑事、民事和行政三大诉讼中的证明责任和证明标准分别作了规定。

第三章"举证时限与证据交换",共24条;第五章"人民法院调取证据和证据保全",共15条。

第四章、第六章、第七章为"举证、质证和认证三个阶段"。第四章"举证",对实物证据的出示、辨认和鉴定,证人和鉴定人出庭作证,民事诉讼中新的证据等作了规定,共30条。第六章"质证",共6条,对当庭质证的要求,质证的内容、顺序,被告人质证、鉴定意见质证,专家辅助人出庭、二审和再审程序中的质证作了规定。第七章"证据的审查判断"(又称"认证"或"采信"),涉及物证、书证、鉴定意见、视听资料、电子数据、非法证据排除等内容的审查判断规则,共42条。

上文说,《证据指南》的成果,是将一堆“珍珠”用相关性线索穿成一条“项链”,也可以说,设置了 8 个(章)“书柜”,运用 23 层(节)“隔板”,将 514“本书”(实际使用证据规则 358 条),按照“一二三四”的逻辑结构放进这 8 个(章)“书柜”,构建了中国证据规则体系。这样,法官便能在这些“书柜”的不同层级查找或检索可以适用的证据规则,从而发挥其指南作用。

(二)相关性是证据法的逻辑主线

《证据指南》第 2 条(证据相关性)规定:“可以用于证明案件事实的材料,都是证据。没有关联性的材料,不得作为认定案件事实的根据。”

该条是关于证据基本属性的条款,证据基本属性包括相关性、可采性、可信性等。相关性有两层含义:一是定义,是指证据对待证(要件)事实的一种逻辑证明关系,即有助于或“可以用于证明案件(要件)事实”的证明作用。二是不相关的证据不可采,“没有关联性的材料”由于丧失了证据基本属性,便不具有可采性,即“不得作为认定案件事实的根据”。

相关性是证据的第一属性即根本属性,只有相关的证据才有助于事实认定者基于其推理能力获得理性的结果。① 换言之,没有相关性(实物或言词)就不是证据。根据相关性原理,《证据指南》对以下 4 条证据审查判断规则之审查内容的顺序作了如下调整,参见表 10.1。

表 10.1 将关联性改为证据审查判断第一内容

序号	2012 年最高人民法院《刑诉法解释》	《证据指南》
1	第 69 条规定:对物证、书证应当着重审查以下内容:…… (四)物证、书证与案件事实有无关联;……	第 115 条(物证、书证的审查判断)规定:对物证、书证应当着重审查以下内容: (一)物证、书证与案件事实有无关联性……

① See Ronald J. Allen and Eleanor Swift, eds. , *An Analytical Approach to Evidence: Text, Problems, and Cases*, 6th Edition, Wolters Kluwer(New York), p. 133(2016).

续表

序号	2012 年最高人民法院《刑诉法解释》	《证据指南》
2	第 84 条规定：对鉴定意见应当着重审查以下内容：…… （八）鉴定意见与案件待证事实有无关联……	第 128 条（鉴定意见的审查判断）规定：对鉴定意见应当着重审查以下内容： （一）鉴定意见与案件待证要件事实有无关联性……
3	第 92 条规定：对视听资料应当着重审查以下内容：…… （六）内容与案件事实有无关联……	第 133 条（视听资料审查判断的内容）规定：对视听资料应当着重审查以下内容： （一）内容与案件要件事实有无关联性……
4	第 93 条规定：对电子邮件、电子数据交换、网上聊天记录、博客、微博客、手机短信、电子签名、域名等电子数据，应当着重审查以下内容：…… （四）电子数据与案件事实有无关联……	第 135 条（电子数据的审查判断）规定：对于电子邮件、电子数据交换、网上聊天记录、网络博客、手机短信、电子签名、域名等电子数据，应当主要审查以下内容： （一）电子数据与案件要件事实有无关联性……

《证据指南》第 2 条（证据相关性）关于"可以用于证明案件事实的材料"的规定，作为相关性的定义实际上并不完整。因为，相关性有两层含义：①

一是证明性，即证据对待证事实具有证明作用。换言之，一个证据有助于证明或反驳某个事实主张，才是相关的。其二，是实质性，即提出某个证据对证明案件中的某个"要件事实"是相关的。这是指运用证据将要证明的问题属于依实体法需要证明的要件事实，而不是案件中涉及的无关紧要或细枝末节的任何事实。

由于该条规定直接引用了 2018 年《刑事诉讼法》第 50 条第 1 款，并参考了最高人民法院《民诉法解释》第 104 条第 2 款和《行政诉讼证据规定》第 49 条第 1 款的规定，而在这些规定中都没有提到"要件事实"，所以，根据对现行证据规则进行系统编纂的编写原则，《证据指南》第 2 条（证据相关性）并没有增加要件事实的规定。但在第 61 条、第 80 条、第 82 条、第 101 条、第 128 条、第 133 条、第 135 条、第 144 条、第 145 条共 9 条规定中，补充了要件事实的要求，参见表 10.2。

① 参见［美］罗纳德·J. 艾伦：《相关性和可采性》，张保生、强卉译，载《证据科学》2010 年第 3 期。

表 10.2 “待证要件事实”体现相关证据实质性要求

<table>
<tr><th>序号</th><th>立法和司法解释的规定</th><th>《证据指南》的规定</th></tr>
<tr><td>1</td><td>最高人民法院《民诉法解释》第 121 条规定:……申请鉴定的事项与待证事实无关联,或者对证明待证事实无意义的,人民法院不予准许……</td><td>第 61 条(当事人申请鉴定和法院依职权委托鉴定)第 2 款规定:申请鉴定的事项与待证要件事实无关联,或者对证明待证要件事实无意义的,人民法院不予准许</td></tr>
<tr><td>2</td><td rowspan="2">最高人民法院《民诉法解释》第 95 条规定:当事人申请调查收集的证据,与待证事实无关联、对证明待证事实无意义或者其他无调查收集必要的,人民法院不予准许</td><td>第 80 条(申请人民法院调查取证的要求)第 1 款规定:当事人及其辩护人、诉讼代理人申请调查收集的证据,必须与待证要件事实具有关联性,并对证明待证要件事实具有实质意义</td></tr>
<tr><td>3</td><td>第 82 条(对申请取证的处理)第 1 款规定:……当事人申请调查收集的证据,与待证要件事实无关联、对证明待证要件事实无意义或者其他无调查收集必要的,人民法院不予准许</td></tr>
<tr><td>4</td><td>2012 年最高人民法院《刑诉法解释》第 69 条规定:对物证、书证应当着重审查以下内容:……
(四)物证、书证与案件事实有无关联……
(五)与案件事实有关联的物证、书证是否全面收集</td><td>第 101 条(证据相关性的审查判断)规定:对证据的关联性,应当从证据对待证要件事实是否具有证明关系进行审查判断</td></tr>
<tr><td>5</td><td>2012 年最高人民法院《刑诉法解释》第 84 条规定:对鉴定意见应当着重审查以下内容:
(一)鉴定机构和鉴定人是否具有法定资质……
(八)鉴定意见与案件待证事实有无关联……</td><td>第 128 条(鉴定意见的审查判断)规定:对鉴定意见应当着重审查以下内容:
(一)鉴定意见与案件待证要件事实有无关联性;
(二)鉴定机构是否具有法定的资质……</td></tr>
</table>

续表

序号	立法和司法解释的规定	《证据指南》的规定
6	2012年最高人民法院《刑诉法解释》第92条规定:对视听资料应当着重审查以下内容: (一)是否附有提取过程的说明,来源是否合法…… (六)内容与案件事实有无关联……	第133条(视听资料审查判断的内容)规定:对视听资料应当着重审查以下内容: (一)内容与案件要件事实有无关联性; (二)是否附有提取过程的说明,来源是否合法……
7	2012年最高人民法院《刑诉法解释》第93条规定:对电子邮件、电子数据交换、网上聊天记录、博客、微博客、手机短信、电子签名、域名等电子数据,应当着重审查以下内容:…… (四)电子数据与案件事实有无关联……	第135条(电子数据的审查判断)规定:对于电子邮件、电子数据交换、网上聊天记录、网络博客、手机短信、电子签名、域名等电子数据,应当主要审查以下内容: (一)电子数据与案件要件事实有无关联性……
8	最高人民法院《民诉法解释》第108条规定:对负有举证证明责任的当事人提供的证据,人民法院经审查并结合相关事实,确信待证事实的存在具有高度可能性的,应当认定该事实存在。对一方当事人为反驳负有举证证明责任的当事人所主张事实而提供的证据,人民法院经审查并结合相关事实,认为待证事实真伪不明的,应当认定该事实不存在……	第144条(民事诉讼的证明标准)规定:对负有证明责任的当事人提供的证据,人民法院经审查并结合相关事实,确信待证要件事实的存在具有高度可能性的,应当认定该事实存在。 对一方当事人为反驳负有证明责任的当事人所主张事实而提供的证据,人民法院经审查并结合相关事实,认为待证要件事实真伪不明的,应当认定该事实不存在。 法律对于待证要件事实所应达到的证明标准另有规定的,从其规定
9	最高人民法院《民诉法解释》第109条规定:当事人对欺诈、胁迫、恶意串通事实的证明,以及对口头遗嘱或者赠与事实的证明,人民法院确信该待证事实存在的可能性能够排除合理怀疑的,应当认定该事实存在	第145条(民事诉讼中特殊事实的证明标准)规定:当事人对欺诈、胁迫、恶意串通事实的证明,以及对口头遗嘱或者赠与事实的证明,人民法院确信该待证要件事实存在的可能性能够排除合理怀疑的,应当认定该事实存在

(三)证据法的若干原则

1. 程序法定原则

《证据指南》第 5 条(程序法定原则)第 1 款规定:“人民法院应当依照法定程序收集、审查、核实、认定证据。”该条第 2 款规定:“证据未经当庭出示、辨认、质证等法庭调查程序查证属实,不得作为定案的根据,但法律和本规定另有规定的除外。”

该条第 1 款直接引用了 2012 年最高人民法院《刑诉法解释》第 62 条的规定;该条第 2 款直接引用了第 63 条的规定。这两款规定明确了举证(出示、辨认)、质证和认证(认定证据、查证属实)是法庭事实认定的 3 个法定阶段。它们依次展开,顺序不能颠倒,构成一个完整的事实认定过程,从而保证了事实认定的准确性。其中,“谁主张,谁举证”是举证的一般要求,刑事诉讼中的控方负有举证责任和说服责任;质证的特点是质疑对方举证,交叉询问和对质是基本的质证方法;认证是事实认定者评议或采信证据并根据证明标准作出裁决的过程。

事实认定的程序法定,体现了现代证据制度遵循正当程序的内在要求,其目的在于:一是保证被裁判者受到公正对待;二是以一种可操作性规范保证裁判结果的正当性;①三是对社会公众接受裁判的公正性具有保障作用;四是潜在包含证明标准法定,刑事、民事和行政诉讼的证明都必须达到一定标准,才能作出准确的事实认定。

2. 证据采信的基本要求

《证据指南》第 6 条(证据采信的要求)规定:“人民法院应当全面、客观地审核证据,依照法律规定,运用逻辑推理和日常生活经验法则,对证据的关联性、合法性、真实性和证明力等方面进行综合审查判断,并公开判断的理由和结果。”

该条吸收了最高人民法院《民诉法解释》第 104 条、第 105 条,以及 2012 年最高人民法院《刑诉法解释》第 104 条第 1 款、第 2 款的有关规定。证据采信,是指法官对证据的相关性、可采性和可信性进行“审查判断”,将符合证据标准的证据“采纳

---

① 参见[美]昂格尔:《现代社会中的法律》,吴玉章、周汉华译,中国政法大学出版社 1994 年版,第 186 页。

作为定案的依据",又称为认证。认证的总体要求是,法官应当依据有关证据规则,运用逻辑推理和日常生活经验法则,全面、客观、公正地审核案件的全部证据,对证据的相关性、可采性、证明力和可信性进行全面审查。① 除对证据本身和举证、质证的情况进行认证或审查判断外,还要考虑有关证据政策。为了防止滥用这种判断权,法官排除证据或不予采信,必须在判决书中阐明理由。法官在判决书中应当申明认证的理由,特别是排除证据的理由。

3. 不得强迫自证其罪原则

《证据指南》第 13 条(不得强迫自证其罪)规定:"在刑事诉讼中,不得强迫任何人证明自己有罪。"

该条引用了 2018 年《刑事诉讼法》第 52 条和"两院三部"《严格排除非法证据规定》第 1 条的规定,规定了不得强迫自证其罪原则。该原则有两个要点:一是"不得强迫"犯罪嫌疑人、被告人证明自己有罪,坚持了自白任意性原则。它并不意味着犯罪嫌疑人、被告人不能作出有罪供述,但供述必须以自愿为前提;二是用"证明"概念代替了 2018 年《刑事诉讼法》第 52 条的"证实"概念。"证实"意味着,不仅是提出证据进行证明,还要求提出充足的证据,达到"确实、充分"的程度。显然,不得强迫自证其罪原则所禁止的不是这种过度强迫,而是最底程度的强迫,即禁止强迫被告人自证其罪的任何行为。严格地说,"不得自证其罪"的权利是人权司法保障的重要内容。该权利旨在保障一个人不被政府方强迫作证,提供可能导致其受到刑事指控的证言。它与无罪推定原则一起,确保国家承担刑事指控的证明责任,因而蕴含沉默权。② 因此,"不得自证其罪"的完整含义,是不得强迫任何人证明自己有罪或无罪。"既然如此,被告人也就没有义务在针对其进行的查找证据的活动中予以合作,他可以在诉讼过程中保持沉默,也可以明确表示拒绝陈述,即被告人在诉讼中享有反对强迫自证其罪的特权或者说沉默权,不得强迫被告人陈述与案情有关的事实,不能因为被告人保持沉默或拒绝陈述就认定其有罪或得出对其不利的结论。"③显然,承认刑事被告人的沉默权,是中国证据法治建设的一个努力方向。

---

① 参见张保生主编:《证据法学》(第 3 版),中国政法大学出版社 2018 年版,第 293 页。

② See Bryan A. Garner, *Black's Law Dictionary*, 8th Edition, Thomson West, p. 1324, 1327 (2004).

③ 卞建林主编:《刑事诉讼法学》,科学出版社 2008 年版,第 72 页。

（四）举证的基本要求

1. 发问的要求

2019 年《刑事诉讼法》第 52 条第 1 款规定："向证人发问应当遵循以下规则：(一)发问的内容应当与本案事实有关；(二)对本方证人不得以诱导方式发问；(三)不得威胁证人；(四)不得损害证人的人格尊严；(五)向证人发问应当分别进行。"该条第 2 款规定："发问方式不当或者内容与本案无关的，对方可以提出异议，申请审判长制止，审判长应当判明情况予以支持或者驳回；对方未提出异议的，审判长也可以根据情况予以制止。"

首先，该条第 1 款确立了向证人发问的规则：一是相关性规则，即该条第 1 款第 1 项规定"发问的内容应当与本案事实有关"，无关或不相关的发问不被允许。二是对本方证人禁止以诱导方式发问。该条第 1 款避免了 2012 年最高人民法院《刑诉法解释》第 213 条"向证人发问应当遵循以下规则……(二)不得以诱导方式发问"规定的笼统性。因为，"不得以诱导方式发问"，这是直接询问的证据规则，目的是让证人自己讲出真实案情，而不能由没有亲身知识的询问者越俎代庖。然而，向对方证人发问是交叉询问，其规则是允许以诱导方式发问，由此才能发挥查明事实真相的作用。交叉询问是质证的基本方法，是"揭示事实真相之最伟大的法律引擎"。[①]三是禁止以威胁或者损害证人人格尊严的方式发问，但对何为"损害证人人格尊严的方式"未作具体规定。这是考虑到，证人可信性是质证的重要内容，随着交叉询问规则的逐步完善，未来中国法庭审判或可引入"证人弹劾"规则。证人可信性的 4 种品质：感知能力、记忆能力、诚实性、叙述表达能力，都可以成为交叉询问的重要内容。"任何证人证言的力度和准确性都取决于某些证言能力：证人必须能够观察有关事件，能够记住它们，并且能够诚实和准确地叙述它们。"[②]因此，对于证人的弹劾

① [美]约翰·亨利·威格莫尔：《论普通法审判中的证据制度》，转引自[美]罗纳德·J. 艾伦等：《证据法：文本、问题和案例》，张保生、王进喜、赵滢译，满运龙校，高等教育出版社 2006 年版，第 114 页，脚注 4。

② [美]罗纳德·J. 艾伦等：《证据法：文本、问题和案例》，张保生、王进喜、赵滢译，满运龙校，高等教育出版社 2006 年版，第 387 页。

与正誉问题应当进行深入研究,一是弹劾证人的可信性与维护证人人格尊严的关系;二是对遭到弹劾的证人进行正誉,对恢复甚至提升证人可信性可能起到的作用。①

其次,该条第2款对违反发问规则的异议与裁定作出了规定,包括两种方式:一是对方当事人若行使异议申请权,“审判长应当判明情况予以支持或者驳回”,这应该成为法官适用证据规则的主要裁定方式;二是在对方未提出异议时,审判长可以根据情况主动予以制止,这保留了审判长依职权制止不当发问行为的权力,但这种权力的行使应适当限制。

2. 实物证据出示程序中的辨认

证据出示是实物证据的举证方式。“举证是原告提出证据,以确认其诉讼主张的责任。”②辨认、鉴真是证据出示的方式,又称证据铺垫或“为证明奠定基础”。“证据法有一个普遍原则,即必须首先证明有关证据就是提出证据的人所主张的证据,然后才有该证据的可采性问题。这个普遍要求有时被称作为证明奠定基础。”③证据提出者应当为其提供的实物证据作基础铺垫,即以证言形式对其同一性、真实性作证。在刑事诉讼中,对实物证据的提取、制作和保管拥有亲身知识的侦查取证人员,即为提供这些证言的辨认证人或鉴真证人。

《证据指南》第59条(物证的辨认)和第60条(书证的辨认)规定了实物证据的辨认鉴真规则,参见表10.3。

---

① See Colin Miller, Crossing Over: *Why Attorneys (and Judges) Should Not Be Able to Cross-Examine Witnesses Regarding Their Immigration Statuses for Impeachment Purposes*, Northwestern University Law Review Colloquy, Vol. 104, p. 290 (2010).

② Bryan A. Garner, *Black's Law Dictionary*, 9th Edition, West Publishing Co., p. 1328 (2009).

③ [美]罗纳德·J. 艾伦等:《证据法:文本、问题和案例》,张保生、王进喜、赵滢译,满运龙校,高等教育出版社2006年版,第205页。

表 10.3　实物证据出示的辨认规则

分类	现行立法或司法解释的规定	《证据指南》的规定
物证出示的辨认	1. 2018 年《刑事诉讼法》第 195 条规定:公诉人、辩护人应当向法庭出示物证,让当事人辨认,对未到庭的证人的证言笔录、鉴定人的鉴定意见、勘验笔录和其他作为证据的文书,应当当庭宣读。审判人员应当听取公诉人、当事人和辩护人、诉讼代理人的意见。 2. "两院三部"《死刑案件证据规定》第 10 条规定:具备辨认条件的物证、书证应当交由当事人或者证人进行辨认,必要时应当进行鉴定	第 59 条(物证的辨认)规定:向法庭出示物证,应当对该物证所要证明的内容、获取情况作概括的说明,并向当事人、证人等问明物证的主要特征,让其辨认是否为原物,在收集、保管、鉴定过程中是否受损或者改变
书证出示的辨认	1.《民事诉讼法》第 67 条第 2 款规定:人民法院对有关单位和个人提出的证明文书,应当辨别真伪,审查确定其效力。 2. 2012 年最高人民法院《刑诉法解释》第 69 条规定:对物证、书证应当着重审查以下内容:(一)物证、书证是否为原物、原件,是否经过辨认、鉴定;物证的照片、录像、复制品或者书证的副本、复制件是否与原物、原件相符,是否由二人以上制作,有无制作人关于制作过程以及原物、原件存放于何处的文字说明和签名;(二)物证、书证的收集程序、方式是否符合法律、有关规定;经勘验、检查、搜查提取、扣押的物证、书证,是否附有相关笔录、清单,笔录、清单是否经侦查人员、物品持有人、见证人签名,没有物品持有人签名的,是否注明原因;物品的名称、特征、数量、质量等是否注明清楚;(三)物证、书证在收集、保管、鉴定过程中是否受损或者改变;(四)物证、书证与案件事实有无关联;对现场遗留与犯罪有关的具备鉴定条件的血迹、体液、毛发、指纹等生物样本、痕迹、物品,是否已作 DNA 鉴定、指纹鉴定等,并与被告人或者被害人的相应生物检材、生物特征、物品等比对;(五)与案件事实有关联的物证、书证是否全面收集。 3. "两院三部"《死刑案件证据规定》第 10 条规定:具备辨认条件的物证、书证应当交由当事人或者证人进行辨认,必要时应当进行鉴定	第 60 条(书证的辨认)规定:当庭出示的书证,应当对书证所要证明的内容、获取情况作概括的说明,向当事人、证人等问明书证的主要特征,并让其辨认。 对书证着重辨认以下内容: (一)书证是否为原件,在收集、保管、鉴定过程中是否受损或者改变; (二)书证的真伪; (三)书证的副本、复制件是否与原件核对无误

(1)物证、书证辨认的目的。辨认鉴真是在实物证据提出之后、被采纳之前的一种证据铺垫程序,又称“为证明奠定基础”。它通常是由物证、书证等实物证据的提取者、制作者或保管者出庭,对实物证据的同一性、真实性或保管链条即其来源的可靠性作证,确认其未被调换、掺假或篡改。物证、书证作为“哑巴证据”,它们能够记录案件事实,却不能主动“诉说”案情。因此,《证据指南》第59条规定,向法庭出示物证,应当对该物证所要证明的内容、获取情况作概括的说明。第60条规定,当庭出示的书证,应当对书证所要证明的内容、获取情况作概括的说明。

(2)辨认证人和辨认方法。《证据指南》第59条、第60条的内容虽然主要引用了2018年《刑事诉讼法》第195条和《民事诉讼法》第67条的规定,但有关辨认主体的规定则主要借鉴了“两院三部”《死刑案件证据规定》第10条关于物证、书证“应当交由当事人或者证人进行辨认”的规定。这里的“证人”不是指一般意义上对案件事实拥有亲身知识的目击证人,而是指对物证、书证的提取、制作和保管拥有亲身知识的辨认鉴真证人,其主体是警察或侦查取证人员。辨认或鉴真的方法主要有两种:一是通过容易辨认或与众不同的特征确认其同一性和真实性,包括与环境相联系的外观、内容、内部结构等,由知情人(当事人和辨认证人)即物证的提取者、制作者和保管者进行辨认或鉴真;对书证的笔迹、签名、内容和环境等,则由知情人(当事人和辨认证人)进行辨认或鉴真。二是通过保管链条证明物证、书证未改变状态。保管链条的环节由所有经手该物证或书证的人组成,从现场发现该物证或书证开始,直到其在法院出示的整个期间。因此,《证据指南》第59条规定,出示物证时应“向当事人、证人等问明物证的主要特征,让其辨认是否为原物,在收集、保管、鉴定过程中是否受损或者改变”。第60条规定,出示书证时,当事人和(辨认)证人应证明“书证是否为原件,在收集、保管、鉴定过程中是否受损或者改变”。需要注意的是,这里虽然保留了“当事人、证人”的辨认鉴真主体地位,但随着不得自证其罪等人权司法保障的加强,当事人作为辨认鉴真主体的地位将会逐步削弱或取消,这是立法的未来发展方向。

(3)侦查办案人员作为辨认证人出庭作证应成为常态。侦查办案人员包括从事侦查活动的警察,以及反毒、反贪或监察等部门的办案人员。在普通法系刑事审判中,警察或侦探是控方证人出庭作证的基本群体,他们出庭是作为案件侦查活动的知情证人提供证言，对证据的同一性、真实性作证，这种辨认、鉴真是基于侦查办案人员的亲身知识对实物证据来源可靠性进行证明，以支持公诉。由于刑事犯罪一般比较隐蔽，时常难以找到目击证人，提供物证、书证、电子证据等实物证据来证明犯罪，已成为世界各国检控方的主要证明手段。在刑事审判中，公诉人在出示实物证据时，应该通过对实物证据的提取者、制作者和保管者进行直接询问的方式，来履行控方证明责任。对此，我国 2018 年《刑事诉讼法》第 59 条第 2 款关于侦查办案人员"出庭说明情况"的规定，却暗示了其出庭拥有"单向性说明"而不接受质证的程序。因此，随着"审判中心"诉讼制度改革的逐步推进，我国警察等侦查办案人员出庭作证的角色，应当从证据合法性调查的程序证人，向一般证据调查程序中的辨认鉴真证人转变，使控方实物证据出示以警察出庭作证的方式支持公诉常态化。这将使我国法庭上检察官宣读证言笔录、出示实物证据的情形大为改观，促进庭审实质化，并提高警察的作证意识和辨认鉴真证人的责任感，这对司法文明建设具有重大实践意义。

3. 侦查人员出庭作证

《证据指南》第 71 条（人民警察或侦查办案人员出庭作证）第 1 款规定："人民警察就其执行职务时目击的犯罪情况作为证人出庭作证，适用证人出庭的相关规定。"该条第 2 款规定："侦查人员或者其他人员就证据收集的合法性出庭作证或者说明情况，适用证人出庭的相关规定。"

该条第 1 款引用 2018 年《刑事诉讼法》第 192 条第 2 款的规定，即"人民警察就其执行职务时目击的犯罪情况作为证人出庭作证，适用前款规定"。这里的前款规定，是指适用证人出庭的相关规定。但实际上，警察作为案件目击证人出庭作证的情况，即使存在，也十分罕见。

该条第 2 款对侦查办案人员"就证据收集的合法性出庭作证"的规定，具有重要的法治意义。这是对"两院三部"《严格排除非法证据规定》第 27 条关于人民法院通知侦查办案人员"出庭作证或者说明情况"规定的直接引用。所谓"证据收集的合法性"证明，包括对讯问、勘验、检查、搜查、扣押、羁押等侦查取证活动合法性的证明。侦查办案人员作为取证活动的知情人，对"程序性事实（如获取口供和提取物证的过程等情况)……如参与或目击抓捕嫌疑人和审讯嫌疑人的过程”①等情况出庭作证,便具有了“程序证人”②或辨认鉴真证人的双重身份。一方面,侦查办案人员以辨认鉴真证人的身份出庭作证,运用自己对获取这些证据材料的亲身知识,对实物证据取证过程的合法性作证;另一方面,侦查办案人员又作为程序证人,对口供等言词证据讯问/讯问过程的合法性作证。根据“两院三部”《严格排除非法证据规定》第31条的规定,侦查办案人员对取证过程合法性出庭作证,主要通过检察官直接询问实现。根据其第31条第1款的规定,即“公诉人对证据收集的合法性加以证明,可以出示讯问笔录、提讯登记、体检记录、采取强制措施或者侦查措施的法律文书、侦查终结前对讯问合法性的核查材料等证据材料,有针对性地播放讯问录音录像,提请法庭通知侦查人员或者其他人员出庭说明情况”。此外,根据其第31条第2款的规定,公诉人的直接询问应当围绕相关线索、材料或讯问录音录像,让出庭的侦查办案人员出庭作证。

目前《证据指南》第71条的不完善之处在于:一是在明确其“出庭作证”的证人角色时,还保留了侦查办案人员“说明情况”的规定;二是尚未结合《证据指南》第59条物证辨认、第60条书证辨认的修改,明确规定侦查办案人员作为辨认鉴真证人常态化出庭作证。这些问题需要进一步研究和完善。

(五)质证的要求

1. 质证的内容

《证据指南》第95条(质证的内容)规定:“质证时,应当围绕证据的关联性、真实性、合法性和证明力等方面进行质疑和辩论。”

该条采用了最高人民法院《行政诉讼证据规定》第39条第1款“当事人应当围绕证据的关联性、合法性和真实性,针对证据有无证明效力以及证明效力大小,进行质证”的规定。这个规定与最高人民法院《民诉法解释》第104条关于“围绕证据的真实性、合法性以及与待证事实的关联性”的顺序相比,突出了相关性作为证据根本

---

① 何家弘:《对侦查人员出庭作证的实证研究》,载《人民检察》2010年第11期。

② 陈瑞华:《论侦查人员的证人地位》,载《暨南学报》2010年第2期。

属性的第一质证顺序。

关于质证的内容,该条增加了"等方面",使质证范围更加开放。因为除"关联性、真实性、合法性和证明力"外,可信性也是质证的重要内容。"真实性"的含义,在某种程度上就是指证言的可信性和实物证据来源的可靠性。但是,真实性往往给人非真即假的感觉,而"可信性"概念,既可以使人用于判断证言可信的程度,如"证言三角形理论"涉及的感知、记忆、诚实性、叙述能力,从而将证人可信性的弹劾纳入交叉询问的重要内容;又可以用于评价物证、书证等实物证据来源的可靠性时。因为,"在包括法律在内的许多语境中,单词'可靠性'常常被用作单词'可信性'的同义语"。① 进一步说,由于科学证据的可采性包含相关性和可靠性,②质证范围的开放也对鉴定意见的质证具有指导作用。

2. 被告人对质

《证据指南》第 97 条(被告人对质)第 1 款规定:"讯问同案审理的被告人,应当分别进行。必要时,可以传唤同案被告人等到庭对质。"该条第 2 款规定"根据案件审理需要,人民法院可以安排被告人与证人、被害人进行对质。"

对质权是刑事被告人的基本权利。该条第 1 款直接引用了 2012 年最高人民法院《刑诉法解释》第 199 条的规定,但考虑到"同案被告人"对质并没有完全体现被告人与不利证人对质的本质特征;因此,该条第 2 款根据最高人民法院《刑事一审法庭调查规程(试行)》第 8 条,规定了被告人与证人、被害人的对质。对质不仅是一种发现事实真相的手段,也是刑事被告人的一项基本权利。《公民权利和政治权利国际公约》第 14 条第 3 款明确规定,凡受刑事控告者,在判定对他提出的任何刑事指控时,人人完全平等地有资格享受以下的最低限度的保证:"(戊)讯问或业已讯问对他不利的证人,并使对他有利的证人在与对他不利的证人相同的条件下出庭和受讯问。"从质证概念包括交叉询问和对质两种方法来看,我国 2018 年《刑事诉讼法》第 61 条关于"证人证言必须在法庭上经过公诉人、被害人和被告人、辩护人双方质

① [美]特伦斯·安德森、[美]戴维·舒姆、[英]威廉·特文宁:《证据分析》(第 2 版),张保生、朱婷、张月波等译,中国人民大学出版社 2012 年版,第 84 页,脚注 15。

② See Ronald J. Allen and Eleanor Swift, eds. ,*An Analytical Approach to Evidence*:*Text*, *Problems*, *and Cases*,6th Edition,Wolters Kluwer(New York),p. 718(2016).

证”的规定,实际上包含被告人与证人对质的内容,但需要进一步明确“对质”权利概念。

对质是质证的一种重要形式。被告人在审判中与证人、被害人“面对面”进行对质,可使其直接观察证人、被害人的言谈举止,增强对证人如实作证和被害人如实陈述的心理压力,也有助于事实认定者对证人证言和被害人陈述的可信性作出判断。

该条的“必要时”,可从以下 3 个方面理解:其一,从内容上看,对质的适用条件一般是以不同陈述者之间存有矛盾为前提;其二,从程序上看,对质是被告人的诉讼权利,因此应该由正在受审的被告人申请启动;其三,从对质程序的启动看,检察机关只有对质的建议权,并没有直接决定启动对质的权力。如果被告人要行使对质的权利,应当请求人民法院启动对质程序。

(六)认证的要求

如果说,普通法系证据制度的特点是重视证据的可采性,那么,重视证据的采信或审查判断可能是中国证据法的一个突出特点。例如,在最高人民法院的司法解释中,有关证据审查判断的规定相对较多。“两院三部”《死刑案件证据规定》40 条几乎都是认证规则。2012 年最高人民法院《刑诉法解释》第四章“证据”一共 9 节,除第一节“一般规定”和第八节“非法证据排除”外,其余 7 节也都是认证规则,一共 34 条,包括第二节“物证、书证的审查与认定”,第三节“证人证言、被害人陈述的审查与认定”;第四节“被告人供述和辩解的审查与认定”,第五节“鉴定意见的审查与认定”,第六节“勘验、检查、辨认、侦查实验等笔录的审查与认定”,第七节“视听资料、电子数据的审查与认定”,第九节“证据的综合审查与运用”。上述证据的“审查与认定”涉及证据的分类评价和整体或综合评价问题,从这个意义上说,认证也是证据评价。

关于认证问题需要明确以下几点:第一,认证主体是事实认定者(法官或陪审团成员);第二,认证对象是经过庭审质证的证据,具体而言是这些证据的相关性、可采性、证明力和可信性等属性;第三,认证依据既包括证据法规则,也包括逻辑规则和日常生活经验;第四,认证范围包括对单个证据的认证或分别审查判断,也包括对全案证据的认证或综合审查判断;第五,认证目的是通过审查判断证据而作出准确的事实认定。①

下文选择 5 个有代表性的证据分类认证规则,作一些简要分析。

1. 物证、书证的审查判断

《证据指南》第 115 条(物证、书证的审查判断)规定:“对物证、书证应当着重审查以下内容:(一)物证、书证与案件事实有无关联性……(二)物证、书证是否为原物、原件,是否经过辨认、鉴定……(三)物证、书证的收集程序、方式是否符合法律、有关规定……(四)物证、书证在收集、保管、鉴定过程中是否受损或者改变;(五)书证是否有更改或者更改迹象是否具有合理解释,或者书证的副本、复制件能否反映原件及其内容;书证的副本、复制件,是否与原件核对无误、鉴定为真实或者以其他方式确认为真实;(六)与案件事实有关联的物证、书证是否全面收集;(七)对物证、书证的来源、收集程序有疑问,不能作出合理解释的,该物证、书证不得作为定案的根据。”

该条主要是对物证、书证相关性、真实性或可靠性进行审查判断或认证的规定。对物证、书证的认证,第一,要审查其相关性或关联性,这是该条第 1 项规定的内容。该条将 2012 年最高人民法院《刑诉法解释》第 69 条第 4 项“物证、书证与案件事实有无关联”,提升到第 1 项的位置。因为相关性是证据根本属性,没有相关性的物证、书证,就没必要对其继续进行第 2 项以后的审查或认证了。第二,是对相关物证、书证进行可靠性或可信性方面的审查判断,这是该条第 2 ~ 7 项规定的内容。这里,在证据理念上需要有一个从真假二值逻辑判断向可靠性之多值逻辑判断的转型。因为,物证、书证作为有形证据,其是否具有真实性的判断,主要是通过审查其来源的可靠性,包括物证的同一性、书证的真实性来实现的。这需要外行知情人即实物证据的提取者、制作者和保管者作为辨认鉴真证人出庭作证,以确定其性状、内容是否被改变、是否受到污染、保管链条是否健全等;必要时,还需要专家证人或鉴定人提供科学证据或鉴定意见。第三,根据最佳证据规则,证据提出者提出的原件会受到优先考虑,但该规则并不排除复制件的可采性。如果原件的缺失可以得到解释或合理证明,与原件核对无误、鉴定为真实或者以其他方式确认为真实的复制件

① 张保生主编:《证据法学》(第 3 版),中国政法大学出版社 2018 年版,第 293 页。

也可以被采纳。第四,该条第 7 项主要是对物证、书证来源可靠性的规定,也包括对证据收集程序合法性的要求,不符合这些规定和要求的物证、书证,不得采纳作为事实认定的根据。

2. 证人证言和当事人陈述的审查判断

《证据指南》第 121 条(证人证言的审查判断)规定:“对证人证言应当着重审查以下内容:(一)证人证言与案件事实有无关联性;(二)证言的内容是否为证人直接感知;(三)证人作证时的年龄,认知、记忆和表达能力,生理和精神状态是否影响作证;(四)证人与案件当事人、案件处理结果有无利害关系;(五)询问证人是否个别进行;(六)询问笔录的制作、修改是否符合法律、有关规定,是否注明询问的起止时间和地点,首次询问时是否告知证人有关作证的权利义务和法律责任,证人对询问笔录是否核对确认;(七)询问未成年证人时,是否通知其法定代理人或者有关人员到场,其法定代理人或者有关人员是否到场;(八)询问聋、哑人,是否有应当提供通晓聋、哑手势的人员而未提供的情形;(九)询问不通晓当地通用语言、文字的证人,是否有应当提供翻译人员而未提供的情形;(十)证人证言有无以暴力、威胁等非法方法收集的情形;(十一)书面证言是否经证人核对确认;(十二)证言之间以及与其他证据之间能否相互印证、有无矛盾。”

该条规定了对证人证言的主要审查内容:(1)相关性是证据的基本属性,也是证据作为定案根据的前提条件。该条主要整合引用了 2012 年最高人民法院《刑诉法解释》第 74 条、第 76 条和“两院三部”《死刑案件证据规定》第 11 条、第 13 条的有关规定,但这 4 条都没有把相关性作为证言审查的内容。故该条第 1 项补充了“证人证言与案件事实有无关联性”的审查事项。(2)证人的“直接感知”要求。证言的内容是否为证人直接感知,即证人亲眼看到或亲耳听到自己所要作证的事项,这一项审查的意义仅次于相关性审查。如果提供证言的人没有亲身知识,就失去了作为证人的基本资格。(3)有无“利害关系”。“证人与案件当事人、案件处理结果有无利害关系”的审查,属于证言可信性审查,这种关系可能会对证人证言 4 种品质中的“诚实性”产生影响。(4)合法性。为了保护证人的合法权益并遏制非法取证行为,该条第 6 项、第 7 项、第 10 项涉及对收集证人证言的合法性审查,包括询问证人的程序、询问笔录的制作、书面证言的核对等事项。(5)有无矛盾。证言之间以及证言与其他证据之间的一致性或有无矛盾,也是证人证言审查的重要内容。凭借证言内容的一致性,有助于审判人员判断证人证言的可信性。

根据前文所述"证言三角形"理论,该条的进一步修改应聚焦相关性和可信性这两个证据基本属性。在进行相关性审查之后,言词证据的审查主要是对感知能力、记忆能力、诚实性和叙述能力这4种证言品质进行审查,目前第121条第2项、第3项、第4项、第5项、第8项、第9项这6项审查内容都可以并入这4项内容。第6项"询问笔录的制作、修改",以及第11项"书面证言是否经证人核对确认",可以纳入辨认鉴真规则或未来的传闻证据规则。第6项、第7项以及第10项,还可以纳入证据合法性审查规则。第12项"证言之间以及与其他证据之间能否相互印证、有无矛盾",可以纳入认证的一般规定。

3. 书面证言的审查判断

《证据指南》第122条(书面证言的审查判断)第1款规定:"对未出庭作证证人的亲笔书面证言,应当听取当事人、公诉人、辩护人、诉讼代理人的意见,并结合其他证据综合判断。"该条第2款规定:"经人民法院通知,无正当理由拒绝出庭作证的证人或出庭后拒绝作证证人的书面证言,不得作为认定案件事实的根据。"该条第3款规定:"法庭对书面证言的真实性无法确认的,该书面证言不能作为定案的根据。"在全面贯彻直接言词原则的要求下,该条规定了对书面证言的限制使用和严格审查,旨在鼓励证人出庭作证并接受询问和质证,推动庭审对抗的实质性,维护当事人的诉讼权利,促进法庭准确认定事实。

根据直接言词原则,证人证言,是指证人在案件开庭审判时向法院所作的案件事实陈述。无论是大陆法系直接言词原则,还是英美法系传闻证据规则,都要求证人必须在法院面前作证,都认为庭上证言具有当然的可采性,"庭前陈述"①一般不被法庭采纳。例如,在德国刑事诉讼中,有所谓听取陈述原则、口证原则和直接原则。② 根据这些原则,直接感知案件事实的人必须出庭作证,这与传闻证据规则"殊途同归"。"……于实体方面,直接审理主义与传闻法则系相同;此两者只不过在程

① 与我国最高人民法院司法解释(如《刑诉法解释》第78条)中的"庭前证言"概念相比,庭前陈述是一个更严谨的概念。

② 参见《德国刑事诉讼法典》,李昌珂译,中国政法大学出版社1995年版,第13页。

序方面有差异而已。”[①]《德国刑事诉讼法典》第 250 条规定：“对事实的证明如果是建立在一个人的感觉之上的时候，要在审判中对他进行询问。询问不允许以宣读以前的询问笔录或者书面证言而代替。”日本《刑事诉讼法》第 320 条规定，“禁止使用传闻证据规则”。

鉴于我国书面证言概念的外延宽泛，既包括审前询问证人的笔录，又包括证人亲笔证词、当事人在行政诉讼中对证人证言无异议而提交的书面证言，该条第 1 款在引用“两院三部”《死刑案件证据规定》第 15 条第 3 款“对未出庭作证证人的书面证言”一句时，在书面证言前面增加了“亲笔”这一限制词，对“书面证言”的范围进行限制，采取区别对待的方法：第一，对于证人询问笔录的审查，由于会掺杂询问者和记录者的主观因素，如果证人不出庭接受交叉询问，其真实性就无法得到确认，这种书面证言不得作为定案根据。关于记录者对自己听到的信息进行“老练的猜测”的情况，被弗雷泽称为“未被承认的感知角色”，是指“我们将话语信号中的信息与自己脑中的知识相结合，在建构自己所听到的消息时扮演着积极角色”。记录者还会“对原始数据添加个人层面的解释”，这种“篡改证据”的情况，对随后阅读该笔录的任何人来说，是完全看不到的。“听者如果已经读过笔录，便可能对数据如何被听到产生启动效应，从而使错误在实质上更难以察觉。污染已夹杂其中。”[②]第二，对于证人亲笔书写并签名的书面证言，法庭应当听取当事人、公诉人、辩护人、诉讼代理人的意见，并结合其他证据进行综合判断。

该条还区分了证人不出庭作证或拒绝作证的情形。据此，法庭对书面证言的使用和认定应“听取当事人、公诉人、辩护人、诉讼代理人的意见，并结合其他证据综合判断”，对未经查证属实的书面证言不得作为定案的根据。针对“无正当理由拒绝出庭作证或者出庭后拒绝作证的证人”，其所作的书面证言“不得单独作为认定案件事实的根据”。

4. 对被告人翻供的审查

《证据指南》第 124 条（被告人翻供的审查判断）第 1 款规定：“审查被告人供述

① 黄东熊：《谈传闻法则》，载《军法专刊》第 35 卷第 1 期。

② Kate Haworth, *Tapes, transcripts and trials: The routine contamination of police interview evidence*, The International Journal of Evidence & Proof, Vol. 22:4, p. 428 – 450(2018).

和辩解,应当结合控辩双方提供的所有证据以及被告人的全部供述和辩解进行。”该条第 2 款规定:“被告人庭前供述和辩解出现反复,应当由被告人说明翻供原因。”该条第 3 款规定:“被告人庭前供述和辩解出现反复,庭审中供认的,且庭审中的供述与其他证据能够印证的,可以采纳庭审中的供述;被告人庭前供述和辩解出现反复,庭审中不供认,且无其他证据与庭前供述印证的,不能采纳庭前供述。”

该条吸收了 2012 年最高人民法院《刑诉法解释》第 83 条和“两院三部”《死刑案件证据规定》第 22 条的有关规定,区分了被告人翻供的两种不同情形,并规定了相应的证据审查判断规则。该条根据直接言词原则和“推进以审判为中心的诉讼制度改革”的要求,并未引用 2012 年最高人民法院《刑诉法解释》第 83 条第 2 款“可以采信其庭前供述”的规定,因为这明显违背了直接言词原则。通过限制庭前供述的使用,有助于削弱公安司法机关对庭前供述的依赖性,激励审判人员在法庭上亲自听取被告人的供述或辩解,在诉讼双方对供述进行质证的过程中调查核实证据,从而体现出直接言词原则的内在要求。

该条第 2 款强调了对“翻供原因”的审查。在庭审阶段,被告人基于真诚悔罪、审判压力、趋利避害等诸多原因,会反复出现供述—翻供,甚至多次翻供的情况。针对“被告人庭审中翻供”,应当由被告人说明翻供的原因,法庭应综合全案其他证据以及被告人全部供述和辩解判断其翻供是否符合情理,查明是否存在逼供、诱供、串供等问题。在查明翻供原因的基础上,对被告人翻供可采取两种不同的采信策略:一是如果“被告人庭前供述和辩解出现反复,庭审中供认的”,可以采纳庭审中的供述,但应遵循“孤证不能定案”原则,将有罪供述进行补强或综合全案证据作出认证。二是如果“被告人庭前供述和辩解存在反复,在庭审中不供认的”,则应提高警惕,若没有其他证据能够与庭前供述进行补强,应当考虑排除被告人的庭前供述证据。

5. 鉴定意见的审查判断

《证据指南》第 128 条(鉴定意见的审查判断)规定:“对鉴定意见应当着重审查以下内容:(一)鉴定意见与案件待证要件事实有无关联性;(二)鉴定机构是否具有法定的资质,鉴定事项是否超出该鉴定机构业务范围、技术条件;(三)鉴定人是否具备法定资质,是否具有相关专业技术或者职称,是否存在应当回避的情形;(四)检材的来源、取得、保管、送检是否符合法律、有关规定,与相关提取笔录、扣押物品清单等记载的内容是否相符,检材是否充足、可靠,鉴定对象与送检材料、样本是否一致;(五)鉴定程序是否符合法律、有关规定;(六)鉴定的过程和方法是否符合相关专业的规范要求,是否符合有关鉴定特定标准;(七)鉴定意见是否明确,鉴定意见的形式要件是否完备,是否注明提起鉴定的事由、鉴定委托人、鉴定机构、鉴定要求、鉴定过程、鉴定方法、鉴定日期等相关内容,是否由鉴定机构加盖司法鉴定专用章并由鉴定人签名、盖章;(八)鉴定意见与勘验、检查笔录及相关照片等其他证据是否矛盾;(九)鉴定意见是否依法及时告知相关人员,当事人对鉴定意见有无异议;(十)其他违反有关规定的情形。”

该条直接引用了2012年最高人民法院《刑诉法解释》第84条、“两院三部”《死刑案件证据规定》第24条和最高人民法院《民事诉讼证据规定》第36条的有关规定。主要改动之处,是将2012年最高人民法院《刑诉法解释》第84条“(八)鉴定意见与案件待证事实有无关联”的位次,提升为“(一)鉴定意见与案件待证要件事实有无关联性”,从而确立了相关性审查在鉴定意见审查判断中的优先地位。

鉴定意见的采信或认证规则,关键在于审查其是否具有相关性和可靠性:①(1)相关性审查,不相关的证据不可采,这是证据法学的基本原理。只有相关的鉴定意见,才需要进一步对其他九个方面进行审查。否则,便可直接排除不相关的鉴定意见。(2)可靠性审查。关于专家意见的可靠性审查问题,美国“多伯特案四因素”具有重要参考作用:①一项“理论或技术是否……能被(且已被)检验”;②它是否“已受到同行评议并发表”;③就一项特定技术而言,“已知或潜在的错误率”是否很高,以及是否有“对该技术操作进行控制的标准”;④该理论或技术在“在相关科学界”内是否有“普遍接受性”。② 在鉴定意见的可靠性审查中,最重要的有两个方面:一是检材来源的可靠性审查,这是侦查人员对检材的同一性辨认问题;二是鉴定过程和方法的审查,特别是科学原理和方法的“普遍接受性”,是否符合法庭科学标准,

① 例如,专门对专家意见进行规制的《联邦证据规则》702,“其宗旨是所提交公断的原理之科学有效性——也就是证据的相关性和可靠性。当然,其焦点必须集中在原理和方法论本身,而不是它们所产生的结论”。See Ronald J. Allen and Eleanor Swift, eds., *An Analytical Approach to Evidence: Text, Problems, and Cases*, 6th Edition, Wolters Kluwer (New York), p. 718 (2016).

② See Ronald J. Allen and Eleanor Swift, eds., *An Analytical Approach to Evidence: Text, Problems, and Cases*, 6th Edition, Wolters Kluwer (New York), p. 728 (2016).

需要法官审查判断,发挥科学证据“守门人”的作用。科学证据的相关性和可靠性审查,还体现在《证据指南》第133条(视听资料审查判断的内容)、第135条(电子数据的审查判断)的有关规定之中。此外,由于法官缺乏科学知识等方面的专门训练,听取当事人的异议是法官判断鉴定意见可靠性的重要途径。因此,当事人对鉴定意见有无异议,以及有无反驳证据的审查,也是鉴定意见认证的重要内容。

(七)非法实物证据排除规则中的“补正”问题

《证据指南》第107条(非法证据排除的范围)规定:“严禁刑讯逼供和以威胁、引诱、欺骗以及其他非法方法收集证据。对采用以下方法非法收集的证据,应当予以排除……(五)收集物证、书证不符合法定程序,可能严重影响司法公正的,有非实质性瑕疵的,应当予以补正或者作出合理解释;不能补正或者作出合理解释的,对有关证据应当予以排除。”

该条直接引用了“两院三部”《严格排除非法证据规定》第1~4条、第6条、第7条的一般规定,同时参考了2012年最高人民检察院《人民检察院刑事诉讼规则(试行)》第66条有关“非实质性瑕疵”的规定,尽管2019年最高人民检察院在修订《人民检察院刑事诉讼规则》时已将这一表述删除。关于瑕疵证据的补正有两个问题需要澄清和强调:

第一,需要澄清的是,“补正”乃“补充和改正(文字的疏漏和错误)”,[①]并非科学严谨的证据法概念,而是一个日常生活用语。2018年《刑事诉讼法》第56条关于“可能严重影响司法公正的,应当予以补正或者作出合理解释”的规定,从其前置条件来看,属于应当予以排除的实质性瑕疵,若再给予补正和解释的机会,有违程序正义的要求。因此,该条第5项采用2012年最高人民检察院《人民检察院刑事诉讼规则(试行)》第66条第3款关于“补正是指对取证程序上的非实质性瑕疵进行补救”的表述。如果只是非实质性瑕疵,并未侵犯被告人的基本权利,且书证和物证具有唯一性,被排除后无法再次获得,则可采取“先补救后排除”的原则,先给予补正和合理解释的机会,然后再考虑是否予以排除。然而,如果不分实质性瑕疵还是非实质

---

① 《现代汉语词典》(2002年增补本),商务印书馆2002年版,第101页。

性瑕疵一律允许补正，那么，所有非法取得的物证、书证都将可能通过“补正”而获得合法性；法院若在非法证据排除程序中适用“补正”规定，将会抵销非法物证、书证排除规则的全部效力。① 这些“补正”规定，可能给侦查办案人员通过“补正”程序事后造假留下空间，导致欺骗性证明或事后造假和作伪证。因此，不允许对物证、书证的“实质性缺陷”进行“补正”，这具有重要的法治意义。

第二，需要强调的是，允许对实质性瑕疵进行补正，这有违最佳证据规则。根据该规则，当原件与复制件并存时，原件最佳；原件与复制件不一致时，以原件为准。但是，最佳证据规则并不排除复制件的可采性。因此，“该规则被用来预防不完全或欺骗性证明。通过要求原件的所有者提出原件，该规则能够防止提出篡改过的复制件和扣押原件的行为”。“总之……在法律关系的世界中，书写文件精确措辞的重要性，人的记忆作为有关措辞可靠证据的不可靠性，以及不准确或不完全的副本的危险性，都是最佳证据规则所要考虑的问题。”②因此，允许对实质性瑕疵进行补正，有可能给伪造证据的行为提供机会。

---

① 例如，“两院三部”《死刑案件证据规定》第 9 条第 2 款否定了该条第 1 款的法律效力，第 14 条否定了第 13 条的法律效力，第 21 条否定了第 18 条和第 20 条的法律效力，第 30 条第 2 款否定了第 1 款的效力，“两院三部”《排除非法证据规定》第 14 条否定了“两院三部”《死刑案件证据规定》第 6 ~ 10 条物证和书证合法性审查、第 26 条勘验检查笔录合法性审查、第 34 条“毒树之果”排除规定的法律效力。

② [美]罗纳德·J. 艾伦等：《证据法：文本、问题和案例》，张保生、王进喜、赵滢译，满运龙校，高等教育出版社 2006 年版，第 683 页。

索　引

一、关键词索引

D

F

T

二、案例索引

三、人名索引